Untersuchungen zur Ordnungstheorie und Ordnungspolitik

73

Herausgegeben vom

Walter Eucken Institut

Wohlstandssicherung durch freiwillige Längerbeschäftigung

Juristische und ökonomische Fragen der Pensionierung von Universitätsprofessoren

Herausgegeben von

Lars P. Feld und Thomas M. J. Möllers

Mohr Siebeck

Lars P. Feld, geboren 1966; Studium der Volkswirtschaftslehre; 1999 Promotion; 2002 Habilitation; seit 2010 Direktor des Walter Eucken Instituts Freiburg, Inhaber des Lehrstuhls für Wirtschaftspolitik und Ordnungsökonomik an der Albert-Ludwigs-Universität Freiburg, 2011–21 Mitglied und ab 2020 Vorsitzender des Sachverständigenrates zur Begutachtung der gesamtwirtschaftlichen Entwicklung, seit 2022 Persönlicher Beauftragter des Bundesministers der Finanzen für die gesamtwirtschaftliche Entwicklung.

Thomas M. J. Möllers, geboren 1962; Studium der Rechtswissenschaft in Mainz, Dijon, Berkeley und Florenz; 1990 Promotion; 1995 Habilitation; seit 1996 Ordinarius für Bürgerliches Recht, Wirtschaftsrecht, Europarecht, Internationales Privatrecht und Rechtsvergleichung an der Universität Augsburg; geschäftsführender Direktor des Center for European Legal Studies (CELOS), Vorsitzender des Stiftungsrates der Stiftung Geld und Währung.

ISBN 978-3-16-162739-2 / eISBN 978-3-16-162740-8
DOI 10.1628/978-3-16-162740-8

ISSN 1434-338X / eISSN 2568-7263
(Untersuchungen zur Ordnungstheorie und Ordnungspolitik)

Die Deutsche Nationalbibliothek verzeichnet diese Publikation in der Deutschen Nationalbibliographie; detaillierte bibliographische Daten sind über *https://dnb.de* abrufbar.

Das Buch wurde von Gulde Druck in Tübingen gesetzt, auf alterungsbeständiges Werkdruckpapier gedruckt und von der Buchbinderei Spinner in Ottersweier gebunden.

Printed in Germany.

Vorwort

Die geburtenstarken Jahrgänge gehen in die wohlverdiente Pension, Arbeitskräfte fehlen. Wie künftig die Renten und Pensionen bei steigender Lebenserwartung finanziert werden sollen, ist unklar. In der Professorenschaft ist die Bereitschaft zur freiwilligen Längerarbeit überproportional groß. Die vorhandenen landesrechtlichen Vorschriften im Beamtenrecht sind rudimentär und führen zu einem Flickenteppich in der bundesdeutschen Universitätslandschaft. Während einige Universitäten die Weiterbeschäftigung wünschen und unschwer sogar mehrmals ermöglichen, schließen andere eine solche nahezu gänzlich aus.

Die Thematik ist hochaktuell und politisch brisant: Aus juristischer und ökonomischer Sicht ist sie bisher wissenschaftlich wenig untersucht. Soweit die freiwillige Längerarbeit in der Praxis faktisch ausgeschlossen wird, ist eine solche Anwendung der beamtenrechtlichen Regelungen *rechtswidrig*: Sie widerspricht dem Regelungszweck des Gesetzgebers und verstößt gegen das europarechtliche Verbot der Altersdiskriminierung. Das Werk belässt es aber nicht mit einer Analyse der Rechtslage, sondern macht mit den „Augsburger-Freiburger Thesen zur Wohlstandssicherung durch freiwillige Längerbeschäftigung von Universitätsprofessoren“ konstruktive Vorschläge, wie die freiwillige Längerarbeit für Universitätsprofessoren künftig besser als bisher verwirklicht werden kann.

Zu danken gilt dem Augsburg Center for Global Economic Law and Regulation (ACELR) und der Kurt und Felicitas Viermetz Stiftung für die finanzielle Unterstützung der Tagung. Kritik und Hinweise sind jederzeit willkommen.

Lars P. Feld *Thomas M. J. Möllers*

Inhaltsverzeichnis

Einleitung[1]

Lars P. Feld und Thomas M. J. Möllers

I. Die demografischen Herausforderungen von heute

1. Die demografische Entwicklung und ihre Folgen

Die demografische Entwicklung ist dramatisch: Immer weniger Erwerbstätige werden einer wachsenden Anzahl an Personen im Ruhestandsalter gegenüberstehen. Die Erwerbstätigen müssen dann relativ höhere Abgaben leisten, um die Renten der gesetzlichen Rentenversicherung (GRV) sowie die Pensionen der Beamtenschaft zu finanzieren – solche Erhöhungen stoßen aber auf Grenzen.[2] Die Finanzierung der GRV und der Beamtenpensionen kann nicht durch eine höhere Zuwanderung, höhere Fertilitätsraten oder eine zunehmende Erwerbstätigkeit von Zweitverdienern sichergestellt werden.[3] Dies gilt zudem für den Produktivitätsfortschritt, denn eine höhere Produktivität geht mit höheren Löhnen und Gehältern einher, wodurch auch die Renten und Pensionen steigen. Der demografische Wandel ist exponentiell: Die Baby-Boomer gehen in die Rente, der Nachwuchs fehlt – die Steuereinnahmen werden einbrechen. Die Pensionen und ein großer Teil der Renten werden aber aus Steuereinnahmen bestritten. 1

Für den Gesetzgeber führt kein Weg an einer Ausweitung der Lebensarbeitszeit vorbei, wenn er verhindern will, dass die Abgaben leistungs- und wachstumsfeindlich weiter ansteigen und die Wettbewerbsfähigkeit des Standorts Deutschland in Frage gestellt wird; wenn er zudem nicht bereit ist, Leistungseinschränkungen in der Altersvorsorge zu beschließen oder dieses aus einer Reihe von Gründen kaum möglich oder nicht wünschenswert erscheint; wenn er angesichts der Herausforderungen des Klimawandels, der Digitalisierung und der sich verändernden außenwirtschaftlichen Rahmenbedingungen einen Rückgang von Ausgaben in anderen Bereichen zudem nicht hinnehmen will. Dies ist mit einer Erhöhung des gesetzlichen Eintrittsalters in den Ruhestand verbunden. Es ist daher interessengerecht, Möglichkeiten zur freiwilligen Längerbeschäftigung zu verbessern. Dies gilt vor allem für Personengruppen, die 2

---

[1] Die Einleitung verwendet das generische Maskulinum – es sind alle denkbaren Geschlechter gemeint.

[2] *Krause* (in diesem Band), § 6 Rn. 1 ff.

[3] Zum Folgenden ausführlich *Krause* (in diesem Band), § 6 Rn. 6 ff.

eine relativ höhere Bereitschaft haben, in einem höheren Alter zu arbeiten. Zu diesen Personengruppen gehören wesentliche Teile der Beamtenschaft, nicht zuletzt Professoren. Bei den *Universitätsprofessoren* ist die Bereitschaft zur freiwilligen Längerarbeit überproportional groß,[4] frei nach *Max Weber*: „Wissenschaft als Lebensform".[5]

3 Die Thematik ist hochaktuell und politisch brisant: Jüngst hat Bayern die Altersgrenze für Landräte aufgehoben.[6] Es wird diskutiert, ob Notare länger als bis zum 70. Lebensjahr arbeiten dürfen.[7] Der frühere Bundesfinanzminister *Theo Waigel* hat generell eine Längerarbeit gefordert[8] und *Carsten Linnemann* hat als Vize-Vorsitzender der CDU generell verlangt, dass jeder, der wolle, in seinem Beruf freiwillig länger arbeiten können solle.[9]

2. *Die demografische Entwicklung und die Versorgungslasten des Staates*

4 Interessanterweise hatte schon 1989, also vor mehr als 30 Jahren, der Bundesgesetzgeber für Beamte die Möglichkeit eingeführt, nicht nur kürzer zu arbeiten und insoweit Abschläge bei der Pension in Kauf zu nehmen, sondern auch umgekehrt, freiwillig länger zu arbeiten. Und in weiser Voraussicht bezweckte er schon damals damit, die Alterssicherungssysteme vor dem Hintergrund der fallenden Anzahl künftiger Arbeitnehmer und Beamter sicherer zu machen.[10] Auch der Freistaat Bayern hebt die Belastung durch die demografische Entwicklung besonders hervor, indem der Landesgesetzgeber 1996 formuliert: „Das Ziel dieser Dienstrechtsreform ist auch die Reduzierung der Versorgungslasten. Die Zahl der bayerischen Versorgungsempfänger wird bis zum Jahr 2030

[4] *Engstler/Romeu Gordo*, in: Mahne u.a., Altern im Wandel, 2017, S. 65, 78: Personen mit hohem Bildungsniveau; *Reuter/Berli*, Die Hochschule: Journal für Wissenschaft und Bildung 2018, 101, 102f.

[5] *Weber*, Wissenschaft als Beruf, 1919.

[6] *N. N.*, Bayerisches Kabinett hebt kommunale Altersgrenze auf, FAZ v. 8.3.2023, S. 5.

[7] Der BGH entschied, dass die Altersgrenze für Notare mit dem deutschen Verfassungsrecht und dem Unionsrecht vereinbar ist; BGH, Urt. v. 21.8.2023 – NotZ (Brfg) 4/22 (Juris). Zur Diskussion *Jung*, Mit 70 Jahren in Zwangsrente?, FAZ Einspruch v. 6.8.2023, abrufbar unter https://www.faz.net/einspruch/warum-ein-notar-gegen-die-zwangsrente-mit-70-jahren-klagt-19084674.html (Abruf v. 10.8.2023); außerdem der Beitrag von Prof. Dr. *Mathias Schmoeckel* (Universität Bonn) im FAZ Einspruch Podcast v. 9.8.2023, abrufbar unter https://www.faz.net/podcasts/f-a-z-einspruch-podcast/f-a-z-einspruch-podcast-wann-sind-notare-zu-alt-zum-arbeiten-19091955.html (Abruf v. 10.8.2023).

[8] *Waigel*, Es wird nicht mehr jeder von seiner Rente allein leben können, Interview mit Focus, Focus v. 9.5.2023, abrufbar unter https://www.focus.de/finanzen/news/ex-finanzminister-theo-waigel-inflationsgefahren-kommen-nicht-vom-euro_id_193228439.html (Abruf v. 1.7.2023).

[9] *Doll*, Zweifel am Ampel-Plan gegen Fachkräftemangel, Die Welt v. 23.2.2023, S. 4. Zu weiteren Aussagen des Sachverständigenrates und der Deutschen Bundesbank s. etwa *Möllers* (in diesem Band), § 7 Rn. 17. Umfangreich *Krause* (in diesem Band), § 6 Rn. 10ff.

[10] BT-Drucks. 11/5372, S. 2, 22, gleichlautend BT-Drucks. 11/5136, S. 2, 22. Hierzu *Möllers* (in diesem Band), § 7 Rn. 3f.

im Vergleich zu 1992 etwa um 117% zunehmen. Das bedeutet, daß sich die Ausgaben für die Versorgung im Jahr 2030 gegenüber 1992 real etwas mehr als verdoppeln werden. Der bayerische Staatshaushalt muß daher entlastet werden. In Anbetracht einer Personalkostenquote von ca. 43 % müssen alle Einsparungspotentiale genutzt werden."[11]

II. Der widersprüchliche Flickenteppich

Allerdings verlangt eine freiwillige Längerbeschäftigung bei Beamten ein sogenanntes „dienstliches Interesse"; die Anforderungen, wann ein solches dienstliches Interesse vorliegt, sind höchst unterschiedlich in den verschiedenen Bundesländern geregelt.[12] In einigen Bundesländern besteht ein Rechtsanspruch auf Längerbeschäftigung und der Dienstherr muss nachweisen, dass dem kein dienstliches Interesse entgegensteht. In anderen Bundesländern muss umgekehrt der Beamte ein dienstliches Interesse für die Längerarbeit nachweisen, was oft nicht gelingt. Damit sind die vorhandenen landesrechtlichen Vorschriften im Beamtenrecht rudimentär und führen zu einem Flickenteppich in der bundesdeutschen Universitätslandschaft.[13] Während einige Universitäten die Weiterbeschäftigung wünschen und unschwer mehrmals ermöglichen, schließen andere eine *solche freiwillige Längerarbeit (faktisch) aus.*[14] Darüber hinaus haben einige Universitäten den Seniorprofessor eingeführt, der über das 70. Lebensjahr hinaus an der Universität weiterarbeiten kann. Andere Universitäten schweigen wiederum hierzu.[15] 5

III. Zur Rechtswidrigkeit einzelner Regelungen

Das Thema ist facettenreich: Aus rechtlicher Sicht werden Aspekte des Beamten- und Hochschulrechts diskutiert. Zudem sind die Verfassung und das Europarecht zu berücksichtigen. Aus rechtsvergleichender Perspektive ist interessant, dass in den USA Professoren überhaupt nicht pensioniert werden, sondern solange arbeiten können, wie sie wollen. Der Begriff des „dienstlichen Interesses" mit der Frage der jeweiligen Darlegungslast ist nicht zuletzt aus rechtsme- 6

---

[11] Für Bayern, LT-Drucks. 13/4222, S. 2. Für Bayern und weitere Bundesländer s. *Möllers* (in diesem Band), § 7 Rn. 15.

[12] Eine Übersicht über die wichtigsten beamten- und hochschulrechtlichen Vorschriften des Bundes und der Länder findet sich mit Angabe der genauen Fundstelle sowie Gesetzesbezeichnung und -abkürzung im Anhang I.

[13] *Benecke* (in diesem Band), § 1 Rn. 15; *Möllers* (in diesem Band), § 7 Rn. 6ff.

[14] *Geis* (in diesem Band), § 2 Rn. 26; *Möllers* (in diesem Band), § 7 Rn. 23f.

[15] *Geis* (in diesem Band), § 2 Rn. 27f.; *Wolff* (in diesem Band), § 5 Rn. 5ff.; *Möllers* (in diesem Band), § 7 Rn. 46ff.

thodischer Perspektive interessant, geht es doch um die erforderliche Konkretisierung eines unbestimmten Rechtsbegriffs,[16] um Ermessensfehler oder Willkür auszuschließen. Weil Bundes- und Landesgesetzgeber bei der Einführung der Regelung ausdrücklich ökonomische Überlegungen angestellt haben,[17] verlangt die Thematik zudem zwingend, juristische und wirtschaftswissenschaftliche Überlegungen interdisziplinär einzubeziehen.

7 Aus juristischer und ökonomischer Sicht ist die Thematik der freiwilligen Längerarbeit bisher wissenschaftlich wenig untersucht. Die bisherige Rechtsliteratur ist überschaubar, auch weil das Beamtenrecht der Länder weniger wissenschaftlich durchdrungen ist als nationale oder europarechtliche Fragestellungen. Wegen der landesrechtlichen Kompetenzen fehlen regelmäßig Entscheidungen des Bundesverwaltungsgerichts (BVerwG). Bisherige Diskussionen sind oft unterkomplex, etwa wenn strikt behauptet wird: „Ausnahmen sind eng auszulegen“[18] oder die „Alten nehmen den Jungen die Arbeit weg“[19]. Mittelbar schwingt hier die Altersdiskriminierung mit. Diese Forschungslücke gilt es zu schließen.

8 Soweit beamtenrechtliche Regelungen und Richtlinien der Universitäten die freiwillige Längerarbeit faktisch ausschließen, sind solche Regelungen *rechtswidrig*: Sie widersprechen dem Regelungszweck des Gesetzgebers, die Versorgungskassen durch eine freiwillige Längerarbeit sicherer zu machen.[20] Zudem verstoßen sie gegen das europarechtliche Verbot der Altersdiskriminierung, wenn sie, wie in den meisten Bundesländern, dem Beamten die Darlegungslast für die Voraussetzungen der Dienstzeitverlängerung auferlegen. Dies verstößt gegen die Vorgaben des EuGH, wonach die Darlegungslast für altersdiskriminierende Ausnahmen beim Mitgliedstaat liegt.[21] Erfreulicherweise hat die Präsidentin der Universität Augsburg sich bereit erklärt, die Universitätsrichtlinien zur freiwilligen Längerarbeit zu überarbeiten.

9 Das Werk belässt es nicht bei einer Analyse der Rechtslage, sondern macht mit den „Augsburger-Freiburger Thesen zur Wohlstandssicherung durch freiwillige Längerbeschäftigung von Universitätsprofessoren“ konstruktive Vorschläge, wie die freiwillige Längerarbeit für Universitätsprofessoren künftig besser als bisher in der Praxis umgesetzt werden kann. Dazu ist das dienstliche Interesse für eine freiwillige Längerbeschäftigung deutlich weiter zu definieren, als dies bisher einige Universitätsrichtlinien tun. Schließlich sollten die

[16] Zu Beispielen der Auslegung eines einzigen Begriffs in der Rechtswissenschaft s. etwa *Möllers/Leisch*, WM 1999, 765 ff.; *Möllers*, NZG 2022, 339 ff.

[17] S. gerade Fn. 9 f.

[18] Kritisch dagegen *Möllers* (in diesem Band), § 7 Rn. 18 ff.

[19] *Summer*, PersV 2009, 164, 166: Antragsteller als ausgesprochener Egoist; kritisch dagegen *Möllers* (in diesem Band), § 7 Rn. 43.

[20] *Möllers* (in diesem Band), § 7 Rn. 3, 13 ff.

[21] *Schmahl* (in diesem Band), § 3 Rn. 59; *Möllers* (in diesem Band), § 7 Rn. 28.

Bundesländer bzw. Universitäten eine Rechtsgrundlage für den Seniorprofessor einführen.

IV. Die Tagung und das Ziel der Augsburger-Freiburger Thesen zur Wohlstandssicherung durch freiwillige Längerbeschäftigung von Universitätsprofessoren

Die Tagung zur „Wohlstandssicherung durch freiwillige Längerbeschäftigung“ 10
fand am 15. und 16. Mai an der Juristischen Fakultät der Universität Augsburg statt und war als Hybrid-Veranstaltung angelegt. Neben den Referenten[22] standen zahlreiche Diskussionsleiter zur Verfügung. Intensiv konnte eine Gruppe aus Professoren der Rechts- und Wirtschaftswissenschaften sowie der Informatik, aber auch mehrere Dekane und Rektoren bzw. Präsidenten der Universität die aktuelle Thematik diskutieren.[23] Die „Augsburger-Freiburger Thesen zur Wohlstandssicherung durch freiwillige Längerbeschäftigung von Universitätsprofessoren“ entwickeln konstruktiv Vorschläge, damit die freiwillige Längerarbeit in der Praxis gelingt. Alle Beiträge enden mit Thesen, die einen raschen Zugang zu den wichtigsten Ideen ermöglichen. Das Buch enthält im Anhang eine Übersicht der einschlägigen Rechtsnormen, Gerichtsentscheidungen sowie ein umfangreiches Stichwortverzeichnis. Erfreulicherweise wurde in den Medien über die Tagung umfangreich berichtet.[24]

Im Ergebnis soll der Wohlstand in Deutschland für die nächste Generation 11
gesichert werden. Es gilt, ermessensfehlerhafte Entscheidungen zu vermeiden. Die bisherige Rechtslage ist unzureichend und ist weiter zu konkretisieren. Dazu sind die Gesetze der Bundesländer sowie interne Richtlinien, die an einigen Universitäten schon existieren, weiter zu präzisieren. Mit den „Augsburger-Freiburger Thesen zur Wohlstandssicherung durch freiwillige Längerbeschäftigung von Universitätsprofessoren“ wird für diese Berufsgruppe eine sachgerechte und vor allem praktikable Lösung vorgeschlagen, welche die verschiedenen Interessen berücksichtigt. Der vorgeschlagene Mittelweg zielt auf Akzeptanz, auf eine kluge Personalpolitik, die junge und ältere Professoren nicht gegeneinander ausspielt, sondern die jeweiligen Vorteile beider Altersgruppen miteinander verbindet. Die Konkretisierung dient außerdem dazu,

---

[22] Ein Verzeichnis der Autoren findet sich am Ende des Werkes auf S. 169.

[23] Prof. Dr. *André*; Juniorprof. Dr. *Lutzi*, LL.M., M.Jur.; Prof. Dr. *Lehmann*; Prof. Dr. *Rossi* sowie die Dekane Prof. Dr. *Wollenschläger* (Augsburg), Prof. Dr. *Gsell* (München) sowie die Rektorin Prof. Dr. *Wolff* (Wuppertal) sowie die Präsidentin Prof. Dr. *Doering-Manteuffel* (Augsburg).

[24] S. *Knab*, Werden ältere Professoren an der Uni Augsburg diskriminiert?, Augsburger Allgemeine Zeitung v. 18.5.2023, S. 34; *Knab*, Kommentar: Uni Augsburg misst ihr Personal mit zweierlei Maß, Augsburger Allgemeine Zeitung v. 18.5.2023, S. 34; *Glas/Häutle*, JZ 2023 (im Erscheinen); *Feld/Möllers*, Forschung & Lehre 2024.

das bisherige Verfahren transparenter zu machen und vor allem zu rationalisieren. Damit ließe sich die bisherige Rechtsunsicherheit beseitigen und vor allem die Möglichkeit erhöhen, die freiwillige Längerarbeit attraktiver zu machen.

§ 1 Der Befund – der regionale Flickenteppich[1]

Martina Benecke

I. Die rechtlichen Rahmenbedingungen der Beamtengesetze der Länder

1. Einführung

1 Der Beruf des Professors ist ein besonderer – kaum jemand wird das bestreiten. Nicht nur, dass ihm mit der Wissenschaftsfreiheit nach Art. 5 Abs. 3 GG ein eigenes Grundrecht zusteht, das neben der ohnehin gewährleisteten Meinungs- und Berufsfreiheit (Art. 5 Abs. 1 S. 1, 12 Abs. 1 GG) steht. Um die Wissenschaft zu gewährleisten, erfolgen Berufungen in der Regel in das Beamtenverhältnis, das wiederum durch Art. 33 GG einen sogar verfassungsrechtlichen Sonderstatus hat. In diesem Zusammenhang sind die im Folgenden skizzierten rechtlichen Rahmenbedingungen für diesen Beruf zu sehen.

2 Der Grund für die Problematik, um die es in dieser Veranstaltung geht, ist aber ein anderer. Eine rein faktische Besonderheit des Professorenberufs ist, dass er die wohl längste „Ausbildungszeit" aller Berufe hat, denn von dem Beginn des Studiums bis zur Erstberufung auf eine Professur vergehen durchschnittlich ca. 20 Jahre. Die Zeit, in der man nicht mehr „wissenschaftlicher Nachwuchs" ist, bis zur Regelaltersgrenze für die Pensionierung von Beamten ist also sehr kurz.

3 Für die Betroffenen heißt das, dass es statistisch einen besonders hohen Anteil an Personen geben mag, die nach einer relativ kurzen „ruhigen" Karrierezeit noch nicht die Lust am Forschen und Lehren verloren haben. Dem Staat als ihrem Dienstherrn müsste das eigentlich recht sein, verringert sich so doch die Zahl der Jahre, in denen er eine nicht unbeträchtliche Pension ohne Gegenleistung schuldet – die weiteren Beiträge werden dazu Vertiefendes liefern. Hier soll nur festgehalten werden, dass dies sicherlich der rechtliche Hintergrund ist, weshalb alle Bundesländer im Grundsatz die Möglichkeit einer Verlängerung vorsehen.

4 Auf der anderen Seite steht der wissenschaftliche „Nachwuchs", der aus hochqualifizierten Personen besteht, die nach dieser langen Ausbildung das berechtigte Bedürfnis haben, auf einer der knappen Dauerstellen ohne den ständi-

---

[1] Der Beitrag verwendet das generische Maskulinum – es sind alle denkbaren Geschlechter gemeint.

gen Druck durch weitere Qualifikation forschen und lehren zu können. Problematisch ist auch, dass es für einen Quereinstieg in einen anderen Beruf nach der Habilitation oft zu spät ist. Die auf dem sonstigen Arbeitsmarkt beklagte Nachwuchsknappheit ist an den Universitäten bisher noch nicht angekommen, da man ja – wie erwähnt – 20 Jahre später auf den Markt kommt.

5 Es sollte zum Zweck der rechtlichen Bewertung aber auch angemerkt werden, dass das keineswegs überall so ist. Zwei Beispiele aus dem eigenen Erleben: Kürzlich erzählte mir ein Kollege einer katholisch-theologischen Fakultät, dass es dort kaum mehr Nachwuchs gibt und juristische Kollegen stellen schon seit längerem fest, dass Stellen zur Habilitation kaum mehr zu besetzen sind. Ungeachtet aller Unterschiede mögen zwei Gemeinsamkeiten die Ursache sein: In beiden Fächern gibt es gute Aussichten für berufliche Wege außerhalb der Universität, die einen deutlich früheren Einstieg und weniger auch örtliche Unsicherheit bieten und gerade in diesen beiden Fächern auch die Sicherheit des Staates in Justiz, Pfarr- oder Lehrerstelle.

2. Die Regeln in Bund und Ländern

6 Mit dieser Skizze der Interessenlage erscheint der folgende Überblick über die Rechtslage hoffentlich nicht mehr ganz so trocken. Es soll auch der Bund einbezogen werden, der mit den Bundeswehruniversitäten ebenfalls wichtiger akademischer Dienstgeber ist. Gemeinsam sind den meisten Regeln folgende Elemente: Es gibt eine Möglichkeit zur Dienstzeitverlängerung, in der Regel auf – insgesamt – maximal drei Jahre; teilweise gilt das 70. Lebensjahr als Obergrenze. Maßgeblich ist in der Regel das dienstliche Interesse – Einzelheiten können abweichen.

7 Die Unterschiede lassen sich an zwei wesentlichen Merkmalen festhalten. Die erste bestimmt die Beweislast, also die Frage, ob das eben erwähnte dienstliche Interesse vom Beamten darzulegen und zu beweisen ist; meist durch die Formulierung: Die Verlängerung muss „im dienstlichen Interesse liegen". Einige Bundesländer drehen diese Beweislast mit der Formulierung „das dienstliche Interesse darf […] nicht entgegenstehen" um. Derartige Regelungen finden sich in Niedersachsen,[2] Schleswig-Holstein[3] und Thüringen. Die übrigen Länder einschließlich des Bundes sehen die Beweislast mit der positiven Formulierung beim Beamten.[4]

8 Größer sind die Unterschiede bei der Dauer der Verlängerung; teils erfolgt sie grundsätzlich nur auf ein Jahr (wenn auch meist insgesamt dreimal möglich),

[2] § 36 Abs. 1, Abs. 2 NBG (Sonderregelung, s. u.). Eine Übersicht über die wichtigsten beamten- und hochschulrechtlichen Vorschriften des Bundes und der Länder findet sich mit Angabe der genauen Fundstelle sowie Gesetzesbezeichnung und -abkürzung im Anhang I.

[3] § 35 Abs. 4 SchlHLBG.

[4] § 25 Abs. 7 ThürBG.

teils insgesamt auf drei Jahre oder sogar bis zum 70. Lebensjahr. Die Verlängerung auf insgesamt drei Jahre sehen der Bund,[5] Brandenburg,[6] Bremen,[7] Hamburg,[8] Mecklenburg-Vorpommern,[9] Nordrhein-Westfalen[10] (bis max. 70. Lebensjahr) und Schleswig-Holstein[11] vor; direkt bis zum 70. Lebensjahr Hessen.[12] Die Bundesländer Baden-Württemberg,[13] Bayern,[14] Berlin,[15] Rheinland-Pfalz,[16] Saarland,[17] Sachsen,[18] Sachsen-Anhalt,[19] und Thüringen[20] sehen dagegen eine Verlängerung von jeweils nur einem Jahr vor. Eine Sonderregelung gibt es in Niedersachsen,[21] wo zunächst die Verlängerung um ein Jahr bei negativem Interesse möglich ist, eine Verlängerung von weiteren zwei Jahren im Ermessen steht.

Diese Unterschiede werden durch Ermessensrichtlinien und Gepflogenheiten wie beispielsweise die „Selbstverständlichkeit" einer weiteren Verlängerung nivelliert – dazu gleich mehr. Dennoch sind sie auch rechtlich alles andere als folgenlos. So bietet die Verlängerung um jeweils nur ein Jahr die Möglichkeit einer erneuten Kontrolle, die nicht nur in Extremfällen wie eintretender Demenz oder Arbeitsverweigerung die Möglichkeit bietet, die Stelle doch früher neu zu besetzen. 9

Meines Erachtens überwiegen indes die Nachteile für Betroffene und Fakultät bzw. Universität. Ein Jahr oder in der Praxis zwei Semester sind bei universitären Abläufen keine lange Zeit. Für die Betroffenen gilt das vor allem, wenn ihre Verlängerung an bestimmte Projekte gebunden ist, so wird beispielsweise über einen DFG-Antrag erst nach einiger Zeit überhaupt entschieden. Schwerer wiegt, dass er auch kaum befürwortet werden wird, wenn unklar ist, ob der Antragsteller ihn überhaupt noch zu Ende führen kann. Nur am Rande wird damit auch die Betreuung des wissenschaftlichen Nachwuchses, also von Promotions- und Habilitationsprojekten, schwieriger und unsicherer. 10

Ähnliche Probleme stellen sich den Fakultäten, die ihre Vorlesungs- und Prüfungsplanung meist über mindestens zwei Semester im Voraus erstrecken müs- 11

[5] § 53 Abs. 1 BBG.
[6] § 45 Abs. 3 BbgLBG.
[7] § 35 Abs. 4 BremBG.
[8] § 35 Abs. 4 HmbBG.
[9] § 35 Abs. 3 LBG M-V.
[10] § 32 Abs. 1, Abs. 2 LBG NRW.
[11] § 35 Abs. 4 SchlHLBG.
[12] § 34 Abs. 1 HBG.
[13] § 39 BWLBG.
[14] Art. 63 Abs. 1 BayBG.
[15] § 38 Abs. 2 BlnLBG.
[16] § 38 Abs. 1 RhPfLBG.
[17] § 43 Abs. 3 SaarlBG.
[18] § 47 SächsBG.
[19] § 39 Abs. 4 LBG LSA.
[20] § 25 Abs. 7 ThürBG.
[21] § 36 Abs. 1, Abs. 2 NBG.

sen. Ämter werden in der Regel für mindestens zwei Jahre vergeben. Bis zu drei Jahre kann Unsicherheit darüber herrschen, ob und wann die Stelle denn nun neu ausgeschrieben werden muss bzw. kann. Insbesondere in „kleinen" Fächern, in denen der wissenschaftliche Nachwuchs gezielt auf eine Stelle hin planen und sich qualifizieren kann, ist auch dieser betroffen.

3. Besondere rechtliche Voraussetzungen und Sonderregeln der Universitäten

a) Hochschulrechtliche Regelungen der Bundesländer

12 Einige Bundesländer sehen besondere hochschulrechtliche Vorschriften vor. Diese betreffen vielfach die Befugnis zur Einführung der Seniorprofessur – dazu gleich unten. Einige regeln spezialgesetzlich die Antragsfrist, die in der Regel ein Jahr beträgt. Andere konkretisieren das, was in fast allen Regeln allgemein als „dienstliches Interesse" an der Verlängerung bezeichnet wird. So sieht § 16 Abs. 7, 9 HmbHG als Voraussetzung für Verlängerung in „besonderen Ausnahmefällen" „besondere wissenschaftliche oder künstlerische Leistungen" und eine Vereinbarung über Zeitpunkt des Ruhestandseintritts vor.

13 In § 59 Abs. 1 S. 8 SächsHSFG wird das dienstliche Interesse exemplarisch (Wortlaut „insbesondere") dahingehend konkretisiert, dass ein „mit Dritten langfristig vertraglich vereinbartes wissenschaftliches Projekt ansonsten nicht weiter bearbeitet oder erfolgreich beendet werden" könne. Eine ähnliche Formulierung bei umgekehrter Beweislast findet sich in Thüringen: eine Konkretisierung des Entgegenstehens dienstlicher Interessen in Gestalt eines „veränderten fachlichen Anforderungsprofils oder Strukturveränderungen", die u. a. zu einer anderweitigen Besetzung der Stelle führen sollen (§ 86 Abs. 7 ThürHG).

b) Richtlinien und Rundschreiben einzelner Universitäten

14 Deutlich konkreter werden einige Universitäten in internen Verfahrensrichtlinien. Etliche regeln im Rahmen gesetzlicher Ermächtigung die erwähnte und unten erläuterte Seniorprofessur. Seltener gibt es aber auch Regelungen, die man dahingehend zusammenfassen kann, dass sie das „dienstliche Interesse" zum Hinausschieben des Ruhestandes in irgendeiner Weise konkretisieren. Dabei werden diese Richtlinien teils als solche bezeichnet, teils als „Merkblatt", teils sind sie als Rundschreiben vom jeweiligen Kanzler oder Präsidenten/Rektoren ergangen. Regelungen in der Grundordnung sind mir nur zur Seniorprofessur bekannt.

15 Ohne Anspruch auf Vollständigkeit sind solche Regelungen bekannt in Baden-Württemberg aus Heidelberg,[22] besonders verbreitet in Bayern, so in

---

[22] Rundschreiben Dienstrechtsreform (DRG zum 1.1.2011) der stellvertr. Kanzlerin v. 31.3.2011.

Augsburg,[23] Erlangen-Nürnberg,[24] Regensburg[25] und Würzburg,[26] in Hessen aus Frankfurt[27] und Marburg und in Niedersachsen aus der TU Clausthal-Zellerfeld.[28] Andere Regeln wirken sich mittelbar auf die Auslegung des dienstlichen Interesses aus; so wird in Nordrhein-Westfalen eine hohe Quote von Beamten angestrebt, die den Eintritt in den Ruhestand hinausschieben, was aber nicht an allen Universitäten so gesehen wird. Bemerkenswert ist, dass die gegenteilige Linie der LMU München, die die Verlängerung der Dienstzeit grundsätzlich ablehnt, offenbar nirgendwo fixiert ist.

II. Die Seniorprofessur als Beschäftigung über die Pensionsgrenze hinaus

Die Seniorprofessur könnte Gegenstand eines eigenen Symposions sein; hier soll sie nur zur Abgrenzung skizziert werden. Grundsätzlich geht es darum, dass Professoren, die das Ruhestandsalter erreicht haben, weiterhin forschen und insbesondere an einer Universität lehren. Der wohl bekannteste Seniorprofessor ist der Klimaforscher Mojib Latif (1954 geboren, Seniorprofessur der Universität Kiel). 16

Im Unterschied zu Professoren nach Hinausschieben des Ruhestandes sind Seniorprofessoren allerdings nicht Inhaber eines Lehrstuhls bzw. einer Planstelle. In der Regel sind sie auch nicht an der Gremienarbeit u.Ä. beteiligt. Auch eine besondere Vergütung ist nicht vorgesehen; in der Regel erfolgt sie entsprechend der Vergütung für Lehraufträge oder richtet sich nach der Pensionsunschädlichkeit. Es gibt aber auch Ausnahmen; in Hamburg kann die Vergütung beispielsweise ausgehandelt werden. Aus diesen Besonderheiten folgt, dass ein besonderer Status für die Lehre durch eigentlich pensionierte Professoren nicht erforderlich ist, da sie ihren Titel ohnehin behalten und Lehraufträge soweit ersichtlich an keine Altersgrenze gebunden sind. 17

Dennoch sehen erstaunlich viele Bundesländer und Universitäten besondere Regeln für die Seniorprofessur und verwandte Institute vor. Das kann nicht 18

[23] Richtlinien der Universität Augsburg zum Hinausschieben des Eintritts in den Ruhestand von Professorinnen und Professoren v. 26.10.2022, abgedruckt als Anhang III.

[24] Rundschreiben der Kanzlerin zu Neuregelungen bei Ruhestandsversetzung v. 21.7.2015.

[25] Rundschreiben des Leiters der Personalabteilung zur Weiterbeschäftigung nach Erreichen der Regelaltersgrenze v. 20.3.2018.

[26] Richtlinien der Julius-Maximilians-Universität Würzburg (JMU) zum Hinausschieben des Ruhestands von Universitätsprofessorinnen und Universitätsprofessoren sowie zur Einrichtung von Seniorprofessuren v. 21.3.2022.

[27] Rundschreiben zum ersten Gesetz zur Modernisierung des Dienstrechts in Hessen v. 2.3.2015 – Ruhestandshinausschiebung.

[28] Rundschreiben an die Beamtinnen und Beamten der TU Clausthal zum Niedersächsischen Beamtenversorgungsgesetz v. 24.1.2012 – Hinausschieben des Ruhestandes.

anders auszulegen sein, als dass damit ein Anreiz und eine besondere Würdigung der Lehre über den Eintritt in den Ruhestand hinaus verbunden sein soll. So ist eine ausdrückliche Ermächtigung zur Einführung einer Seniorprofessur vorgesehen in den Hochschulgesetzen von Baden-Württemberg,[29] Mecklenburg-Vorpommern (Vergütung allerdings nur aus Drittmitteln),[30] Sachsen-Anhalt,[31] Schleswig-Holstein[32] und Thüringen.[33] In Hamburg dürfen Hochschulen bei „hervorragender Eignung" Professoren nach Ruhestandseintritt bis 75 Jahre auf Grundlage eines öffentlich-rechtlichen Vertrags weiter beschäftigen.[34] In Sachsen können Hochschulen den Status eines „Angehörigen" verleihen.[35]

19 In Ausfüllung dieser Ermächtigungen, aber auch ohne entsprechende Regelung sehen etliche Universitäten Regelungen zu Seniorprofessuren oder einem entsprechenden Status vor. So in Baden-Württemberg die Universitäten Freiburg, Heidelberg, Mannheim und Ulm – jeweils in ihren Grundordnungen –, in Bayern gibt es in Erlangen den „Senior Fellow" und in Würzburg Richtlinien zur Einführung von Seniorprofessoren. Auch an der HU Berlin und der Universität Hamburg sowie der Universität Marburg in Hessen sind Richtlinien für Seniorprofessoren vorhanden.

20 Weitere Regelungen in Richtlinien oder Grundordnungen finden sich in Mecklenburg-Vorpommern in Rostock, in Nordrhein-Westfalen in Düsseldorf, im Saarland in Saarbrücken, in Sachsen in Leipzig, in Sachsen-Anhalt in Halle und in Schleswig-Holstein in Kiel, Flensburg und Lübeck jeweils in der Verfassung der Universitäten. In Mainz in Rheinland-Pfalz sieht die Grundordnung eine „Senior-Fellowship" vor. Auch diese Aufzählung erfolgt ohne Anspruch auf Vollständigkeit.

III. Regeln zur Ermessensbindung, Richtlinien und Gepflogenheiten der Praxis

1. Universitätsregeln zur Ermessensbindung

21 Wie erwähnt, existieren an etlichen Hochschulen interne Regelungen, die die gesetzlichen Regelungen zur Weiterbeschäftigung über die Pensionsgrenze hinaus konkretisieren. Einige davon befassen sich (auch) mit der Seniorprofessur oder verwandten Regelungen. Hier soll es um diejenigen gehen, die sich auch oder nur mit dem Hinausschieben des Ruhestandes befassen. Wie erwähnt, gibt

[29] § 55 Abs. 3 BWLHG.
[30] § 61 Abs. 7, 8 LHG M-V.
[31] §§ 38, 46 HSG LSA.
[32] § 63 Abs. 3 SchlHLHSG.
[33] § 94 Abs. 2 ThürHG.
[34] § 16 Abs. 7, 9 HmbHG.
[35] §§ 49 Abs. 2, 46 Abs. 1 SächsHSFG.

es solche Regeln in Heidelberg, Augsburg, Erlangen-Nürnberg, Regensburg, Würzburg, Frankfurt/Main, Marburg und der TU Clausthal-Zellerfeld.[36] Sie sind teils in der Form eines Rundschreibens gehalten, teils als Richtlinien oder Merkblatt bezeichnet. Soweit bekannt, stammen alle aus den vergangenen zehn bis 15 Jahren. Das ist insoweit von Bedeutung, als sie bei ihrem Erlass Professoren erfassten, die die immer noch weitgehend eingehaltene „Berufungsgrenze" von 52 Jahren bereits überschritten hatten, dieser Modifikation möglicher Lebensplanungen also nicht einmal mehr durch Wechsel der Universität entgehen konnten.

Über die Rechtsnatur dieser Papiere, die im Folgenden der Einfachheit halber als Richtlinien bezeichnet werden können, können andere kompetenter entscheiden. Als Basis der folgenden Ausführungen sollen sie hier als Ermessensrichtlinien angesehen werden, also interne Konkretisierungen des abstrakten Begriffs „dienstliches Interesse", der so oder ähnlich alle gesetzlichen Grundlagen durchzieht. Ihre Folge dürfte dann jedenfalls eine Selbstbindung der Verwaltung sein. Im Folgenden wird ihr Inhalt vorgestellt, im nächsten Abschnitt eine Bewertung hinsichtlich ihres Zwecks und ihrer Eignung zur Erfüllung dieses Zwecks versucht. 22

Dabei ist eine Vorstellung des Inhalts nicht nur aus Zeitgründen nur exemplarisch möglich, sondern auch, weil mir nur einige Papiere zugänglich und möglicherweise auch nicht alle bekannt sind – eine Folge der internen Natur dieser Richtlinien. Exemplarisch sollen Augsburg, Würzburg, Marburg und Clausthal stehen, die auch gleichzeitig den Variantenreichtum zeigen. Die Richtlinien in Augsburg und das Rundschreiben in Würzburg sind sehr ähnlich bis wortgleich. Sie folgen offenbar dem Ziel, die Verlängerung einzudämmen, indem hohe Anforderungen gestellt werden, so in beiden Fällen ein „bedeutendes Forschungsprojekt" oder die Unmöglichkeit einer Nachbesetzung der Stelle. In Augsburg wird zusätzlich aufgezählt, welche möglichen Aspekte (Betreuung von Qualifikationsarbeiten, Ämter in Gremien) ein dienstliches Interesse auf keinen Fall begründen können. 23

Ganz anders die Richtlinien in Hessen und Niedersachsen. Hier folgt bereits aus einem Gesamtzusammenhang mit der Seniorprofessur, dass eine Weiterbeschäftigung eher positiv bewertet wird. So ist sie in Marburg lediglich an den Befund begründet, der Antragsteller müsse als Professor „überdurchschnittlich" sein. Die TU Clausthal sieht sogar einen Anspruch auf Hinausschieben des Ruhestandes um ein Jahr vor und stellt lediglich die beiden weiteren Jahre ins Ermessen. 24

[36] S.o. die Fn. 22–28.

2. *Traditionen und Gepflogenheiten*

25 Auch aus einem weiteren Grund soll dieser exemplarische Überblick genügen, denn entscheidend scheinen letztlich in vielen oder sogar allen Fällen Üblichkeiten und Gepflogenheiten zu sein. Wie erwähnt, ist die restriktivste bekannte Haltung an der LMU München, wo eine Verlängerung extrem schwierig bis unmöglich ist, offenbar nicht in einer Richtlinie niedergelegt. Die meisten Universitäten scheinen ohnehin nicht über entsprechende Papiere zu verfügen. Aber auch da, wo sie existieren, können sie unterschiedlich behandelt werden, so wurde aus Würzburg berichtet, dass dort trotz des Parallelpapiers zu Augsburg Verlängerungen der Dienstzeit in der Regel als Formalität angesehen werden. Und auch innerhalb von Nordrhein-Westfalen gibt es ungeachtet des Sparziels der Landesregierung unterschiedliche Gepflogenheiten.

26 Trotz einer keineswegs vollständigen Empirie liegen genug Daten vor, um jedenfalls zu dem Befund zu kommen, dass hinsichtlich des Hinausschiebens des Ruhestandes an deutschen Universitäten ein extremer Flickenteppich an rechtlichen Regelungen und internen Gepflogenheiten existiert. Im Folgenden soll eine vergröberte Skizze versucht werden. So wird insbesondere in norddeutschen Bundesländern die Verlängerung rechtlich wie tatsächlich gefördert. In Schleswig-Holstein, Niedersachsen und Thüringen folgt das schon rechtlich aus der Umkehr der Beweislast. In Nordrhein-Westfalen führen die Sparvorgaben des Landes zu einer entsprechenden Praxis.

27 Aber auch in den anderen Bundesländern und dem Bund wurde berichtet, dass Verlängerungen der Dienstzeit in der Praxis meist unproblematisch oder reine Formsache seien. Eine grundsätzlich „verlängerungsfreundliche“ Haltung scheint vor allem da zu herrschen, wo parallel eine Seniorprofessur vorgesehen ist. Unterschiede folgen im Detail vor allem daraus, ob für ein Jahr oder gleich für drei Jahre eine Verlängerung bewilligt wird und ob und welche Voraussetzungen es für die weiteren Jahre gibt. Hinsichtlich einer negativen Einstellung zur Verlängerung tritt besonders Bayern hervor und auch in Sachsen scheint man eher skeptischer als anderswo zu sein.

IV. Versuch eines Befundes: Interessen der Betroffenen

1. *Überblick über die Interessenlage*

28 Zum Versuch eines Befundes soll hier zunächst eine Analyse der betroffenen Interessen versucht werden, verbunden mit der Suche nach dem Ziel, das mit rechtlichen und internen Regelungen verfolgt werden sollte und verfolgt wird. In einem zweiten Schritt soll die Problematik des „Flickenteppichs“ und ihre Auswirkungen behandelt werden.

Um wessen Interesse geht es also und was ergibt sich daraus? Zunächst der Staat als Dienstherr. Sein vorrangiges Interesse dürfte darin liegen, eine möglichst weitgehende Dienstzeitverlängerung zu ermöglichen und zu fördern, da diese erhebliche Personalkosten spart – auch hier soll weiteren Beiträgen nicht vorgegriffen werden. Auf der anderen Seite hat auch der Staat ein grundsätzliches Interesse an der Förderung des meist von ihm selbst ausgebildeten Nachwuchses und an einer ausgewogenen Altersstruktur – beides wird dadurch nivelliert, dass es maximal um drei Jahre geht; dazu unten näher. Schließlich könnte man über den Einfluss des Grundsatzes der Bestenauslese, Art. 33 Abs. 2 GG, nachdenken. 29

Die betroffenen Professoren selbst haben keineswegs durchweg ein Interesse an einem Hinausschieben ihres Ruhestandes, sicherlich aber eines an Wahlfreiheit und insbesondere an Rechtssicherheit. Für die Bewertung der Interessenlage möglicherweise zu wenig berücksichtigt wird, dass der gesetzliche Ruhestand für Beamte von den Dienstherren ohnehin für die Zukunft nach hinten verschoben wird. Muss ein heute 65-Jähriger einen oder drei Anträge stellen, um bis zum 69. Lebensjahr seinen Lehrstuhl innezuhaben, ist das für seinen 15 Jahre jüngeren Kollegen schon aufgrund der Rechtslage Pflicht. Möglicherweise wird dann auch das Bedürfnis nach weiterem Hinausschieben des Ruhestandes seltener werden. 30

Auch der wissenschaftliche Nachwuchs ist bei diesen gesetzlichen Regelungen nicht gefragt worden, ob sie seiner Förderung entsprechen, wobei sie sich auf den gegenwärtigen Nachwuchs freilich auch noch nicht auswirken. Der wissenschaftliche Nachwuchs hat ein – jedenfalls auf den ersten Blick – eindeutiges Interesse daran, dass möglichst bald möglichst viele freie Stellen zur Verfügung stehen. Bei genauerem Hinsehen nivelliert sich dieses Interesse aber ganz erheblich dadurch, dass ein Hinausschieben maximal um drei Jahre möglich ist, während die Post-Doc-Qualifikation – in der Regel Habilitation oder Juniorprofessur – deutlich länger dauert. Im Grunde besteht die Auswirkung also vor allem darin, diejenigen zu „fördern", die die entsprechende Qualifikation entweder drei Jahre früher oder später erlangt haben. Gerade in kleineren Fachbereichen, wo sich Nachwuchswissenschaftler oft auf bestimmte Stellen hin qualifizieren, steht auch hier wohl eher die Rechtssicherheit im Vordergrund. 31

Nicht nur für die betroffenen Professoren und zumindest einige Nachwuchswissenschaftler, sondern auch für die betroffenen Universitäten und Fakultäten kristallisiert sich das Bedürfnis nach Rechtssicherheit als größtes Anliegen heraus – wie oft bei Auslegung unbestimmter Rechtsbegriffe, hier dem Begriff des dienstlichen Interesses. Für die Fakultäten folgt das aus der Planung ihrer Lehrveranstaltungen und ihrer Verwaltung sowie der Neuausschreibung der Professur, da in allen Fällen vielfach lange Fristen einzuhalten sind. Für die Betroffenen ist nicht nur für ihre Lebensplanung Sicherheit erforderlich. Ein Kern- 32 problem liegt, wie bereits angedeutet, darin, dass die Verlängerung vielfach an wissenschaftliche Projekte gebunden ist, der Erfolg dieser Projekte aber davon abhängt, dass der wissenschaftliche Leiter, also der betroffene Professor, bis zum Projektende zur Verfügung steht.

2. *Insbesondere: Gewährleistung von Rechtssicherheit*

33 Das Bedürfnis grundsätzlich aller Beteiligten nach Rechtssicherheit ist also so eindeutig wie grundlegend. Wodurch aber kann die Rechtssicherheit hergestellt oder zumindest verbessert werden? Der auf den ersten Blick einfachste Weg sind gleichförmige Entscheidungen – entweder die „Münchener Lösung", praktisch nie eine Verlängerung zu gewähren, oder die an vielen Universitäten nahezu als Gewohnheitsrecht bestehende Gepflogenheit, diesen Anträgen grundsätzlich immer stattzugeben. Beides scheint indes verwaltungs-, bzw. beamtenrechtlich nicht unproblematisch, weil die gesetzliche Regelung eindeutig Ermessen gewährt, eine Ermessensausübung in diesen Fällen aber praktisch nicht stattfindet.

34 Insbesondere für Planungssicherheit hilfreich sind Gesetze oder Richtlinien, die an der Problematik „ein, zwei oder drei Jahre" ansetzen. So wird vielfach unmittelbar eine Verlängerung um drei Jahre bewilligt – natürlich nur bei entsprechendem Antrag. Eine unerträgliche Selbstbindung sehe ich aufgrund der Obergrenze von drei Jahren nicht, sicherlich wird aber auch hier die Ermessensausübung eingeschränkt. Einen anderen Ansatz zur Rechtssicherheit finden Regelungen wie die Marburger, die einen Anspruch jedenfalls für das erste Jahr vorsehen. Auch hier liegt eine Einschränkung der Ermessensausübung vor, aber kaum eine unerträgliche Bindung.

35 Rechtssicherheit ist sicherlich auch der Zweck der erwähnten Richtlinien bzw. Rundschreiben, die – wenn auch sehr unterschiedliche – Hinweise zur Auslegung der gesetzlichen Vorschriften geben. Auch hier kann das der Fall sein, wenn sie so formuliert sind, dass jeder Interessierte, der nicht zum kleinen Kreis der Nobelpreisverdächtigen gehört, von vornherein mit einer Ablehnung rechnen kann oder wenn sie umgekehrt sogar von einem Anspruch unter bestimmten Voraussetzungen ausgehen.

36 Hier ist das Problem, das sich auch auf die Rechtssicherheit auswirkt, ein anderes. Ermessensrichtlinien binden die Verwaltung und machen ein Eingehen auf Sonderfälle schwierig. So ist daneben eine neue „praktische Übung" schwierig. Ein Beispiel: wenn die Universitätsverwaltung plant, Verlängerungen im ersten Jahr regelmäßig, danach nur in Ausnahmefällen zu gewähren, muss das auch entsprechend niedergelegt sein. Wenn für jedes Jahr eigentlich dieselben Voraussetzungen verlangt werden, erscheint das problematisch. Schwierigkeiten ergeben sich auch dann, wenn sie auf eine jahr- oder gar jahrzehntelange Übung stoßen, die ihrerseits ein durchaus schutzwürdiges Vertrauen in ihren

rechtssicheren Fortbestand ausgelöst hat. Verwaltungsrichtlinien sind daher nur teilweise geeignet, die Gefahr des Vorwurfs eines Ermessensfehlgebrauchs abzuwenden. Im Gegenteil machen sie eine korrekte Entscheidung schwieriger, weil sowohl die Richtlinie als auch ihre Anwendung im konkreten Einzelfall zu überprüfen ist.

V. Gründe für und Folgen der Rechtszersplitterung

Wie immer man in der Abwägung der betroffenen Interessen stehen kann, ein Befund ist eindeutig – der einer erheblichen Rechtszersplitterung. An einigen Universitäten werden Professoren um ein Hinausschieben des Ruhestandes inständig gebeten, an anderen müssen sie darum bitten oder es ist ihnen gar unmöglich. Die Ursachen dafür liegen in der Organisation der deutschen Verwaltung: Die Bundesländer sind hier sehr eigenständig und Universitäten kommt ebenfalls verfassungsrechtlich geschützte Eigenständigkeit zu. Gesetzgeberisch und bei der Einzelfallentscheidung besteht Ermessensfreiheit. Rechtlich bestehen also keine Bedenken. 37

Aus meiner Sicht als Arbeitsrechtlerin stellt sich aber die Frage, welche Auswirkungen diese Zersplitterung auf Beamten- wie Dienstherrnseite hat, ob sie also zu einer guten Personalpolitik beiträgt. Für die betroffenen Professoren, die alle ihre Stelle nach den Kriterien des Art. 33 Abs. 2 GG erhalten haben, stellen sich diese Auswirkungen befremdlich dar. An einer Universität wird man um Verlängerung gebeten, bei einer anderen muss man darum bitten. In einem Fall ist die Verlängerung eine Selbstverständlichkeit, in einer anderen Ergebnis einer im schlimmsten Fall würdelosen Diskussion. 38

Durch die Kriterien des Art. 33 Abs. 2 GG, also Eignung, Befähigung und fachliche Leistung, lassen sich diese Unterschiede bereits in der Ausgangssituation nicht erklären. Münchener Professoren sind nicht eher entbehrlich oder senil als beispielsweise Kölner Professoren. Da insbesondere diejenigen Richtlinien und Gepflogenheiten, die die Verlängerungsmöglichkeiten einschränken, in der Regel jünger sind als zehn Jahre, kommt hinzu, dass die Betroffenen von ihnen überrascht worden sind und die – sicherlich eher theoretische – Möglichkeit, sich ihnen durch einen Wechsel an eine andere Universität zu entziehen, in der Praxis nicht mehr besteht. 39

Welches Interesse auf anderer Seite kommt also in diesem Flickenteppich zum Ausdruck? Denkbar sind zwei, die vielfach interdependent sind, nämlich erstens der Wettbewerb um die „besten Köpfe" und zweitens die Förderung des wissenschaftlichen Nachwuchses. Dabei kann man wohl schon aus europarechtlichen Gründen – das Verbot der Altersdiskriminierung hat in der EU Verfassungsrang – nicht die Annahme zugrunde legen, dass jüngere Wissenschaftler den Kriterien des Art. 33 GG grundsätzlich eher gerecht werden als 40 ältere. Aber natürlich auch nicht umgekehrt: Seniorprofessoren werden zum Problem, wenn sie eingesetzt werden, um dauerhaft Stellen nicht neu zu besetzen.

41 Bei der Verlängerung geht es allerdings ohnehin nur um maximal drei Jahre. Wie bereits ausgeführt, verschieben sich im Ergebnis die zahlreichen Zufälligkeiten, von denen Angebot und Nachfrage in Berufungsverfahren abhängen, um diesen Zeitraum. Ein Verhindern dieser Verschiebung mag den Nachwuchs in Fächern fördern, in denen ein aktueller Überhang an wissenschaftlichem Nachwuchs besteht. Ob das so ist, kann hier nicht beurteilt werden. Die absolut höchste Zahl an Habilitationen gab es nach der Statistik des DHV im Jahr 2002, also zu einer Zeit, in der Verlängerungen weitgehend als Selbstverständlichkeit angesehen wurden. Seitdem scheint sich die Nachfrage nach Stellen eher reduziert zu haben, zumal das Stellenangebot aufgrund des Ansteigens der Studienplätze eher ausgebaut wurde.

42 Es stellt sich also die Frage des Wettbewerbs. Universitäten stehen in vielfacher Weise im personellen Wettbewerb – Anzahl von Studenten und Absolventen, Attraktivität für wissenschaftlichen Nachwuchs, aber auch für den Wechsel bereits arrivierter Wissenschaftler. Damit spitzen sich die Überlegungen auf die Frage zu, ob die Altersstruktur in Wissenschaft und Lehre in diesem Wettbewerb eine Rolle spielt, ob also für alle erwähnten Personen Universitäten und Fakultäten attraktiver sind, an denen möglichst alle Mitglieder unter 65 Jahre sind, oder solche, an denen die Möglichkeit einer Weiterbeschäftigung über diese Altersgrenze hinaus besteht. Spielt diese Frage bei der Attraktivität dagegen keine Rolle, käme man zu dem bedenklichen Ergebnis, dass der Problematik auf Seiten der Betroffenen kein Vorteil der anderen Seite gegenübersteht.

VI. Statt eines Fazits

43 Ein Fazit kann hier schon deshalb nicht gezogen werden, weil sonst die Ergebnisse später folgender Ausführungen vorweggenommen würden. Konstatiert werden kann dagegen der Befund der Rechtszersplitterung, der durch zwei gegenläufige Trends ausgelöst wird: Die Förderung der Arbeit über die Pensionsgrenze hinaus u.a. durch Seniorprofessuren auf der einen und ihre Einschränkung durch – meist neuere – Richtlinien und geänderte Gepflogenheiten auf der anderen Seite. Offen bleibt, welche und wessen Interessen und Ziele durch eine der beiden Richtungen und durch die entstehende Zersplitterung gefördert werden. Ziel dieser Ausführungen war aufzuzeigen, dass es darauf keine einfache Antwort gibt, dass aber unbedingt darüber nachgedacht werden sollte.

§ 2 Die Verlängerung des Dienstverhältnisses im Dickicht zwischen Beamtenrecht und hochschulrechtlicher Selbstverwaltung[1]

Max-Emanuel Geis

I. Einführung: Die betroffenen Rechtsmaterien

Die Thematik betrifft mehrere Ebenen des Öffentlichen Rechts: Im Verfassungsrecht sind das das Grundrecht der Berufsfreiheit (Art. 12 Abs. 1 GG), der gleiche Zugang zu öffentlichen Ämtern (Art. 33 Abs. 2 GG), die hergebrachten Grundsätze des Berufsbeamtentums (Art. 33 Abs. 5 GG), das Grundrecht auf Wissenschaftsfreiheit (Art. 5 Abs. 3 GG) sowie die akademische Selbstverwaltung (vgl. Art. 138 Abs. 2 S. 1 BV). Im Verwaltungsrecht sind naturgemäß in erster Linie das Beamtenrecht und das Hochschulrecht – beides seit der Föderalismusreform 2006 weitgehend Landesrecht – betroffen, jedoch spielt auch die Dogmatik des Allgemeinen Verwaltungsrechts eine nicht unwesentliche Rolle. Dabei sind die landesrechtlichen Regelungen – im föderalen Staat zulässigerweise – durchaus unterschiedlich.[2] Für angestellte Hochschullehrerinnen und Hochschullehrer ist statt des Beamtenrechts das Arbeitsrecht einschlägig; dieses soll jedoch hier ausgeblendet werden. 1

II. Verfassungsrecht

1. Berufsfreiheit (Art. 12 Abs. 1 GG)

Der Eintritt in den Ruhestand führt bei Beamtinnen und Beamten kraft Gesetzes zum Ausscheiden aus dem aktiven Dienst, betrifft also – quasi „negativ" – den Schutzbereich der Berufsfreiheit. Das Bundesverfassungsgericht hatte schon in seiner frühen Apothekenentscheidung[3] mit der sog. Dreistufentheorie verschiedene Eingriffsvarianten dargestellt. Kurz darauf judizierte es im sogenannten Hebammenurteil, dass gesetzliche Altersgrenzen als subjektive Be- 2

---

[1] Vortrag auf der Tagung zur „Wohlstandssicherung durch freiwillige Längerbeschäftigung" am 15.5.2023 an der Juristischen Fakultät der Universität Augsburg; die Vortragsfassung wurde weitgehend beibehalten.

[2] S. dazu im einzelnen *Benecke* (in diesem Band), § 1 Rn. 6 ff.

[3] BVerfG, Urt. v. 11.6.1958 – 1 BvR 596/56, BVerfGE 7, 377 ff.

rufswahlvoraussetzungen zu qualifizieren seien.[4] In der Literatur wird zum Teil sogar eine objektive Berufswahlvoraussetzung angenommen, weil das Alter ein Umstand ist, der vom Betroffenen nicht beeinflusst werden kann.[5] Dies kann hier freilich dahingestellt bleiben, da die neuere Dogmatik diese Kategorien nicht mehr wie die ursprüngliche Dreistufentheorie als Schutzbereichsmerkmal, sondern als Prüfkriterium innerhalb der Verhältnismäßigkeit (genauer: des Mittel-Zweck-Verhältnisses) ansieht.[6] Ungeachtet dessen ist eine Eingriffsrechtfertigung nur durch „wichtige" bzw. „überragend wichtige Gemeinschaftsgüter" möglich. Als wichtige Gemeinschaftsgüter wurden in der Rechtsprechung etwa anerkannt:

- die Qualitätssicherung im Hinblick auf „erfahrungsgemäß abnehmende Leistungsfähigkeit";[7]
- die Erhaltung einer ausgewogenen Altersstruktur.[8]

3 Bei Eingriffen durch den Gesetzgeber wird diesem nach allgemeiner Meinung ein weitreichender Einschätzungsspielraum zugebilligt, der nur bei offensichtlich unzutreffenden Erwägungen überschritten wird; der Gesetzgeber kann hierbei pauschalisierende Regelungen treffen.[9] Auf einer anderen Ebene liegt die Frage, ob eine Einzelentscheidung, die der Verwaltung eingeräumt ist, dem Grundsatz der Verhältnismäßigkeit genügt, insbesondere die Angemessenheit unter bestmöglicher Herstellung praktischer Konkordanz[10] widerstreitender Rechtsgüter richtig behandelt; anders als dem Normgeber steht der Exekutive dabei keine Entscheidungsprärogative zu. Das werden wir indes im verwaltungsrechtlichen Teil behandeln.

---

[4] BVerfG, Beschl. v. 16.6.1959 – 1 BvR 71/57, BVerfGE 9, 338, 345.

[5] Vgl. etwa *Hufen*, Staatsrecht II. Grundrechte, 10. Aufl. 2023, § 35 Rn. 22, 57.

[6] *Hufen*, Staatsrecht II. Grundrechte, 10. Aufl. 2023, § 35 Rn. 26 ff.

[7] BVerfG, Beschl. v. 10.12.1985 – 2 BvL 18/83, BVerfGE 71, 255, 270 = NVwZ 1986, 369 – Lehrer; für Notare: BVerfG (K), Beschl. v. 29.10.1992 – 1 BvR 1581/91, NJW 1993, 1575 und BVerfG, Nichtannahmebeschl. v. 5.1.2011 – 1 BvR 2870/10, NJW 2011, 1131; BVerfG, Beschl. v. 4.5.1983 – 1 BvL 46/80, BVerfGE 64, 72, 82; BVerwG, Urt. v. 21.1.2015 – 10 CN 1/14, BVerwGE 151, 192 = NVwZ 2015, 1294; VGH Kassel, Urt. v. 7.8.2013 – 7 C 897/13.N, NVwZ 2014, 309 – Sachverständige; BVerwG, Beschl. v. 6.12.2011 – 2 B 85/11, NVwZ 2012, 1052 – Fachhochschulprofessor.

[8] EuGH, Urt. v. 21.7.2011 – C-159, 160/10, EU:C:2011:508 – Fuchs und Köhler; OVG Koblenz, Urt. v. 13.4.2011 – 2 A 11447/10, LKRZ 2011, 269 = BeckRS 2011, 50010.

[9] Grdl. BVerfG, Beschl. v. 16.3.1971 – 1 BvR 52/66, BVerfGE 30, 292, 316 – Erdölbevorratung; BVerfG, Beschl. v. 7.3.2017 – 1 BvR 1314/12, BVerfGE 145, 20, 58 – Glücksspielstaatsvertrag: Aus der Literatur krit. vertiefend *Bickenbach*, Die Einschätzungsprärogative des Gesetzgebers, 2014.

[10] Zu dieser Rechtsfigur *Hesse*, Grundzüge des Verfassungsrechts der Bundesrepublik Deutschland, 20. Aufl. 1990, Rn. 72; *Hufen*, Staatsrecht II. Grundrechte, 10. Aufl. 2023, § 9 Rn. 31.

2. Gleicher Zugang zu öffentlichen Ämtern (Art. 33 Abs. 2 GG)

Der Zugang zum Amt der Professorin bzw. des Professors erfolgt – wie bei allen öffentlichen Ämtern – grundsätzlich nur nach den Kriterien „Eignung“, „Befähigung“ und „Leistung“. Das Alter zählt hierzu erst einmal nicht. Gleichwohl wird die Festsetzung einer Höchstaltersgrenze von der Rechtsprechung als zulässig erachtet, sofern eine ausreichende gesetzliche Grundlage vorliege.[11] Darin liege auch kein Verstoß gegen das AGG; eine allgemeine Altersgrenze könne zur Gewährleistung einer ausgewogenen Altersstruktur zulässig sein.[12] Auch die Entwicklung der Versorgungslasten und die Erhaltung der Einstellungs- und Beförderungsmöglichkeiten seien im Rahmen des Gestaltungsspielraums des Gesetzgebers ein legitimer Differenzierungsgrund.[13] 4

Nach dem Urteil des EuGH im Fall Köhler vs. Hessen sind solche Regeln grundsätzlich auch mit der Gleichbehandlungsrahmenrichtlinie vereinbar.[14] Zwar sei es unstreitig, dass eine Altersgrenze eine Ungleichbehandlung wegen des Alters im Sinne des Art. 6 Abs. 1 lit. a der Richtlinie 2000/78/EG darstelle. Eine solche sei nach Art. 6 Abs. 1 jedoch keine Diskriminierung, sofern sie objektiv und angemessen sei, im Rahmen des nationalen Rechts durch ein legitimes Ziel gerechtfertigt und die Mittel zur Erreichung dieses Ziel angemessen und erforderlich seien; als legitime Ziele nennt der EuGH insbesondere „rechtmäßige Ziele“[15] aus den Bereichen Beschäftigungspolitik, Arbeitsmarkt und berufliche Bildung.[16] Dabei könnten auch mehrere Ziele gleichzeitig verfolgt werden. 5

In dem der Entscheidung zugrundeliegenden Fall ging es um die Vorschrift des § 50 Abs. 1 HBG, der insbesondere die Schaffung eines günstigen Altersaufbaus – also die gleichzeitige Beschäftigung von jungen Berufsanfängerinnen und Berufsanfängern und von älteren, erfahrenen Beamtinnen und Beamten bezwecke – und so die Schaffung eines Gleichgewichts zwischen den Generationen zum Hauptziel habe; damit verbunden seien die „Nebenziele“ einer wirksamen Planung des Ausscheidens und von Einstellungen, die Förderung der Einstellung und Beförderung von jüngeren Beamtinnen und Beamten und die Vermeidung von Rechtsstreitigkeiten über die Fähigkeit der bzw. des Be- 6

[11] BVerwG, Beschl. v. 6.12.2011 – 2 B 85/11, NVwZ 2012, 1052 – Fachhochschulprofessor; VGH München, Beschl. v. 6.12.2021 – 3 ZB 20.1902, BeckRS 2021, 41349, Rn. 18 f.

[12] BVerwG, Urt. v. 17.12.2008 – 2 C 26/07, BVerwGE 133, 25 ff. = NVwZ-RR 2009, 487.

[13] BVerfG, Beschl. v. 10.12.1985 – 2 BvL 18/83, BVerfGE 71, 255, 269 = NVwZ 1986, 369 – Lehrer; BVerwG, Beschl. v. 6.12.2011 – 2 B 85/11, NVwZ 2012, 1052 f. – Fachhochschulprofessor.

[14] EuGH, Urt. v. 21.7.2011 – C-159, 160/10, EU:C:2011:508, Rn. 75 – Fuchs und Köhler. Ausführlich zur europäischen Perspektive *Schmahl* (in diesem Band), § 3 passim; speziell zur Vereinbarkeit mit der Gleichbehandlungsrahmenrichtlinie 2000/78/EG s. *Schmahl* (in diesem Band), § 3 Rn. 50 ff.

[15] Hier unterläuft dem EuGH in der Argumentation argumentativ allerdings eine begriffliche petitio principii; vgl. dazu *Möllers*, Juristische Methodenlehre, 5. Aufl. 2023, § 5 Rn. 36 ff.

[16] EuGH, Urt. v. 21.7.2011 – C-159, 160/10, EU:C:2011:508, Rn. 35 – Fuchs und Köhler.

schäftigten, ihren bzw. seinen Dienst über dieses Alter hinaus weiter auszuüben.[17] Legitime Gründe könnten allerdings – was der EuGH schon in früheren Entscheidungen deutlich machte[18] – nur im Allgemeininteresse liegende Gründe sein; „individuelle" Beweggründe des Arbeitgebers wie Kostenreduzierung oder Verbesserung der Wettbewerbsfähigkeit seien nicht ausreichend. Die vom Land Hessen vorgebrachten Gründe einer ausgewogenen Beschäftigungsstruktur zum Zweck der Sicherung der Leistungsfähigkeit seien hingegen ein legitimes Ziel; dabei durfte auch die konkrete Beschäftigungslage berücksichtigt werden.[19] Dabei scheine die Schaffung einer Altershöchstgrenze insbesondere dann angemessen und erforderlich, wenn nur eine begrenzte Zahl von Planstellen zur Verfügung stünden, weil ansonsten das Ziel einer ausgewogenen Altersstruktur gefährdet sei.[20] Bei der Ausgestaltung hätten die Mitgliedstaaten einen weiten Ermessensspielraum. Eine Grenze wäre indes dann überschritten, wenn durch eine entsprechende Konstruktion das Verbot der Diskriminierung ausgehöhlt würde. Das wäre der Fall, wenn die Interessen der Betroffenen am Verbleib an ihrem Arbeitsplatz ab einem bestimmten Alter kategorisch verneint werden. Hat der Gesetzgeber jedoch die verschiedenen gegenläufigen Interessen ermittelt und berücksichtigt und ist er aufgrund dessen zu einem gerechten Ausgleich gelangt, so liegt eine Diskriminierung nicht vor.[21] Dies ist insbesondere dann der Fall, wenn die oder der Betroffene trotz ihrer bzw. seiner Pensionierung bzw. Verrentung weiter auf dem Arbeitsmarkt tätig werden kann (im konkreten Fall der pensionierte Staatanwalt als selbständiger Rechtsanwalt).

7 Dieser Gedanke ist natürlich gerade im Fall der Pensionierung von Hochschullehrerinnen und Hochschullehrern übertragbar: Wie schon zuvor ausgeführt, können diese ja einen großen Teil ihrer (ehemaligen) Dienstaufgaben weiterführen: sowohl im Bereich der Lehre als auch in der Forschung, wenngleich unter modifizierten Bedingungen. Auch können Professorinnen und Professoren unabhängig von der Pensionierung einer Tätigkeit als selbstständige Sachverständige und Gutachter nachgehen und hierfür ohne beamtenrechtliche Einschränkungen Honorare liquidieren. Nach alledem kann von einer Altersdiskriminierung nicht die Rede sein.

8 Schließlich betont der EuGH noch, dass Regelungen und Änderungen bei der Höchstgrenze auch nicht einheitlich geregelt sein müssen. Diese können in unterschiedlichem Rhythmus erfolgen, und von Region zu Region bzw. von Land

[17] EuGH, Urt. v. 21.7.2011 – C-159, 160/10, EU:C:2011:508, Rn. 47 – Fuchs und Köhler.

[18] EuGH, Urt. v. 5.3.2009 – C-388/07, EU:C:2009:128, Rn. 46 – Age Concern England.

[19] EuGH, Urt. v. 21.7.2011 – C-159, 160/10, EU:C:2011:508, Rn. 54 – Fuchs und Köhler, unter Berufung auf EuGH, Urt. v. 16.10.2007 – C-411/05, EU:C:2007:604, Rn. 56 f. – Palacios de la Villa.

[20] EuGH, Urt. v. 21.7.2011 – C-159, 160/10, EU:C:2011:508, Rn. 60 – Fuchs und Köhler.

[21] EuGH, Urt. v. 21.7.2011 – C-159, 160/10, EU:C:2011:508, Rn. 65 – Fuchs und Köhler, unter Hinweis auf EuGH, Urt. v. 16.10.2007 – C-411/05, EU:C:2007:604, Rn. 69, 71 – Palacios de la Villa.

zu Land verschieden sein, um regionale Besonderheiten zu berücksichtigen. Insofern begründeten unterschiedliche landesrechtliche Regelungen keine Inkohärenz.[22] Dies ist unter dem Gesichtspunkt der seit der Föderalismusreform weitgehend alleinigen Zuständigkeit der Länder im Beamten- und Hochschulrecht[23] auch konsequent.

Dabei taucht auch hier in der Rechtsprechung bis heute die „erfahrungsgemäß abnehmende Leistungsfähigkeit" als Rechtfertigungsgrund im Wege einer pauschalen und stereotypen Behauptung auf;[24] eine inhaltliche Rechtfertigung dieser Pauschalierung wird nicht vorgenommen. Dabei wäre jedoch zu überprüfen, ob dieses Stereotyp angesichts jüngerer Erkenntnisse der Altersmedizin über die individuelle Leistungsfähigkeit im Alter[25] – noch dazu im kognitiv[26] geprägten Hochschulbereich – noch haltbar ist. Auch ist zu prüfen, ob angesichts des demografischen Wandels das Problem der „Altersarbeit" neu zu bewerten ist.[27] 9

3. Hergebrachte Grundsätze des Berufsbeamtentums (Art. 33 Abs. 5 GG)

Ein weiterer verfassungsrechtlicher Ansatz wäre, ob die Altersgrenze oder auch deren mögliches Hinausschieben unter den Schutz der sog. hergebrachten Grundsätze des Berufsbeamtentums fallen könnte. Immerhin ermöglichte das „alte" Hochschulrecht vor dem Hochschulrahmengesetz mit der Rechtsfigur der Emeritierung eine praktisch lebenszeitlange Tätigkeit. Allerdings wurde der Wechsel zum Pensionierungsmodell durch § 75 HRG a. F. von 1976[28] und die damit verbundene Einführung einer ultimativen Höchstaltersgrenze vom Bundesverfassungsgericht als gesetzeskonform angesehen, wobei eine konkrete Altersgrenze – namentlich aus historischen Gründen – verfassungsrechtlich nicht geschützt sei. Wörtlich führt das Gericht dazu aus: 10

„Nach Art. 33 Abs. 5 GG muß zwar der Gesetzgeber bei der Regelung des Rechts des öffentlichen Dienstes die hergebrachten Grundsätze des Berufsbeamtentums berücksichtigen. Geschützt werden aber im Unterschied zu Art. 129 Abs. 1 Satz 3 WRV nicht die „wohlerworbenen Rechte" der Beamten, sondern nur der Kernbestand von Strukturprinzipien der Institution des Berufsbeamtentums (BVerfGE 64, 323 [351]; st. Rspr.). Das Beamtenverhältnis der Hochschullehrer weist in vielen Beziehungen Besonderheiten gegenüber dem allgemeinen Beamtenverhältnis auf (BVerfGE 3, 58 [141]). Soweit sich aus Art. 33 Abs. 5 GG allerdings Individualrechte bei beamteten Hochschullehrern her- 11

---

22 EuGH, Urt. v. 21.7.2011 – C-159, 160/10, EU:C:2011:508, Rn. 96 ff. – Fuchs und Köhler.

23 Vgl. *Geis/Krausnick*, in: Härtel, Handbuch Föderalismus, Bd. III, 2012, § 63 Rn. 3.

24 VGH München, Beschl. v. 6.12.2021 – 3 ZB 20.1902, BeckRS 2021, 41349, Rn. 19.

25 *Stahn/Sandrock*, Leistungsfähigkeit im Alter, abrufbar unter www.arbeitswissenschaft.net/angebote-produkte/zahlendatenfakten/alf-zdf-leistungsfaehigkeit-im-alter (Abruf v. 1.7.2023).

26 *Greenwood/Parasuraman*, 2 Frontiers in Aging Neuroscience 1 (2010).

27 Dazu *Krause* (in diesem Band), § 6 Rn. 10 ff.

28 Hochschulrahmengesetz (HRG) v. 26.1.1976, BGBl. I, S. 185.

leiten lassen, können sich diese auch hier nur darauf beziehen, daß der Gesetzgeber hergebrachte Grundsätze zu beachten hat, welche den beamtenrechtlichen Status der Hochschullehrer betreffen (BVerfGE 35, 79 [146]).

Da die Emeritierung im Hochschulrahmengesetz für Altprofessoren beibehalten wurde, kann dahinstehen, ob sie als solche zu den durch Art. 33 Abs. 5 GG geschützten hergebrachten Grundsätzen des Hochschullehrerbeamtenrechts gehört. Das Emeritierungsalter von 68 Jahren gehört hierzu jedenfalls nicht.

Die Altersgrenze für Hochschullehrer war im Laufe der Zeit unterschiedlich geregelt. Sie lag in der Weimarer Republik beispielsweise in den Ländern Hamburg, Sachsen und Württemberg bei 70, in Baden bei 68 und in Preußen bei 65 Jahren, allerdings mit der Maßgabe, dass die Emeritierung durch ministeriellen Erlaß im Interesse des Dienstes auf das 68. Jahr hinausgeschoben werden konnte. In Hessen und Thüringen war die Altersgrenze (65 bzw. 68 Jahre) nur fakultativ, in Bayern und Mecklenburg bestand eine Altersgrenze für Hochschullehrer nicht. In den meisten Ländern hatte der Hochschullehrer das Recht, sich mit 65 Jahren entpflichten zu lassen, ohne eine Notwendigkeit dafür begründen zu müssen.

Nach alledem läßt sich ein hergebrachter Grundsatz des Berufsbeamtentums, nach dem die Altersgrenze für die Hochschullehrer bei 68 Jahren liegt, nicht feststellen."[29]

12 Diesen Feststellungen kann auch nach (fast 30 Jahren) nur beigepflichtet werden. Die historisch und föderal abweichenden Ruhestandsaltersgrenzen sind eben nicht „hergebracht" und vermögen insbesondere keine bundeseinheitliche Regelung zu begründen.

4. Wissenschaftsfreiheit (Art. 5 Abs. 3 GG)

13 Dass die Möglichkeit zu Forschung und Lehre auch im Alter vom Schutzbereich der Wissenschaftsfreiheit erfasst wird, dürfte heute allgemeiner Meinung entsprechen. Eine ältere Lehre hatte die Wissenschaftsfreiheit als sog. Funktionsgrundrecht interpretiert, das nur von „installierten" Professorinnen bzw. Professoren in Anspruch genommen werden könnte; diese insbesondere von *Hailbronner* in seiner Habilitationsschrift vertretene Deutung des Schutzbereichs[30] ist aber Einzelmeinung geblieben und hat sich nicht durchgesetzt.

14 Eine ganz andere Frage ist hingegen, ob eine Höchstaltersgrenze einen Eingriff in die Wissenschaftsfreiheit darstellt. Immerhin behält, wer sich im Ruhestand befindet, ausdrücklich das Recht der Lehre einschließlich des Rechts, an Hochschulprüfungen teilnehmen zu können.[31] Die Freiheit der Forschung, also zur methodisch-planmäßigen Gewinnung neuer Erkenntnisse, ist altersmäßig ohnehin nicht limitiert. Damit ist die Freiheit von Forschung und Lehre also

---

[29] BVerfG, Beschl. v. 10.4.1984 – 2 BvL 19/82, BVerfGE 67, 1, 13 f. Die damalige Rechtschreibung wurde beibehalten.

[30] So insbesondere *Hailbronner*, Die Freiheit der Forschung und Lehre als Funktionsgrundrecht, 1979, S. 73 ff.

[31] Vgl. jetzt exemplarisch Art. 60 Abs. 6 BayHIG, und zuvor Art. 13 BayHSchPG und Art. 10 Abs. 3 BayHSchLG, sowie schon § 36 Abs. 4 HRG. Gleiches gilt in den anderen Landeshochschulgesetzen.

nicht zwingend mit dem Fortbestehen des Amtes verknüpft. Die Frage eines Eingriffs reduziert sich daher auf eine mögliche Einschränkung, notwendige Hochschulressourcen weiter in Anspruch nehmen zu können (insbesondere Hörsäle, Labore, Klinikeinrichtungen). Das fällt letztlich unter die Kategorie des aus der Wissenschaftsfreiheit abgeleiteten Rechts auf angemessene Ausstattung,[32] die aber – als Teilhabe- und Leistungsrecht – immer schon unter dem Vorbehalt der Verfügbarkeit der Ressourcen stand.[33]

Dabei kann der Gesetzgeber auch Prioritäten vorsehen; er hat das Recht, die 15
Verwendung limitierter Ressourcen grundsätzlich auf die aktive Dienstzeit zu beschränken; großzügigere Regelungen können die Fakultäten kraft ihres akademischen Selbstverwaltungsrechts freilich jederzeit im Rahmen des Möglichen treffen.

5. *Akademische Selbstverwaltung*

Auch die Frage der Relevanz der akademischen Selbstverwaltung ist gemäß der 16
mir vorgegebenen Thematik anzusprechen. Dieses Rechtsinstitut steht zwar nicht im Grundgesetz, wird aber – in Fortführung der Weimarer Staatsrechtslehre – heute durchgehend anerkannt: Im Jahre 1927 von dem Göttinger Staatsrechtslehrer *Rudolf Smend* „erfunden“, sollte die institutionelle Garantie der akademischen Selbstverwaltung sichern, dass die wissenschaftliche Forschung und Lehre im Weimarer rechtspositivistischen System in Inhalt und Methode vom Einfluss der Staatsgewalt möglichst frei sein soll.[34] Dieser Gedanke wurde in der jungen Bundesrepublik übernommen, um die Hochschulen nach der babylonischen Gefangenschaft im Dritten Reich wieder zu Horten der Geistesfreiheit zu machen. So fand die akademische Selbstverwaltung in den meisten Länderverfassungen Einzug.[35] Auf der Ebene des Grundgesetzes wird sie zwar nicht erwähnt, wird aber fast einhellig als objektive Grundrechtsseite in Art. 5 Abs. 3 GG verankert (was hier nicht weiter vertieft werden soll).[36] Auch das

---

[32] *Löwer*, in: Merten/Papier, Handbuch der Grundrechte in Deutschland und Europa, Bd. IV, 2011, § 99 Rn. 44, Fn. 303 m. w. Nachw.

[33] Vgl. BVerfG, Urt. v. 8.2.1977 – 1 BvR 79/70, BVerfGE 43, 242, 285; BVerfG, Beschl. v. 8.7.1980 – 1 BvR 1472/78, BVerfGE 54, 363, 390; BVerfG, Beschl. v. 26.10.2004 – 1 BvR 911/00, BVerfGE 111, 333, 362; BVerfG, Beschl. v. 7.11.1979 – 2 BvR 513/73, BVerfGE 52, 303, 339; VGH Mannheim, Urt. v. 21.4.1999 – 9 S 2653/98, VGHBW-Ls 1999, Beilage 6, B 2–3. Aus der Literatur etwa *Löwer*, in: Merten/Papier, Handbuch der Grundrechte in Deutschland und Europa, Bd. IV, 2011, § 99 Rn. 41 ff.

[34] *Smend*, VVDStRL 4 (1928), 56 ff.; von da ging diese Doktrin unmittelbar in das legendäre Urteil des BVerfG zum Niedersächsischen Hochschul-Vorschaltgesetz („Hochschulurteil“) – BVerfG, Urt. v. 29.5.1973 – 1 BvR 424/71, BVerfGE 35, 79, 117 – ein.

[35] Z. B. in Art. 138 Abs. 2 BV; Übersicht bei *Krausnick*, Staat und Hochschule im Gewährleistungsstaat, 2012, S. 154 ff.; zusammenfassend zur Geschichte *Geis*, in: Merten/Papier, Handbuch der Grundrechte in Deutschland und Europa, Bd. IV, 2011, § 100 Rn. 3 ff.

[36] Ausf. hierzu *Geis*, in: Merten/Papier, Handbuch der Grundrechte in Deutschland und Europa, Bd. IV, 2011, § 100 Rn. 8 ff.; *Gärditz*, Hochschulorganisation und verwaltungsrechtliche Systembildung, 2009, S. 273 ff.

Bundesverfassungsgericht, das anfänglich eine gewisse Zurückhaltung übte, gleichwohl aber im „Hochschulurteil" die wichtigsten Säulen der akademischen Selbstverwaltung zementierte, leitet in seiner jüngeren Rechtsprechung wichtige organisatorische Konsequenzen aus dieser ab.[37]

17 Auf den ersten Blick ist die Relevanz der akademischen Selbstverwaltung für die vorliegende Problematik zunächst eher fernliegend. Die Verlängerung der Dienstzeit ist primär ein Gegenstand des Beamtenrechts, aber kein originärer Gegenstand der akademischen Selbstverwaltung, der prima vista unmittelbar Angelegenheit von Forschung und Lehre wäre. Die Entscheidung über die Verlängerung wird daher vom Dienstvorgesetzten getroffen, d. h. von der Präsidentin oder dem Präsidenten bzw. der Rektorin oder dem Rektor bzw. je nach Landesrecht durch das zuständige Ministerium.

18 Allerdings kann eine Fakultät, die als Teilkörperschaft Trägerin des Rechts der akademischen Selbstverwaltung ist,[38] ein legitimes Interesse haben, dass ein für sie profilbildendes Forschungsgebiet oder ein temporäres Forschungsprojekt weiter – oder jedenfalls zu Ende – geführt wird und der bzw. dem die Sichtbarkeit vermittelnden Hochschullehrerin bzw. Hochschullehrer die erforderlichen Ressourcen hierfür zur Verfügung gestellt werden sollten (etwa die Rolle eines Principal Investigators im Rahmen eines Sonderforschungsbereichs oder eines Exzellenzclusters). Insofern handelt es sich um eine Angelegenheit, die die Forschung unmittelbar berührt.[39] Daher ist der zuständige Fakultätsrat oder Fachbereichsrat als Kollegialorgan (und nicht nur die Dekanin bzw. der Dekan!) bei der Frage einer Verlängerung im Hinblick auf die wissenschaftliche Relevanz notwendig zu beteiligen; verfahrenstechnisch sollte der Fakultätsrat daher das Recht haben, eine Stellungnahme abgeben zu können, die von der Hochschulleitung in qualifizierter Weise zu berücksichtigen ist (verwaltungsrechtlich also als ein „ins Benehmen setzen" ausgestaltet). Dabei stimmt jedes Ratsmitglied in selbstständiger Verantwortung ab; verbindliche Weisungen an die Gruppenvertreter auf der Grundlage vorbereitender Gruppensitzungen sind nicht möglich bzw. unwirksam, da Kollektivorgane in Selbstverwaltungskörperschaften nicht einem Rätemodell folgen.

19 Beschlüsse des Fakultätsrats sind aber in jedem Fall einzelfallbezogen; er kann in diesem Zusammenhang nicht etwa allgemein- oder hochschulpolitische Überlegungen zur Sinnhaftigkeit der Längerarbeit anstellen, da dies definitiv nicht zu den Selbstverwaltungsaufgaben, sondern zu den staatlichen Aufgaben gehört.[40]

---

[37] Insbesondere BVerfG, Beschl. v. 24.6.2014 – 1 BvR 3217/07, BVerfGE 136, 338 ff. – MHH-Entscheidung.

[38] *Mager*, in: Isensee/Kirchhof, Handbuch des Staatsrechts, Bd. VII, 3. Aufl. 2009, § 166 Rn. 37 ff.; *Geis*, in: Merten/Papier, Handbuch der Grundrechte in Deutschland und Europa, Bd. IV, 2011, § 100 Rn. 13, jeweils m. w. Nachw.

[39] Vgl. BVerfG, Urt. v. 29.5.1973 – 1 BvR 424/71, BVerfGE 35, 79, 132.

[40] Vgl. dazu schon *Geis*, in: Geis, Hochschulrecht in Bund und Ländern, Bd. I, 26. Lfg. Mai 2001, § 58 HRG Rn. 56.

III. Die verwaltungsrechtliche Perspektive

1. Konsequenzen aus der konditionalen Normstruktur

Nachdem wir im ersten Teil die verfassungsrechtlichen Anknüpfungspunkte 20
diskutiert haben, nehmen wir einen Perspektivwechsel von der hehren verfassungsrechtlichen Grundrechtsdogmatik zu der Eigenart einer konditionalen Verwaltungsnorm mit ihrer Zweiteilung in Tatbestandsseite und Rechtsfolgeseite vor. Die einschlägigen Vorschriften zum Hinausschieben der Dienstzeit sehen auf der Tatbestandsseite regelmäßig den Begriff des „dienstlichen Interesses" bzw. „zwingenden dienstlichen Interesses" vor. Dabei handelt es sich um unbestimmte Rechtsbegriffe, die aufgrund ihres prognostischen Elements einen Beurteilungsspielraum des Dienstherrn/der Hochschule auf der Tatbestandsseite der Norm beinhalten; die Entscheidung selbst unterliegt einem Ermessensspielraum auf der Rechtsfolgenseite.[41] Damit handelt es sich um eine sogenannte Koppelungsvorschrift.[42]

Eine solche Koppelungsvorschrift begründet einen weiten Entscheidungs- 21
spielraum, der gem. § 114 VwGO nur beschränkt gerichtlich überprüfbar ist, allerdings – als Einschränkung der Justiziabilität von Verwaltungsentscheidungen – nur in begründeten Einzelfällen zulässig ist.[43] Bei einer Koppelungsvorschrift kann sowohl die Subsumtion unter die Tatbestandsseite als auch unter die Rechtsfolgenseite rechtlichen Fehlern unterliegen. Klassischerweise unterliegt die Subsumtion auf der Rechtsfolgenseite des § 40 VwVfG der von der Rechtsprechung und der Literatur entwickelten Ermessensfehlerlehre.[44]

Für die Rechtsfolgenseite gilt dabei die namentlich vom Bundesverwaltungs- 22
gericht zu § 40 VwVfG entwickelte „Ermessensfehlerlehre". Diese hat namentlich folgende Kategorien herausgearbeitet: Ermessensnichtgebrauch, Ermessensüberschreitung, Ermessensfehlgebrauch (einschließlich Ermessensdefizit und Ermessensmissbrauch), die prinzipiell zur Rechtswidrigkeit des Verwaltungsakts führen.[45] Diese Fehlertypen werden entsprechend auf die fehlerhafte Ausübung eines Beurteilungsspielraums auf der Tatbestandsseite angewendet.[46]

---

[41] *Sandberger*, Landeshochschulgesetz Baden-Württemberg, 2. Aufl. 2015, § 45 Rn. 3.

[42] *Maurer/Waldhoff*, Allgemeines Verwaltungsrecht, 20. Aufl. 2020, § 7 Rn. 49.

[43] Zu diesem (uralten) Streit vgl. etwa. *Bachof*, JZ 1955, 97; *Ule*, VerwArch 76 (1985), 1, 9 ff.; *Wolff*, Verwaltungsrecht I, 7. Aufl. 1968, § 31 I c 4.

[44] Vgl. etwa BVerfG, Urt. v. 8.2.1977 – 1 BvR 79/70, BVerfGE 43, 242, 285; BVerfG, Urt. v. 8.7.1980 – 1 BvR 1472/78, BVerfGE 54, 363, 390; aus der Literatur statt vieler *Löwer*, in: Merten/Papier, Handbuch der Grundrechte, Bd. IV, 2011, § 99 Rn. 44 m. w. Nachw.

[45] *Schönenbroicher*, in: Mann/Sennekamp/Uechtritz, NK-VwVfG, 2. Aufl. 2019, § 40 Rn. 194 ff., 251; *Geis*, in: Schoch/Schneider, Verwaltungsverfahrensgesetz. Großkommentar, 3. EL. Aug. 2022, § 40 Rn. 84 ff.; *Ziekow*, Verwaltungsverfahrungsgesetz, 3. Aufl. 2013, § 40 Rn. 38 ff.

[46] Vgl. BVerwG, Beschl. v. 14.9.1999 – 1 WB 40/99, BVerwGE 111, 22; BVerwG, Beschl. v. 12.5.2005 – 1 WB 43/04, BVerwGE 123, 346; BVerwG, Beschl. v. 25.4.2007 – 1 WB 31/06,

Demnach führen auch dort ein Beurteilungsnichtgebrauch, eine Beurteilungsüberschreitung, ein Beurteilungsfehlgebrauch ebenfalls zur Rechtswidrigkeit des Verwaltungsakts.[47]

2. Zur Konkretisierung des „dienstlichen Interesses“

23 Bei der Beurteilung des dienstlichen Interesses sind die betroffenen Interessen zu ermitteln und grundsätzlich gleichgewichtig in die Entscheidungsfindung einzubeziehen. Die betroffenen Interessen können sich einmal aus den Gesetzgebungsmaterialien ergeben (insbesondere natürlich den Begründungen zu den Gesetzesentwürfen in den einschlägigen Landtags-Drucksachen). Leider sind die Begründungen aber, was die wissenschaftliche Fundierung betrifft, oft eher defizitär oder fallen, wenn es sich um Begriffe aus Vorgängergesetzen handelt, ganz aus. In diesen Fällen ist man für die Inhaltsbestimmung auf eine sorgfältige und seriöse Auslegungsmethodik angewiesen.[48] Solche Aspekte können sein:
- das Interesse des Dienstherrn/der Hochschule an einer ausgewogenen Altersstruktur der Beschäftigten (vgl. oben);
- das Interesse des Dienstherrn/der Hochschule an einer Verringerung prekärer Arbeitsverhältnisse des wissenschaftlichen Nachwuchses;[49]
- die ökonomische Sicherung der Altersvorsorgesysteme;[50] die Interessen der Hochschullehrerin bzw. des Hochschullehrers an einer Fortsetzung der Dienstaufgaben aus wissenschaftlichen Gründen;[51]
- die wissenschaftlichen Interessen der Fakultät an einer Fortführung der Tätigkeit, z. B. aus Gründen des Fakultätsprofils, des Renommees und der Sichtbarkeit der Fakultät in der Scientific Community.[52]

24 Werden einzelne dieser Interessen nicht oder nicht hinreichend einbezogen, liegt ein Fehler vor, der – entsprechend einem Ermessensdefizit – zur Rechtswidrigkeit der Entscheidung führt; man spricht dann von einem Beurteilungsdefizit. Ein solcher Fall liegt vor, wenn das wissenschaftliche Interesse an der Fortführung eines Forschungsvorhabens nicht hinreichend berücksichtigt worden ist und/oder die positive Stellungnahme des Fakultätsrats zur Fortführung nicht hinreichend gewichtet worden ist. Wie bereits erwähnt, deutet insbesondere die Orientierung an eher starren Verwaltungsvorschriften, Richtlinien,

BVerwGE 128, 329, 332; *Eifert*, ZJS 2008, 336, 342; *Ziekow*, Verwaltungsverfahrungsgesetz, 3. Aufl. 2013, § 40 Rn. 56; ähnlich auch *Maurer/Waldhoff*, Allgemeines Verwaltungsrecht, 20. Aufl. 2020, § 7 Rn. 34.

[47] *Eifert*, ZJS 2008, 366, 342.

[48] Diesen Aspekt betont vor allem *Möllers* (in diesem Band), § 7 Rn. 11 ff.

[49] Vgl. dazu jetzt aktuell die Begründung zum neuen BayHIG.

[50] So auch *Möllers* (in diesem Band), § 7 Rn. 3, 15, unter Hinweis auf die jeweiligen Gesetzesbegründungen, namentlich in Bayern und Baden-Württemberg.

[51] S. oben Rn. 12 ff.

[52] S. oben Rn. 15 ff.

Grundsätze, etc. auf mögliche Beurteilungsfehler hin. Im Gegensatz zum Ermessensdefizit ist hier jedoch keine Heilung durch das Nachschieben von Gründen im Sinne von § 114 S. 2 VwGO möglich, da eine fehlerhafte Beurteilung nicht durch eine Neugewichtung verändert werden kann. Sie muss vielmehr in einem neuen Verwaltungsakt vorgenommen werden.

3. Aspekte der Darlegungslast

Im Öffentlichen Recht, namentlich im Verwaltungsprozess, gilt der Amtser- 25
mittlungsgrundsatz (§ 86 VwGO) – im Gegensatz zum zivilprozessualen Beibringungsgrundsatz. Daher gelten auch die strikten Regeln der Beweislast nicht. Stattdessen gilt die sog. Darlegungslast: Zwar obliegt es dem Gericht, den Sachverhalt von Amts wegen aufzuklären, es kann aber die Beteiligten hierzu beiziehen, insbesondere im Hinblick von Aspekten, die nur aus der Sicht des oder der Betroffenen beantwortet werden können. Lassen sich dabei Sachverhaltselemente trotz aller Bemühungen nicht aufklären, geht das – vergleichbar einer Obliegenheit im Bürgerlichen Recht – zulasten derjenigen Seite, die sich auf die Anwendbarkeit einer Norm beruft.

Für die Darlegungslast des dienstlichen Interesses bestehen unterschiedliche 26
Regelungen in den Landesgesetzen, die allerdings als Ausfluss der föderalistischen Regelungsbreite hinzunehmen sind.[53] Dabei ist es legitim, wenn der Hochschullehrerin bzw. dem Hochschullehrer bei einem Antrag auf Verlängerung der Dienstzeit eine qualifizierte Begründungslast auferlegt wird, warum aus ihrer bzw. seiner Sicht eine Abweichung von der gesetzlichen Regel gerechtfertigt ist. Eine solche Darlegungslast wird dadurch gerechtfertigt, dass nur die Hochschullehrerin bzw. der Hochschullehrer selbst die Gewichtung der wissenschaftlichen Kontinuität bei der Berücksichtigung des vorgenannten Beurteilungsspielraums einschätzen kann. Kommt die Hochschullehrerin bzw. der Hochschullehrer jedoch dieser qualifizierten Darlegungslast nach (d. h. mit detaillierten und nachvollziehbaren Gründen), kann der Dienstherr/die Hochschule den Antrag nur mit einer ebenso qualifizierten Begründung ablehnen, die sich mit den angeführten Gründen im Einzelnen auseinandersetzt. Dies impliziert zwingend eine Entscheidung im Einzelfall. Ein pauschaler Verweis auf bestehende Richtlinien, Weisungen höherer Stellen oder einen regelhaft praktizierten Verwaltungsbrauch reicht keinesfalls aus. Pauschale Verweise indizieren, insbesondere im Kontext einer Koppelungsvorschrift auf der Rechtsfolgeseite, einen Ermessensausfall oder jedenfalls ein Ermessensdefizit.[54] Das Gleiche gilt für Richtlinien, deren Anwendungsbereich so restriktiv gefasst ist, dass

---

[53] Ausführlich *Benecke* (in diesem Band), § 1 Rn. 1, Rn. 6 ff.; zur Frage einer möglichen Beweislastumkehr aus europarechtlicher Sicht vgl. *Schmahl* (in diesem Band), § 3 Rn. 59.

[54] Vgl. *Schönenbroicher*, in: Mann/Sennekamp/Uechtritz, NK-Kommentar zum VwVfG, 2. Aufl. 2019, § 40 Rn. 226.

eine positive Entscheidung nur in den seltensten Fällen möglich wäre und so die grundsätzliche Entscheidung des Gesetzgebers flächendeckend unterlaufen wird (Verlängerung z. B. nur bei Trägern von Nobelpreisen oder vergleichbaren Auszeichnungen, was ganze Disziplinen von vornherein ausschließt) – egal, ob man diese als ermessensleitende oder normkonkretisierende Verwaltungsvorschriften einordnet.[55] Dies zeigt, dass die Entscheidung über die Verlängerung der Arbeitszeit einer hochkomplexen Entscheidungsfindung bedarf, die nicht ausschließlich einseitig bestimmt werden darf.

4. Die „Seniorprofessur" als Möglichkeit praktischer Konkordanz

27 In mehreren Bundesländern sieht das Landeshochschulrecht als Ergänzung zur Pensionierung eine Weiterbeschäftigung als Professorin bzw. Professor auf der Grundlage eines öffentlich-rechtlichen Vertrages vor.[56] Die Altersgrenze kann dabei – etwa in Hamburg – bis zum 75. Lebensjahr hinausgeschoben werden. Dies ist ein geeigneter Weg, einerseits die Planstelle für den wissenschaftlichen Nachwuchs freizumachen und andererseits die Erfahrung und das Renommee einer Hochschullehrerin oder eines Hochschullehrers institutionell zu perpetuieren – eine Lösung, die versucht, eine praktische Konkordanz zu realisieren. In anderen Bundesländern gibt es hierfür keine Rechtsgrundlagen, was aber eine Weiterbeschäftigung auf der Grundlage einer vertraglichen Abmachung nicht ausschließt. Auch ohne ausdrückliche Erwähnung im Gesetz handelt es sich in diesen Fällen um einen subordinationsrechtlichen öffentlich-rechtlichen Vertrag im Sinne von § 54 VwVfG. Aus Gründen der Rechtssicherheit sind jedoch die damit verbundenen Rechte und Pflichten einzelvertraglich und detailliert zu regeln. Dabei sollte insbesondere auf folgende Punkte eingegangen werden:

28 Die Berechtigung zur Nutzung von Hochschulressourcen, die über den Gebrauch allgemeiner Einrichtungen (Bibliothek, Datenbanken) hinausgehen; solche sind insbesondere die Nutzung von Diensträumen, die Möglichkeit der Benutzung von Laboren oder Werkstätten, die Berechtigung, weiterhin Dienstschlüssel zu führen etc. Dabei können auch räumliche und zeitliche Abstriche gegenüber aktiven Hochschullehrerinnen und Hochschullehrern gemacht werden. Eine völlig gleiche Teilhabe ist verfassungsrechtlich nicht zwingend.

29 Zu regeln ist weiter die Frage der Teilnahme an den Gremien der akademischen Selbstverwaltung, sofern das Landeshochschulrecht dies zulässt (je nach Ausgestaltung der Seniorprofessur sollte das Landeshochschulrecht insofern Vorschriften über Partizipationsrechte vorsehen).

---

[55] Zu diesen Kategorien *Hill/Martini*, in: Hoffmann-Riem/Schmidt-Aßmann/Voßkuhle, Grundlagen des Verwaltungsrechts, Bd. II, 2012, § 34 Rn. 40 ff.

[56] So etwa in Hamburg, vgl. § 16 Abs. 9 HmbHG; vgl. im Übrigen die ausführlichen Zusammenstellungen bei *Benecke* (in diesem Band), § 1 Rn. 12 ff., 16 ff.

Zu regeln ist weiter die Frage einer Zusatzvergütung unter Berücksichtigung 30
der Auswirkungen auf die Versorgungsbezüge; schließlich sind auch die Fragen einer sinnvollen befristeten Dauer zu regeln; eine Verlängerung um jeweils immer nur ein Jahr kann im Zusammenhang mit Forschungsprojekten, insbesondere mit Verbundvorhaben, kontraproduktiv sein (Beteiligung als Principal Investigator in einem DFG-Sonderforschungsbereich, einem Exzellenzcluster oder einem von vornherein länger angelegten EU-Forschungsprojekt im Rahmen von Horizon Europe). Die Landeshochschulgesetzgeber sollten daher überprüfen, welche „Eckwerte" für ein Rechtsinstitut „Seniorprofessur" hinreichend und notwendig sind.

IV. Thesen

1. Die Altersgrenze ist weder in Angestelltenverhältnissen noch in Beamten- 31
verhältnissen verfassungsrechtlich verankert. Insbesondere fällt sie nicht unter die hergebrachten Grundsätze des Berufsbeamtentums (Art. 33 Abs. 5 GG).

2. Die Versetzung in den Ruhestand als solche ist kein Eingriff in die Wissen- 32
schaftsfreiheit (Art. 5 Abs. 3 GG). Sie ist indes ein Eingriff in die Berufsfreiheit (Art. 12 Abs. 1 GG), als solcher aber regelmäßig durch wichtige Belange des Gemeinwohls kraft Gesetzes gerechtfertigt.

3. Das Recht auf hochschulische (akademische) Selbstverwaltung, das aus 33
Art. 5 Abs. 3 GG oder aus entsprechenden Normen der Landesverfassungen abgeleitet wird, ist kein verfassungsrechtliches Hemmnis für die Bestimmung der Altersgrenzenregelung im Beamtenrecht bzw. Hochschullehrerbeamtenrecht. Es ist jedoch ein objektiver Gesichtspunkt, dem bei entsprechenden Richtlinien der Hochschulleitung für eine Verlängerung im Hinblick auf den Stellenwert von Forschung und Lehre Rechnung getragen werden muss.

4. „Dienstliches Interesse" bzw. „zwingendes dienstliches Interesse" sind un- 34
bestimmte Rechtsbegriffe. Sie unterliegen einem Beurteilungsspielraum des Dienstherrn/der Hochschule auf der Tatbestandsseite, die Entscheidung selbst einem Ermessensspielraum auf der Rechtsfolgenseite (sog. Koppelungsvorschrift). Für die Ausübung des Beurteilungsspielraums gelten die Grundsätze der Ermessensfehlerlehre entsprechend.

5. Bei der Beurteilung des „dienstlichen Interesses" sind gleichgewichtig die 35
ökonomische Sicherung der Altersvorsorgesysteme, aber auch das Interesse des Dienstherrn/der Hochschule an einer ausgewogenen Altersstruktur der Beschäftigten sowie das Interesse an einer Verringerung prekärer Arbeitsverhältnisse des wissenschaftlichen Nachwuchses einzubeziehen.

6. Bereits bei der Ausübung des Beurteilungsspielraums sind nicht nur die 36
Interessen des Staates und der Hochschule, sondern auch die Interessen der Hochschullehrerin bzw. des Hochschullehrers als gleichrangig einzustellen.

Geschieht dies nicht, liegt ein Fehler vor, der – entsprechend einem Ermessensdefizit – zur Rechtswidrigkeit der Entscheidung führt.

37 7. Es ist legitim, der Hochschullehrerin bzw. dem Hochschullehrer bei einem Antrag auf Verlängerung der Dienstzeit eine qualifizierte Begründungslast aufzuerlegen. Liegt jedoch eine qualifizierte Begründung vor, kann der Dienstherr/die Hochschule den Antrag nur mit einer ebenso qualifizierten Begründung ablehnen, die sich mit den angeführten Gründen im Einzelnen auseinandersetzt. Dies impliziert zwingend eine Entscheidung im Einzelfall; ein pauschaler Verweis auf bestehende Richtlinien, Weisungen oder einen regelhaft praktizierten Verwaltungsbrauch reicht nicht aus.

38 8. Die Möglichkeit einer Anschlussbeschäftigung als „Seniorprofessorin" bzw. „Seniorprofessor" nach dem Modell mehrerer Bundesländer ist ein geeigneter Weg, die Erfahrung einer Hochschullehrerin oder eines Hochschullehrers zu perpetuieren. Die damit verbundenen Rechte und Pflichten sind vertraglich zu regeln. Wo noch nicht erfolgt, sollten die Landeshochschulgesetze hierzu gesetzliche Grundlagen schaffen.

§ 3 Altersdiskriminierung – Besonderheiten im europäischen Recht[1]

Stefanie Schmahl

I. Das Verbot der Altersdiskriminierung als Unionsgrundrecht

Das Verbot der Altersdiskriminierung nach Art. 21 Abs. 1 GRC nimmt seit der ebenso spektakulären wie umstrittenen Entscheidung des EuGH im Urteil *Mangold* (2005)[2] einen prominenten Platz in der grundrechtsorientierten Rechtsprechung der Unionsgerichtsbarkeit ein. Bis heute sind mehr als 60 Entscheidungen des EuGH und des EuG ergangen, die sich mit dem Verbot der Altersdiskriminierung in facettenreicher Weise beschäftigen.[3] Einige dieser Entscheidungen sind für die Frage nach der Möglichkeit einer freiwilligen Längerbeschäftigung von Universitätsprofessoren nach Eintritt der Regelaltersgrenze von Bedeutung. Neben grundlegenden methodisch-systematischen Aspekten soll vor allem auf diesen Judikaten der Fokus der nachfolgenden Überlegungen liegen. 1

1. Anwendungs- und Schutzbereich des Verbots der Altersdiskriminierung

Verankert ist das Verbot der Altersdiskriminierung im grundrechtlich fundierten Diskriminierungsverbot des Art. 21 Abs. 1 GRC. Was dieses Verbot einer Diskriminierung wegen des Alters in seiner rechtspraktischen Tragweite ausmacht, wird allerdings erst durch die auf der Grundlage von Art. 19 AEUV im Jahr 2000 erlassene Richtlinie 2000/78/EG zur Festlegung eines allgemeinen 2

---

[1] Aus Gründen der besseren Lesbarkeit verwendet der Beitrag das generische Maskulinum – es sind alle denkbaren Geschlechter gemeint.

[2] EuGH, Urt. v. 22.11.2005 – C-144/04, EU:C:2005:709, Rn. 57 ff. – Mangold. Kritisch etwa *Bauer/Arnold*, NJW 2006, 6 ff.; *Streinz/Herrmann*, RdA 2007, 165 ff. Vgl. aber auch BVerfG, Beschl. v. 6.7.2010 – 2 BvR 2661/06, BVerfGE 126, 286, 309, 312 f. – Honeywell, das die dogmatische Vorgehensweise des EuGH in der Rechtssache Mangold akzeptiert hat.

[3] Zur Auswertung der bis August 2021 insgesamt ergangenen 58 Entscheidungen der Unionsgerichtsbarkeit im Bereich der Altersdiskriminierung vgl. *Schmahl*, Recherche und Auswertung der Rechtsprechung des EuGH und des EGMR hinsichtlich der Rechte von älteren Menschen und bezüglich der Altersdiskriminierung bei höherem oder hohem Lebensalter, 2021, abrufbar unter https://www.bmfsfj.de/resource/blob/196040/6212ea27c8a2b795f9e78ff4115e295e/rechtsprechung-eugh-und-egmr-rechte-aelterer-menschen-data.pdf (Abruf v. 1.7.2023). Der vorliegende Beitrag baut in Teilen auf dieser Studie auf und entwickelt sie bereichsspezifisch weiter.

Rahmens für die Verwirklichung der Gleichbehandlung in Beschäftigung und Beruf (Gleichbehandlungsrahmenrichtlinie, GRRL)[4] deutlich. Die GRRL untersagt auf der sekundärrechtlichen Ebene die relative Altersdiskriminierung im Bereich Beschäftigung und Beruf. Sie konkretisiert und erweitert auf diese Weise den Anwendungsbereich von Art. 21 Abs. 1 GRC. Von Anbeginn an und durchweg zieht die Unionsgerichtsbarkeit in ihrer Judikatur den Regelungsgehalt der GRRL zur Ausgestaltung des Verbots der Altersdiskriminierung heran.[5]

3 Der personale Anwendungs- und Schutzbereich des Verbots der Altersdiskriminierung ist denkbar weit gefasst. Art. 21 Abs. 1 GRC ist als echtes Menschenrecht und nicht etwa nur als Unionsbürgerrecht konzipiert.[6] Es steht daher allen natürlichen Personen im Anwendungsbereich des Unionsrechts zur Seite; auf die Staatsangehörigkeit kommt es nicht an. Darüber hinaus verwenden sowohl Art. 21 Abs. 1 GRC als auch die GRRL den für das Verbot der Altersdiskriminierung zentralen Begriff „Alter" in einem neutralen, symmetrischen Sinn. Das Verbot der Altersdiskriminierung knüpft nicht an spezifische Lebensaltersstufen an, sondern schützt jedermann davor, in der Relation für „zu jung" oder „zu alt" erklärt zu werden.[7]

4 Demgegenüber ist der sachliche Anwendungsbereich des Verbots der Altersdiskriminierung beschränkt. Eine autonome Befugnis der Union zur Bekämpfung von Altersdiskriminierungen gibt es nicht.[8] Der Unionsgesetzgeber darf nur in Bereichen tätig werden, in denen ihm auch sonst eine Rechtsetzungsbefugnis zusteht.[9] Dies ist z. B. der Fall, wenn eine nationale Regelung zur Umsetzung der GRRL erlassen wurde oder der Beschäftigungs- und Berufssektor im Sinne des Art. 3 Abs. 1 lit. c GRRL betroffen ist.[10] Innerhalb dieses wirtschaftsrechtlich orientierten Rahmens ist das Verbot der Altersdiskriminierung jedoch extensiv auszulegen. Das Verbot der Altersdiskriminierung gilt unabhängig davon, ob es um unselbständige oder selbständige Erwerbstätigkeiten geht[11]

---

[4] Richtlinie 2000/78/EG zur Festlegung eines allgemeinen Rahmens für die Verwirklichung der Gleichbehandlung in Beschäftigung und Beruf (GRRL), ABl. EU Nr. L 303 v. 2.12.2000, S. 16.

[5] Jüngst etwa EuGH, Urt. v. 2.6.2022 – C-587/20, EU:C:2022:419, Rn. 33 – Ligebehandlingsnævnet.

[6] *Peters/Altwicker*, in: Dörr/Grote/Marauhn, EMRK/GG, Konkordanzkommentar, Bd. II, 3. Aufl. 2022, Kap. 21 Rn. 127.

[7] *Schmahl*, in: Grabenwarter, Europäischer Grundrechtsschutz, Enzyklopädie Europarecht, Bd. II, 2. Aufl. 2021, § 20 Rn. 112. Vgl. auch *Schmidt*, Von „Mangold" bis „Maruko": Die Judikatur des EuGH zu der Gleichbehandlungsrahmenrichtlinie und ihr Einfluss auf die deutsche Rechtsordnung, 2014, S. 95.

[8] Deutlich EuGH, Urt. v. 23.9.2008 – C-427/06, EU:C:2008:517, Rn. 16 – Bartsch.

[9] EuGH, Urt. v. 19.6.2014 – C-501/12 u. a., EU:C:2014:2005, Rn. 35 – Specht.

[10] Vgl. z. B. EuGH, Urt. v. 26.9.2013 – C-476/11, EU:C:2013:590, Rn. 21 – Kristensen; EuGH, Urt. v. 18.11.2010 – C-250/09 u. a., EU:C:2010:699, Rn. 28 ff. – Georgiev.

[11] Vgl. z. B. EuGH, Urt. v. 12.1.2010 – C-341/08, EU:C:2010:4, Rn. 32 f. – Petersen; EuGH, Urt. v. 13.11.2014 – C-416/13, EU:C:2014:2371, Rn. 29 – Vital Pérez.

und ob die Tätigkeiten im privaten Sektor oder im öffentlichen Dienst ausgeübt werden.[12] Es umfasst sogar hoheitliche Kernbereiche, mithin Beamte, Richter und Notare.[13] Entsprechend fallen sowohl nichtbeamtete als auch beamtete Universitätsprofessoren sowie alle übrigen Lehrkräfte der Universität unter den Anwendungsbereich des Verbots der Altersdiskriminierung. Dies hat der EuGH in der für die Frage nach einer freiwilligen Längerbeschäftigung von Hochschullehrern relevanten Rechtssache *Georgiev* (2010) unterstrichen.[14]

Zudem setzt das Diskriminierungsverbot nicht erst während einer Berufs- 5
tätigkeit an, sondern betrifft bereits den Zugang zur Beschäftigung, etwa den Zugang zur Berufsausbildung und die Einstellungsbedingungen.[15] Außerdem erstreckt sich das Verbot der Altersdiskriminierung auf diejenigen Maßnahmen, mit denen die Modalitäten geregelt werden, unter denen ein Arbeitsvertrag stattfindet oder endet.[16] Daher findet das Diskriminierungsverbot etwa Anwendung auf die Versetzung in den Ruhestand,[17] auf die Beamtenpension[18] und ganz allgemein auf Fragen der Beschäftigung über die gesetzliche Regelaltersgrenze hinaus.

Keinerlei Bezug zum Verbot der Altersdiskriminierung haben indes Un- 6
gleichbehandlungen wegen der Berufskategorie oder der Ausgestaltung des Arbeitsplatzes. Dies gilt selbst dann, wenn an die Versetzung in den Ruhestand angeknüpft wird.[19] Auch die Ungleichbehandlung in Abhängigkeit vom Einstellungsdatum des Arbeitnehmers führt lediglich dann zu einer Altersdiskriminierung, wenn das gewählte Kriterium entweder untrennbar mit dem Alter verbunden ist oder mittelbar daran anknüpft.[20]

---

[12] Vgl. EuGH, Urt. v. 18.6.2009 – C-88/08, EU:C:2009:381, Rn. 35 – Hütter; EuGH, Urt. v. 8.9.2011 – C-297/10 u.a., EU:C:2011:560, Rn. 51 – Hennigs und Mai; EuGH, Urt. v. 8.10. 2020 – C-644/19, EU:C:2020:810, Rn. 27f. – Universitatea „Lucian Blaga" Sibiu. Jüngst vgl. auch EuGH, Urt. v. 2.6.2022 – C-587/20, EU:C:2022:419, Rn. 38ff. – Ligebehandlingsnævnet.

[13] EuGH, Urt. v. 21.7.2011 – C-159/10 u.a., EU:C:2011:508, Rn. 33f. – Fuchs und Köhler; EuGH, Urt. v. 9.9.2015 – C-20/13, EU:C:2015:561, Rn. 28 – Unland; EuGH, Urt. v. 3.6.2021 – C-914/19, EU:C:2021:430, Rn. 22f. – Ministero della Giustizia gegen GN; EuGH, Urt. v. 20.10.2022 – C-301/21, EU:C:2022:811, Rn. 48 – YF.

[14] EuGH, Urt. v. 18.11.2010 – C-250/09 u.a., EU:C:2010:699, Rn. 56, 67 – Georgiev.

[15] Vgl. z.B. EuGH, Urt. v. 13.11.2014 – C-416/13, EU:C:2014:2371, Rn. 30 – Vital Pérez; EuGH, Urt. v. 15.11.2016 – C-258/15, EU:C:2016:873, Rn. 25f. – Salaberria Sorondo; EuGH, Urt. v. 2.4.2020 – C-670/18, EU:C:2020:272, Rn. 22 – CO gegen Comune di Gesturi; EuGH, Urt. v. 2.6.2022 – C-587/20, EU:C:2022:419, Rn. 23 – Ligebehandlingsnævnet.

[16] Vgl. z.B. EuGH, Urt. v. 16.10.2007 – C-411/05, EU:C:2007:604, Rn. 44f. – Palacios de la Villa; EuGH, Urt. v. 18.11.2010 – C-250/09 u.a., EU:C:2010:699, Rn. 29f. – Georgiev; EuGH, Urt. v. 13.9.2011 – C-447/09, EU:C:2011:573, Rn. 41 – Prigge.

[17] EuGH, Urt. v. 18.11.2010 – C-250/09 u.a., EU:C:2010:699, Rn. 56, 67 – Georgiev.

[18] EuGH, Urt. v. 21.1.2015 – C-529/13, EU:C:2015:20, Rn. 23f. – Felber.

[19] Vgl. EuGH, Urt. v. 8.10.2020 – C-644/19, EU:C:2020:810, Rn. 33f. – Universitatea „Lucian Blaga" Sibiu: In diesem Fall ging es um die unterschiedliche Behandlung von im Ruhestand befindlichen Professoren an einer rumänischen Universität in Abhängigkeit davon, ob sie Dissertationsbetreuer waren oder nicht.

[20] EuGH, Urt. v. 7.6.2012 – C-132/11, EU:C:2012:329, Rn. 29 – Tyrolean Airways.

2. Verpflichtungsadressaten

7 Die vom Verbot der Altersdiskriminierung in die Pflicht genommenen Adressaten lassen sich in drei Kategorien unterteilen. In erster Linie binden die in der Grundrechtecharta verankerten Freiheits-, Teilhabe- und Gleichheitsrechte gem. Art. 51 Abs. 1 S. 1 GRC die Organe und Einrichtungen der EU, wenn diese rechtsetzend und rechtsanwendend tätig werden. Dies gilt auch bezüglich des Verbots der Altersdiskriminierung nach Art. 21 Abs. 1 GRC, was die einschlägige Judikatur der Unionsgerichtsbarkeit belegt.[21]

8 In zweiter Linie sind Adressaten des Verbots der Altersdiskriminierung die Mitgliedstaaten und ihre Behörden und Gerichte, soweit sie nach Maßgabe von Art. 51 Abs. 1 S. 1 GRC Unionsrecht durchführen. Da die Verantwortlichkeit für den Vollzug des Unionsrechts grundsätzlich bei den Mitgliedstaaten liegt, ist es konsequent, dass auch dieses Handeln an die Unionsgrundrechte gebunden sein muss.[22] Dementsprechend verpflichtet das Verbot der Altersdiskriminierung einerseits den Mitgliedstaat und seine Organe sowie alle öffentlichen Arbeitgeber, andererseits die Sozialpartner im Rahmen ihrer Rechtsetzungsbefugnis.[23]

9 Drittens entfaltet Art. 21 Abs. 1 GRC i. V. m. der GRRL mittelbare Drittwirkung, weshalb auch private Arbeitgeber auf das Verbot der Altersdiskriminierung verpflichtet sind.[24] Diese indirekte Verpflichtung Privater folgt aus Art. 19 AEUV, der als Rechtsgrundlage für den Erlass der GRRL gedient und zum Ziel hat, die Diskriminierungsverbote über das Sekundärrecht gerade im Privatrechtsverkehr zur Anwendung gelangen zu lassen.[25] Daher liegt es nahe, auch beim primärrechtlichen Diskriminierungsverbot des Art. 21 Abs. 1 GRC eine staatliche Schutzpflichtendimension anzunehmen, deren Gehalt durch die GRRL imprägniert wird.[26] Bei fehlender oder mangelhafter Umsetzung dieser Richtlinie zeitigt das Diskriminierungsverbot aus Gründen der Effektivität des Unionsrechts und des Loyalitätsgebots nach Art. 4 Abs. 3 EUV mittelbare Horizontalwirkung, da sich ein Einzelner nach inzwischen gefestigter Judikatur

---

21 Vgl. EuGH, Urt. v. 5.7.2017 – C-190/16, EU:C:2017:513, Rn. 32 ff. – Fries; ferner EuG, Urt. v. 26.3.2020 – T-647/18, EU:T:2020:119, Rn. 68 – Teeäär gegen Europäische Zentralbank; EuG, Urt. v. 24.3.2021 – T-374/20, EU:T:2021:162, Rn. 54 – KM gegen Kommission.

22 Deutlich EuGH, Urt. v. 24.9.2020 – C-223/19, EU:C:2020:753, Rn. 78, 81 – YS gegen NK. Die Reichweite von Art. 51 Abs. 1 S. 1 GRC ist freilich umstritten, vgl. *Schmahl*, in: Stern/Sodan/Möstl, Das Staatsrecht der Bundesrepublik Deutschland, Bd. III, 2. Aufl. 2022, § 69 Rn. 26 ff.

23 Vgl. z. B. EuGH, Urt. v. 21.12.2016 – C-539/15, EU:C:2016:977, Rn. 24 ff. – Bowman; EuGH, Urt. v. 28.2.2018 – C-46/17, EU:C:2018:131, Rn. 20 ff. – John.

24 EuGH, Urt. v. 19.4.2016 – C-441/14, EU:C:2016:278, Rn. 27 ff. – Dansk Industri.

25 Näher *Schmahl*, in: Grabenwarter, Europäischer Grundrechtsschutz, Enzyklopädie Europarecht, Bd. II, 2. Aufl. 2021, § 20 Rn. 25 ff., 172.

26 Grundlegend EuGH, Urt. v. 19.1.2010 – C-555/07, EU:C:2010:21, Rn. 50 – Kücükdeveci, st. Rspr.

des EuGH vor den innerstaatlichen Gerichten auf Art. 21 Abs. 1 GRC berufen kann, wenn eine richtlinien- und unionsgrundrechtskonforme Auslegung des nationalen Rechts wegen des *contra legem*-Verbots nicht möglich ist.[27] Anders gewendet, begründet das Diskriminierungsverbot des Art. 21 Abs. 1 GRC seine im Privatrechtsverkehr maßstabsetzende Schutzfunktion durch die auf Schutz vor privater Diskriminierung angelegte GRRL.[28]

3. Formen der Altersdiskriminierung

Art. 2 Abs. 2 GRRL untersagt ausdrücklich die Formen der unmittelbaren und mittelbaren Ungleichbehandlungen aufgrund des Alters. Deshalb erstaunt es nicht, dass diese beiden Erscheinungsformen vielfach Gegenstand der Judikatur der Unionsgerichte zum Verbot der Altersdiskriminierung nach Art. 21 Abs. 1 GRC sind.[29] Auch das Phänomen der sog. intersektionalen Diskriminierung, also das verschränkte Zusammenspiel mehrerer verpönter Ungleichbehandlungsgründe in demselben Sachverhalt,[30] hat den EuGH im Rahmen der Altersdiskriminierung bereits beschäftigt.[31] Die Besonderheit der intersektionalen Diskriminierung ist allerdings weder bei der Festsetzung des Ruhestandsalters noch für die freiwillige Dienstzeitverlängerung von Universitätsprofessoren in der deutschen Rechtspraxis bedeutsam. Anhaltspunkte für eine für das Individuum nachteilige Verbindung sonstiger verbotener Diskriminierungsmerkmale mit der Regelaltersgrenze oder der Option einer Dienstzeitverlängerung für Universitätsprofessoren nach Erreichen des Ruhestandsalters bestehen – soweit ersichtlich – im deutschen Recht nicht. 10

Desgleichen sind mittelbare Diskriminierungen im Kontext einer freiwilligen Längerbeschäftigung von Universitätsprofessoren regelmäßig nicht relevant. Mittelbare Diskriminierungsformen unterscheiden sich von unmittelbaren Diskriminierungen vor allem dadurch, dass die Benachteiligung nicht im 11

[27] Eindeutige Aussage in: EuGH, Urt. v. 19.1.2010 – C-555/07, EU:C:2010:21, Rn. 49 ff. – Kücükdeveci; EuGH, Urt. v. 19.4.2016 – C-441/14, EU:C:2016:278, Rn. 29 ff. – Dansk Industri.

[28] Wie hier *Mörsdorf*, Ungleichbehandlung als Norm, 2018, S. 129 ff. Anders *Kainer*, NZA 2018, 894, 898.

[29] Jüngst etwa EuGH, Urt. v. 3.6.2021 – C-914/19, EU:C:2021:430, Rn. 25 – Ministero della Giustizia gegen GN, m. w. Nachw.

[30] Vgl. *Markard*, KJ 42 (2009), 353 ff.; *Schiek*, 53 CMLRev. 35 ff. (2016).

[31] Vgl. nur EuGH, Urt. v. 11.4.2013 – C-401/11, EU:C:2013:223, Rn. 32 ff. – Soukupová; EuGH, Urt. v. 7.2.2018 – C-142/17 u. a., EU:C:2018:68, Rn. 28 ff. – Maturi; EuGH, Urt. v. 6.12.2012 – C-152/11, EU:C:2012:772, Rn. 59 ff. – Odar. Ein vom BAG initiiertes Vorlageverfahren zur Verschränkung von Altersdiskriminierung und Behinderung (BAG, Vorlagebeschl. v. 24.2.2022 – 8 AZR 208/21 [A]) ist gegenwärtig vor dem EuGH anhängig, vgl. EuGH, C-518/22 – AP Assistenzprofis. Zu Unrecht nicht näher thematisiert hat der EuGH hingegen die intersektionale Diskriminierung zwischen Alter und sexueller Orientierung in der Rechtssache Parris, vgl. EuGH, Urt. v. 24.11.2016 – C-443/15, EU:C:2016:897 – Parris; dazu kritisch *Schmahl*, EuR 2022, 612, 620 f.

Wege einer direkten normativen Anknüpfung an verbotene Diskriminierungsgründe erfolgt. Die mittelbare Diskriminierung hat nach Maßgabe von Art. 2 Abs. 2 lit. b GRRL vielmehr neutrale Maßnahmen im Blick, die an ein Ersatzkriterium anknüpfen, das nur unter erschwerten Bedingungen von einer geschützten Personengruppe erfüllt werden kann. Das Verbot der mittelbaren Diskriminierung ist damit ein wirkungsorientiertes Konzept. Es dient der Absicherung des Verbots unmittelbarer Diskriminierung gegen Umgehungen.[32] Im Bereich der Altersdiskriminierung können sich mittelbare Diskriminierungsformen ergeben, wenn etwa auf die Dauer der Betriebszugehörigkeit abgestellt wird. Zwar steht es Arbeitgebern frei, das Dienstalter bei der Vergütung zu berücksichtigen, da dieses – anders als das Lebensalter – typischerweise mit Berufserfahrung einhergeht und die Arbeitnehmer im Allgemeinen befähigt, ihre Arbeit besser zu verrichten.[33] Dies gilt aber dann nicht, wenn sachliche Anhaltspunkte dafür vorliegen, dass das Dienstalter für die zu verrichtende Arbeit unerheblich ist.[34] Desgleichen liegt eine mittelbare Ungleichbehandlung aus Gründen des Alters vor, wenn eine nationale Regelung Personen im Ruhestand von der Teilnahme an Vergabeverfahren der öffentlichen Verwaltung ausschließt. Eine solche Regelung beruht durch die Bezugnahme auf den Ruhestand mittelbar auf dem Alter, da der Bezug einer Altersrente oder eines Ruhegehalts voraussetzt, dass eine bestimmte Anzahl an Arbeitsjahren geleistet und ein bestimmtes Lebensalter erreicht worden ist.[35]

12 Typischerweise einschlägig bei der für den Ruhestand relevanten Festsetzung von Regelaltersgrenzen ist hingegen die in Art. 2 Abs. 2 lit. 1 GRRL genannte unmittelbare Altersdiskriminierung. Sie zeichnet sich dadurch aus, dass die unterschiedliche Behandlung direkt und offen an das verbotene Diskriminierungsmerkmal „Alter“ anknüpft, indem auf konkrete Lebensaltersgrenzen Bezug genommen wird.[36] Deshalb hält der EuGH feste Regelungen zu Höchstaltersgrenzen und einer automatischen Zwangsversetzung in den Ruhestand für eine unmittelbare Benachteiligung älterer Menschen.[37] Dasselbe gilt für die Berechnung von etwaigen freiwilligen Dienstzeitverlängerungen, die an das Ruhestandsalter anknüpft. Die Rechtssache *Georgiev*, in der es um eine Rechts-

---

[32] *Mangold/Payandeh*, EuR 2017, 700, 703.

[33] EuGH, Urt. v. 8.9.2011 – C-297/10 u.a., EU:C:2011:560, Rn. 72, 74 – Hennigs und Mai; EuGH, Urt. v. 14.3.2018 – C-482/16, EU:C:2018:180, Rn. 39 – Stollwitzer.

[34] EuGH, Urt. v. 3.10.2006 – C-17/05, EU:C:2006:633, Rn. 35 ff. – Cadman.

[35] EuGH, Urt. v. 2.4.2020 – C-670/18, EU:C:2020:272, Rn. 26 ff. – CO gegen Comune di Gesturi.

[36] Beispielhaft: EuGH, Urt. v. 22.11.2005 – C-144/04, EU:C:2005:709, Rn. 57 – Mangold; EuGH, Urt. v. 7.11.2019 – C-396/18, EU:C:2019:929, Rn. 35 f. – Cafaro.

[37] Vgl. EuGH, Urt. v. 16.10.2007 – C-411/05, EU:C:2007:604, Rn. 51 – Palacios de la Villa; EuGH, Urt. v. 12.10.2010 – C-45/09, EU:C:2010:601, Rn. 37 – Rosenbladt; EuGH, Urt. v. 18.11.2010 – C-250/09 u.a., EU:C:2010:699, Rn. 32 f. – Georgiev; EuGH, Urt. v. 21.7.2011 – C-159/10 u.a., EU:C:2011:508, Rn. 34 – Fuchs und Köhler; EuGH, Urt. v. 5.7.2012 – C-141/11, EU:C:2012:421, Rn. 20 – Hörnfeldt.

streitigkeit zwischen einem Universitätsprofessor und der Technischen Universität Sofia ging, liefert hierfür Beleg. Herr *Georgiev* wurde ab Erreichung des Ruhestandsalters mit der Vollendung des 65. Lebensjahres nur noch aufgrund eines jeweils auf ein Jahr befristeten Vertrags an der Universität weiterbeschäftigt und mit Vollendung des 68. Lebensjahres zwangsweise in den Ruhestand versetzt. Das mit der Rechtsstreitigkeit befasste Rayongericht Plovdiv hegte Zweifel an der Vereinbarkeit der nationalen Maßnahmen mit dem unionsrechtlichen Verbot der Altersdiskriminierung und ersuchte den EuGH um eine Vorabentscheidung. Der EuGH stellte fest, dass die nationale Regelung über den Abschluss befristeter Verträge mit Professoren, die das 65. Lebensjahr vollendet haben, die Betreffenden daran hindere, die Ausübung ihrer Tätigkeit aufgrund unbefristeter Verträge fortzusetzen. Damit behandele die bulgarische Regelung diese Gruppe von Professoren anders als jüngere Professoren, für die keine solche Maßgaben gälten.[38] Eine unmittelbare Ungleichbehandlung aufgrund des Alters liege daher vor.

Weder eine unmittelbare noch eine mittelbare Diskriminierung ist allerdings gegeben, wenn auf Personen, die ein bestimmtes Alter noch nicht erreicht haben, eine spätere Rechtslage Anwendung findet.[39] Anderenfalls würde jegliche Änderung von Alterssicherungssystemen *pro futuro* ausgeschlossen.[40] Art. 21 Abs. 1 GRC zielt auf das Verbot einer Diskriminierung, nicht aber auf eine Versteinerung von Rechtsregeln. 13

4. Rechtfertigung von Altersdiskriminierungen

Wie nahezu alle vom Grundsatz der Nichtdiskriminierung erfassten Ungleichbehandlungen gilt auch das Verbot der Altersdiskriminierung nach Art. 21 Abs. 1 GRC nicht absolut. Vielmehr kann grundsätzlich jede Ungleichbehandlung aufgrund des Alters durch objektive Erwägungen gerechtfertigt sein. Allerdings ergeben sich durchaus Unterschiede bei der erforderlichen Rechtfertigungsdichte und der Gewichtung der ins Feld geführten Interessen in Abhängigkeit vom Gesamtkontext und davon, ob es sich um mittelbare oder unmittelbare Ungleichbehandlungen aus Gründen des Alters handelt. 14

a) Rechtfertigung bei mittelbaren Diskriminierungen

Bei einer bloß mittelbaren Benachteiligung wegen des Alters, die sich z. B. durch die Anknüpfung an die Dauer einer Betriebszugehörigkeit oder an den Status „Ruhestand“ ergeben kann, gesteht der EuGH den Mitgliedstaaten regelmäßig 15

[38] EuGH, Urt. v. 18.11.2010 – C-250/09 u. a., EU:C:2010:699, Rn. 33, 65 – Georgiev.

[39] EuGH, Urt. v. 24.9.2020 – C-223/19, EU:C:2020:753, Rn. 73, 84 f. – YS gegen NK. Vgl. auch EuGH, Urt. v. 20.10.2022 – C-301/21, EU:C:2022:811, Rn. 55 ff. – YF, m. zust. Anm. *Peisker/Musiol*, ZESAR 2023, 233, 235 f.

[40] Vgl. *Reinhard*, ZESAR 2021, 351, 353.

einen weiten Spielraum bei der Rechtfertigung zu. Zu den vom EuGH bei mittelbaren Ungleichbehandlungen als Rechtfertigungsgründe akzeptierten beschäftigungspolitischen Belangen zählen die Erneuerung des aktiven Personals durch die Einstellung von jüngeren Personen und die Schaffung einer ausgewogenen Altersstruktur im Sinne der Vielfalt, nicht aber ausschließliche Haushaltserwägungen und die Verringerung der öffentlichen Ausgaben.[41] Darüber hinaus müssen die getroffenen beschäftigungspolitischen Maßnahmen verhältnismäßig sein und dürfen weder das Verbot der Altersdiskriminierung gem. Art. 21 Abs. 1 GRC noch die Berufsfreiheit nach Art. 15 Abs. 1 GRC aushöhlen.[42]

b) Rechtfertigung bei unmittelbaren Diskriminierungen

16 Sofern eine Maßnahme allerdings unmittelbar auf das Lebensalter einer Person abstellt, wendet die Unionsgerichtsbarkeit bei der Rechtfertigung regelmäßig einen etwas strengeren Prüfungsmaßstab an, der das Ermessen der Unionsorgane und der Mitgliedstaaten stärker reduziert als im Bereich der mittelbaren Diskriminierungen. Dies wird nicht nur aus den allgemeinen normativen Vorgaben und Leitlinien deutlich, die sich der Judikatur entnehmen lassen (aa). Vielmehr kann der Rechtsprechungspraxis auch eine Reihe von spezifischen Rechtfertigungsanforderungen in Fällen entnommen werden, in denen an die für den Ruhestand erhebliche Regelaltersgrenze angeknüpft wird (bb) und in denen eine freiwillige Längerbeschäftigung im Hochschulbereich nach Erreichen des Ruhestandsalters in Rede steht (cc).

aa) Allgemeine Vorgaben und Leitlinien

17 Bei der Rechtfertigungsprüfung von unmittelbaren Ungleichbehandlungen aus Gründen des Alters, die von den Unionsorganen vorgenommen werden, konzentriert sich die Rechtsprechung des EuG vor allem auf den Regelungsgehalt des Art. 52 Abs. 1 GRC. Doch entnimmt sie auch der GRRL Anhaltspunkte für Rechtfertigungsgründe des Handelns der Unionsorgane.[43]

18 Geht es indes um die Rechtfertigung von unmittelbaren Ungleichbehandlungen, die im mitgliedstaatlichen Recht wurzeln, greift die Unionsgerichtsbarkeit regelmäßig direkt auf die GRRL zurück. Zentrale Norm für die Rechtfertigungsprüfung ist Art. 6 Abs. 1 GRRL, wonach die Mitgliedstaaten mit der Ungleichbehandlung aus Gründen des Alters legitime Ziele aus den Bereichen Be-

---

[41] EuGH, Urt. v. 2.4.2020 – C-670/18, EU:C:2020:272, Rn. 34ff. – CO gegen Comune di Gesturi.

[42] EuGH, Urt. v. 2.4.2020 – C-670/18, EU:C:2020:272, Rn. 42ff. – CO gegen Comune di Gesturi.

[43] Vgl. EuG, Urt. v. 14.12.2018 – T-750/16, EU:T:2018:972, Rn. 72f. – FV gegen Rat; EuG, Urt. v. 7.2.2019 – T-11/17, EU:T:2019:65, Rn. 69f. – RK gegen Rat.

schäftigungspolitik, Arbeitsmarkt und berufliche Bildung verfolgen dürfen.[44] Nicht erforderlich ist dabei, dass die Mitgliedstaaten ein spezifisches Verzeichnis bereithalten, wonach unmittelbare Ungleichbehandlungen aufgrund des Alters gerechtfertigt werden können.[45] Die in Art. 6 Abs. 1 GRRL genannten rechtmäßigen Ziele haben nur Hinweischarakter.[46] Außerdem muss eine nationale Regelung die Ziele, die als rechtmäßig angesehen werden können, nicht genau definieren.[47] Gibt eine nationale Regelung das von ihr angestrebte Ziel nicht exakt an, kann der allgemeine Kontext der betreffenden Maßnahme Anhaltspunkte für die Feststellung des legitimen Ziels liefern.[48]

Daneben gelangen Art. 4 Abs. 1, Art. 2 Abs. 5 und Art. 6 Abs. 2 GRRL immer 19
wieder als Rechtfertigungsgründe bei einer Altersdiskriminierung zur Anwendung.[49] Art. 4 Abs. 1 GRRL wird typischerweise im Zusammenhang mit dem ordnungsgemäßen Funktionieren eines systemrelevanten Berufs relevant, bei dem es wesentlich auf die altersabhängige körperliche Leistungsfähigkeit der Beschäftigten ankommt, etwa in den Bereichen Feuerwehr, Polizei und Flugverkehr.[50] Auf Art. 2 Abs. 5 GRRL rekurriert dic Unionsgerichtsbarkeit, wenn

---

[44] Der Regelungsgehalt von Art. 6 Abs. 1 GRRL wird vom EuGH regelmäßig wörtlich aufgegriffen, vgl. z. B. EuGH, Urt. v. 22.11.2005 – C-144/04, EU:C:2005:709, Rn. 58 – Mangold; EuGH, Urt. v. 16.10.2007 – C-411/05, EU:C:2007:604, Rn. 52 – Palacios de la Villa; EuGH, Urt. v. 18.6.2009 – C-88/08, EU:C:2009:381, Rn. 39 – Hütter; EuGH, Urt. v. 18.11. 2010 – C-250/09 u. a., EU:C:2010:699, Rn. 36 – Georgiev; EuGH, Urt. v. 8.9.2011 – C-297/10 u. a., EU:C:2011:560, Rn. 61 – Hennigs und Mai; EuGH, Urt. v. 6.12.2012 – C-152/11, EU:C: 2012:772, Rn. 37 – Odar; EuGH, Urt. v. 21.1.2015 – C-529/13, EU:C:2015:20, Rn. 29 – Felber; EuGH, Urt. v. 3.6.2021 – C-914/19, EU:C:2021:430, Rn. 28 – Ministero della Giustizia gegen GN.

[45] EuGH, Urt. v. 5.3.2009 – C-388/07, EU:C:2009:128, Rn. 36 – Age Concern England; EuGH, Urt. v. 12.10.2010 – C-45/09, EU:C:2010:601, Rn. 40 – Rosenbladt.

[46] EuGH, Urt. v. 5.3.2009 – C-388/07, EU:C:2009:128, Rn. 43 – Age Concern England.

[47] Vgl. EuGH, Urt. v. 5.3.2009 – C-388/07, EU:C:2009:128, Rn. 44 – Age Concern England; EuGH, Urt. v. 21.7.2011 – C-159/10 u. a., EU:C:2011:508, Rn. 38 – Fuchs und Köhler; EuGH, Urt. v. 5.7.2012 – C-141/11, EU:C:2012:421, Rn. 23 – Hörnfeldt; EuGH, Urt. v. 3.6. 2021 – C-914/19, EU:C:2021:430, Rn. 31 – Ministero della Giustizia gegen GN.

[48] Vgl. EuGH, Urt. v. 16.10.2007 – C-411/05, EU:C:2007:604, Rn. 57 – Palacios de la Villa; EuGH, Urt. v. 5.3.2009 – C-388/07, EU:C:2009:128, Rn. 45 – Age Concern England; EuGH, Urt. v. 12.1.2010 – C-341/08, EU:C:2010:4, Rn. 40 – Petersen; EuGH, Urt. v. 18.11.2010 – C-250/09 u. a., EU:C:2010:699, Rn. 40 – Georgiev; EuGH, Urt. v. 21.7.2011 – C-159/10 u. a., EU:C:2011:508, Rn. 39 – Fuchs und Köhler; EuGH, Urt. v. 5.7.2012 – C-141/11, EU:C:2012:421, Rn. 24 – Hörnfeldt; EuGH, Urt. v. 3.6.2021 – C-914/19, EU:C:2021:430, Rn. 32 – Ministero della Giustizia gegen GN. Dasselbe gilt für das EU-Sekundärrecht, vgl. EuG, Urt. v. 14.12. 2018 – T-750/16, EU:T:2018:972, Rn. 102 – FV gegen Rat.

[49] Vgl. z. B. EuGH, Urt. v. 13.11.2014 – C-416/13, EU:C:2014:2371, Rn. 47 – Vital Pérez; EuGH, Urt. v. 16.6.2016 – C-159/15, EU:C:2016:451, Rn. 24 f. – Lesar; EuGH, Urt. v. 7.11. 2019 – C-396/18, EU:C:2019:929, Rn. 42 – Cafaro.

[50] EuGH, Urt. v. 13.9.2011 – C-447/09, EU:C:2011:573, Rn. 67 ff. – Prigge; EuGH, Urt. v. 13.11.2014 – C-416/13, EU:C:2014:2371, Rn. 37 – Vital Pérez; EuGH, Urt. v. 15.11.2016 – C-258/15, EU:C:2016:873, Rn. 33 ff. – Salaberria Sorondo; EuGH, Urt. v. 5.7.2017 – C-190/16, EU:C:2017:513, Rn. 45 f. – Fries; EuGH, Urt. v. 7.11.2019 – C-396/18, EU:C:2019:929, Rn. 60 f. – Cafaro.

es um die Gewährleistung der öffentlichen Ordnung, Sicherheit und Gesundheit und die Verhütung von Rechtsverstößen geht.[51] Hierzu zählen Maßnahmen der Flugsicherheit, die zum Zwecke der öffentlichen Sicherheit und des Gesundheitsschutzes getroffen werden.[52] Die Rechtfertigung einer Ungleichbehandlung aus Gründen des Alters nach Art. 6 Abs. 2 GRRL kommt in Betracht, wenn es um betriebliche Systeme der sozialen Sicherheit geht, die die Risiken von Alter und Invalidität abdecken.[53] Alle drei genannten Gründe sind bei einer freiwilligen Längerbeschäftigung von Hochschullehrern nach Erreichen des gesetzlich festgelegten Ruhestandsalters jedoch nicht einschlägig. Einzig von Bedeutung ist insoweit daher der Rechtfertigungsgrund nach Art. 6 Abs. 1 GRRL.

20 In Rahmen von Art. 6 Abs. 1 GRRL verfügen die Mitgliedstaaten und ggf. die Sozialpartner nicht nur bei der Entscheidung, welche konkreten Ziele sie im Bereich der Arbeits- und Sozialpolitik verfolgen, sondern auch bei der Wahl der Mittel über einen zwar nicht ungebundenen, aber dennoch weiten Beurteilungs- und Ermessensspielraum.[54] Sie dürfen die Ziele und die hierzu ergriffenen Maßnahmen sogar an veränderte Umstände anpassen.[55] Desgleichen ist zulässig, dass eine nationale Maßnahme mehrere Ziele gleichzeitig verfolgt, die zusammenhängen oder hierarchisch geordnet sind.[56] Dies darf jedoch nicht dazu führen, dass das Verbot der Altersdiskriminierung „durch die Hintertür" ausgehöhlt wird.[57] Außerdem tragen die Mitgliedstaaten und ggf. die Sozialpartner die Beweislast dafür, dass die Anforderungen an eine legitime Rechtfertigung erfüllt sind. So hat der EuGH im Rechtsstreit der *Age Concern England* (2009) die britischen Bestimmungen zur Umsetzung der GRRL, wonach Arbeitnehmer, die das 65. Lebensjahr vollendet haben, zwangsweise in den Ruhestand versetzt werden dürfen, zwar für grundsätzlich gerechtfertigt gehalten. Zugleich stellte der Gerichtshof aber fest, dass Art. 6 Abs. 1 GRRL den Mitgliedstaaten die Beweislast für die Rechtmäßigkeit des zur Rechtfertigung angeführten Ziels auferlege.[58] Eine ähnliche Aussage findet sich in der Rechtssache

[51] Vgl. EuGH, Urt. v. 13.9.2011 – C-447/09, EU:C:2011:573, Rn. 54 f. – Prigge; EuGH, Urt. v. 7.11.2019 – C-396/18, EU:C:2019:929, Rn. 47 – Cafaro.

[52] Vgl. EuGH, Urt. v. 13.9.2011 – C-447/09, EU:C:2011:573, Rn. 58 ff. – Prigge; EuGH, Urt. v. 5.7.2017 – C-190/16, EU:C:2017:513, Rn. 42 f. – Fries; EuGH, Urt. v. 7.11.2019 – C-396/18, EU:C:2019:929, Rn. 38 ff. – Cafaro.

[53] Vgl. EuGH, Urt. v. 26.9.2013 – C-546/11, EU:C:2013:603, Rn. 34 ff., 42 f. – Toftgaard; EuGH, Urt. v. 26.9.2013 – C-476/11, EU:C:2013:590, Rn. 48 – Kristensen; EuGH, Urt. v. 16.6.2016 – C-159/15, EU:C:2016:451, Rn. 23 – Lesar.

[54] EuGH, Urt. v. 19.1.2010 – C-555/07, EU:C:2010:21, Rn. 38 – Kücükdeveci; EuGH, Urt. v. 18.11.2010 – C-250/09 u. a., EU:C:2010:699, Rn. 50 – Georgiev, st. Rspr.

[55] EuGH, Urt. v. 21.7.2011 – C-159/10 u. a., EU:C:2011:508, Rn. 41 ff. – Fuchs und Köhler.

[56] Vgl. EuGH, Urt. v. 21.7.2011 – C-159/10 u. a., EU:C:2011:508, Rn. 44, 46 – Fuchs und Köhler; EuGH, Urt. v. 3.6.2021 – C-914/19, EU:C:2021:430, Rn. 32 – Ministero della Giustizia gegen GN.

[57] EuGH, Urt. v. 12.10.2010 – C-499/08, EU:C:2010:600, Rn. 33 – Andersen; EuGH, Urt. v. 3.6.2021 – C-914/19, EU:C:2021:430, Rn. 30 – Ministero della Giustizia gegen GN.

[58] EuGH, Urt. v. 5.3.2009 – C-388/07, EU:C:2009:128, Rn. 67 – Age Concern England.

Fuchs und Köhler (2011), in der es um die freiwillige Weiterbeschäftigung von Oberstaatsanwälten in Deutschland nach Erreichen des Ruhestandsalters auf der Grundlage von § 50 Abs. 1 HBG (a. F.) ging. Erneut betont der EuGH, dass die Mitgliedstaaten im Rahmen von Art. 6 Abs. 1 GRRL die Darlegungs- und Beweislast trügen.[59] Die erforderlichen Beweismittel könnten sich dabei auf vorhandene und nachprüfbare Daten, aber auch auf Prognosen oder politische Erwägungen erstrecken.[60] Schließlich ist das Verbot der Altersdiskriminierung im Lichte der Berufsfreiheit nach Art. 15 Abs. 1 GRC[61] und des in Art. 28 GRC anerkannten Grundrechts auf Kollektivverhandlungen auszulegen.[62]

bb) Spezifische Rechtfertigungsanforderungen bei der Zwangsversetzung in den Ruhestand mit Erreichen der Regelaltersgrenze

Was die spezifischen Rechtfertigungsanforderungen bei der Zwangsversetzung 21 in den Ruhestand mit Erreichen der Regelaltersgrenze anbelangt, ist zunächst festzuhalten, dass das Verbot der Altersdiskriminierung in die alleinige Zuständigkeit der Mitgliedstaaten, das Alter für den Eintritt in den Ruhestand zu bestimmen, nicht eingreift.[63] Die staatlichen Stellen dürfen in Abhängigkeit von der Arbeitsmarkt- und Beschäftigungslage und dem betroffenen Berufssektor die Lebensarbeitszeit der Arbeitnehmer oder Beamten verlängern oder ihren früheren Eintritt in den Ruhestand vorsehen.[64]

Allerdings findet das Verbot der Altersdiskriminierung Anwendung auf die- 22 jenigen nationalen Maßnahmen, mit denen die Modalitäten geregelt werden, unter denen ein Arbeitsvertrag oder eine Beschäftigung endet, wenn das festgesetzte Ruhestandsalter erreicht wird.[65] Der EuGH hält feste Regelungen zu Höchstaltersgrenzen und einer automatischen Zwangsversetzung in den Ruhestand für eine unmittelbare Benachteiligung älterer Menschen, die nur mit ver-

---

[59] EuGH, Urt. v. 21.7.2011 – C-159/10 u. a., EU:C:2011:508, Rn. 78 – Fuchs und Köhler.

[60] EuGH, Urt. v. 21.7.2011 – C-159/10 u. a., EU:C:2011:508, Rn. 80f. – Fuchs und Köhler.

[61] Vgl. EuGH, Urt. v. 15.4.2021 – C-511/19, EU:C:2021:274, Rn. 46 – AB gegen Olympiako Athlitiko Kentro Athinon; EuGH, Urt. v. 3.6.2021 – C-914/19, EU:C:2021:430, Rn. 44 – Ministero della Giustizia gegen GN.

[62] Vgl. EuGH, Urt. v. 8.9.2011 – C-297/10 u. a., EU:C:2011:560, Rn. 66ff. – Hennigs und Mai; EuGH, Urt. v. 13.9.2011, C-447/09, EU:C:2011:573, Rn. 47 – Prigge.

[63] EuGH, Urt. v. 16.10.2007 – C-411/05, EU:C:2007:604, Rn. 44 – Palacios de la Villa; EuGH, Urt. v. 5.3.2009 – C-388/07, EU:C:2009:128, Rn. 25 – Age Concern England; EuGH, Urt. v. 28.2.2018 – C-46/17, EU:C:2018:131, Rn. 23 – John.

[64] Vgl. EuGH, Urt. v. 16.10.2007 – C-411/05, EU:C:2007:604, Rn. 69f. – Palacios de la Villa; EuGH, Urt. v. 21.7.2011 – C-159/10 u. a., EU:C:2011:508, Rn. 41ff. – Fuchs und Köhler; EuGH, Urt. v. 28.2.2018 – C-46/17, EU:C:2018:131, Rn. 24 – John. Vgl. auch EuGH, Urt. v. 18.11.2010 – C-250/09 u. a., EU:C:2010:699, Rn. 54f. – Georgiev, wo das Ruhestandsalter für Universitätsprofessoren in Bulgarien fünf Jahre über dem gesetzlich festgesetzten Alter lag, in dem Personen in Bulgarien normalerweise in den Ruhestand versetzt werden können.

[65] EuGH, Urt. v. 16.10.2007 – C-411/05, EU:C:2007:604, Rn. 44f. – Palacios de la Villa; EuGH, Urt. v. 5.3.2009 – C-388/07, EU:C:2009:128, Rn. 25 – Age Concern England.

nünftigen arbeitsmarktpolitischen Gründen gerechtfertigt werden kann.[66] Rein individuelle Beweggründe vonseiten der Arbeitgeber wie Kostenreduzierung oder Erhöhung der Wettbewerbsfähigkeit gehören hierzu nicht.[67] Auch das Ziel des staatlichen Arbeitgebers, Haushaltsmittel einzusparen, stellt für sich genommen kein (eigenständiges) legitimes Ziel im Sinne des Art. 6 Abs. 1 GRRL dar.[68] Für nicht legitim hält der EuGH auch das pauschale Abstellen auf die nachlassende Leistungsfähigkeit älterer Menschen. Lediglich mit Blick auf gesetzliche Berufsausübungsverbote anhand von Höchstaltersgrenzen aus Gründen des Gesundheitsschutzes oder der öffentlichen Sicherheit kann die allgemeine physische Leistungsfähigkeit, die mit zunehmendem Alter typischerweise nachlässt, unter Umständen eine Rolle spielen.[69] Ansonsten aber sagt das Lebensalter allein nichts über die berufliche Leistungsfähigkeit oder die soziale Kompetenz einer Person aus.[70]

23 Zu den akzeptablen Allgemeininteressen zählen jedoch die Sicherstellung von Flexibilität in der Personalplanung, das Prinzip einer ausgewogenen Altersstruktur, die Herstellung von Generationengerechtigkeit, die Arbeitsteilung und der Erfahrungsaustausch zwischen den Generationen, die Gewährleistung eines hohen Beschäftigungsniveaus, die Finanzierbarkeit des Altersversorgungssystems und die Vereinheitlichung der Altersgrenzen für das zwingende Ausscheiden aus dem öffentlichen Dienst, um die Planbarkeit zu erhöhen und Rechtsstreitigkeiten vorzubeugen, die im Zusammenhang mit der Versetzung in den Ruhestand entstehen können.[71] Auch dort, wo die automatische Verrentung oder Pensionierung darauf abstellt, den nationalen Arbeitsmarkt zu regulieren, um die Arbeitslosigkeit einzudämmen und die Beschäftigung jüngerer Personen zu fördern, wird dies vom EuGH als vernünftiger Grund des Gemeinwohls akzeptiert.[72]

24 Darüber hinaus muss die gewählte Maßnahme erforderlich und angemessen sein. Insoweit ist die Zwangsversetzung in den Ruhestand bei Erreichen der Re-

---

[66] Vgl. z. B. EuGH, Urt. v. 16.10.2007 – C-411/05, EU:C:2007:604, Rn. 58 ff. – Palacios de la Villa; EuGH, Urt. v. 5.3.2009 – C-388/07, EU:C:2009:128, Rn. 25 ff. – Age Concern England; EuGH, Urt. v. 5.7.2012 – C-141/11, EU:C:2012:421, Rn. 29 ff. – Hörnfeldt.

[67] EuGH, Urt. v. 21.7.2011 – C-159/10 u. a., EU:C:2011:508, Rn. 52 f. – Fuchs und Köhler.

[68] EuGH, Urt. v. 15.4.2021 – C-511/19, EU:C:2021:274, Rn. 34 ff. – AB gegen Olympiako Athlitiko Kentro Athinon.

[69] EuGH, Urt. v. 12.1.2010 – C-341/08, EU:C:2010:4, Rn. 52 – Petersen.

[70] Zutreffend EuGH, Urt. v. 19.6.2014 – C-501/12 u. a., EU:C:2014:2005, Rn. 49 ff. – Specht; EuGH, Urt. v. 9.9.2015 – C-20/13, EU:C:2015:561, Rn. 35 – Unland.

[71] Vgl. EuGH, Urt. v. 12.10.2010 – C-45/09, EU:C:2010:601, Rn. 43 f., 49 – Rosenbladt; EuGH, Urt. v. 18.11.2010 – C-250/09 u. a., EU:C:2010:699, Rn. 46, 51 f. – Georgiev; EuGH, Urt. v. 21.7.2011 – C-159/10 u. a., EU:C:2011:508, Rn. 47 ff., 57 ff. – Fuchs und Köhler; EuGH, Urt. v. 5.7.2012 – C-141/11, EU:C:2012:421, Rn. 33 f. – Hörnfeldt; EuGH, Urt. v. 28.2.2018 – C-46/17, EU:C:2018:131, Rn. 25 – John; EuGH, Urt. v. 15.4.2021 – C-511/19, EU:C:2021:274, Rn. 38 ff. – AB gegen Olympiako Athlitiko Kentro Athinon.

[72] EuGH, Urt. v. 16.10.2007 – C-411/05, EU:C:2007:604, Rn. 62, 64 f., 72 – Palacios de la Villa; EuGH, Urt. v. 12.10.2010 – C-45/09, EU:C:2010:601, Rn. 60 ff. – Rosenbladt.

gelaltersgrenze vor allem im Lichte der in Art. 15 Abs. 1 GRC verankerten Berufsfreiheit zu sehen. Der Verbleib von älteren Arbeitnehmern im Berufsleben fördert die Vielfalt im Bereich Beschäftigung und trägt zur persönlichen Entfaltung und Lebensqualität bei.[73] Dieses Interesse ist jedoch mit gleichgewichtigen gegenläufigen Belangen abzuwägen, etwa mit der beruflichen Eingliederung jüngerer Arbeitnehmer und mit Gemeinwohlinteressen.[74] Auch liegt eine übermäßige Beeinträchtigung der berechtigten Interessen der Arbeitnehmer oder Beamten mit der Festsetzung einer Regelaltersgrenze dann nicht vor, wenn die Beschäftigten finanziell durch die Altersrente oder den Bezug des Ruhegehalts für das Alter abgesichert sind[75] und sie außerdem nicht gezwungen werden, endgültig aus dem Arbeitsmarkt auszuscheiden, sondern sich eine neue Beschäftigung suchen dürfen.[76] Anderes gilt allerdings, wenn eine plötzliche und erhebliche Absenkung der Altersgrenze für den Eintritt in den Ruhestand von einer bestimmten Berufskategorie in Rede steht, ohne dass zeitliche Staffelungen oder angemessene Übergangsfristen gewährt werden, die es den Betroffenen erlauben, ihre Ruhestandsregelung vorherzusehen und die erforderlichen Maßnahmen wirtschaftlicher und finanzieller Art zu ergreifen. Eine solche Maßnahme wird vom EuGH zu Recht als unverhältnismäßig erachtet, zumal der Rotationsrhythmus zwischen den Generationen mittelfristig radikal gebremst wird, wenn nur eine Altersstufe durch plötzliches Absenken der Regelaltersgrenze ersetzt wird.[77] Keine Benachteiligung wegen des Alters ist indes in einer tarifvertraglichen Vorschrift zu sehen, die den Arbeitsvertragsparteien gestattet, die Beendigung des Arbeitsverhältnisses mit Erreichen der gesetzlichen Regelaltersgrenze durch Vereinbarung zu einer befristeten Weiterbeschäftigung hinauszuschieben. Hierdurch werden den Arbeitnehmern zusätzliche Handlungsmöglichkeiten eröffnet, was begünstigend und gerade nicht benachteiligend ist.[78]

---

[73] Vgl. EuGH, Urt. v. 21.7.2011 – C-159/10 u.a., EU:C:2011:508, Rn. 62 f. – Fuchs und Köhler; EuGH, Urt. v. 2.4.2020 – C-670/18, EU:C:2020:272, Rn. 44 f. – CO gegen Comune di Gesturi; EuGH, Urt. v. 15.4.2021 – C-511/19, EU:C:2021:274, Rn. 46 – AB gegen Olympiako Athlitiko Kentro Athinon.

[74] EuGH, Urt. v. 21.7.2011 – C-159/10 u.a., EU:C:2011:508, Rn. 64 – Fuchs und Köhler; EuGH, Urt. v. 15.4.2021 – C-511/19, EU:C:2021:274, Rn. 46 – AB gegen Olympiako Athlitiko Kentro Athinon.

[75] Vgl. EuGH, Urt. v. 18.11.2010 – C-250/09 u.a., EU:C:2010:699, Rn. 54 f. – Georgiev; EuGH, Urt. v. 21.7.2011 – C-159/10 u.a., EU:C:2011:508, Rn. 66 – Fuchs und Köhler; EuGH, Urt. v. 5.7.2012 – C-141/11, EU:C:2012:421, Rn. 42 f. – Hörnfeldt; EuGH, Urt. v. 15.4.2021 – C-511/19, EU:C:2021:274, Rn. 48 ff. – AB gegen Olympiako Athlitiko Kentro Athinon.

[76] EuGH, Urt. v. 16.10.2007 – C-411/05, EU:C:2007:604, Rn. 73 – Palacios de la Villa; EuGH, Urt. v. 12.10.2010 – C-45/09, EU:C:2010:601, Rn. 43, 47 ff., 75 f. – Rosenbladt; EuGH, Urt. v. 21.7.2011 – C-159/10 u.a., EU:C:2011:508, Rn. 67 – Fuchs und Köhler; EuGH, Urt. v. 5.7.2012 – C-141/11, EU:C:2012:421, Rn. 40 f. – Hörnfeldt.

[77] EuGH, Urt. v. 6.11.2012 – C-286/12, EU:C:2012:687, Rn. 68 ff., 78 f. – Kommission gegen Ungarn.

[78] EuGH, Urt. v. 28.2.2018 – C-46/17, EU:C:2018:131, Rn. 26 ff., 32 – John. Zustimmend *Waltermann*, NJW 2018, 193 ff.

25 Schließlich legt der EuGH bei der Rechtfertigungsprüfung einer Altersdiskriminierung, die vor allem im Beschäftigungsbereich Wirkung entfaltet, stärker als bei Ungleichbehandlungen aus anderen Gründen Wert auf die Eignung einer Maßnahme, das mit ihr verfolgte Ziel widerspruchsfrei zu erreichen.[79] Dabei vergleicht er im Rahmen der Angemessenheitsprüfung die von einem Mitgliedstaat festgesetzten Altersgrenzen kontextbezogen mit anderen nationalen und für die Union relevanten internationalen Bestimmungen.[80] Ferner überprüft der EuGH die allgemeinpolitische Kohärenz der Maßnahme.[81] So darf etwa bei der Festsetzung der Altersgrenze für die Versetzung in den Ruhestand kein Unterschied zwischen Universitätsprofessoren und den übrigen Lehrkräften der Universität gemacht werden, was der EuGH in der Rechtssache *Georgiev* unterstreicht.[82] Demgegenüber äußert der EuGH keine Besorgnis der Inkohärenz, wenn zwischen den Gliedstaaten in föderalen Staaten Unterschiede bei der Festsetzung der Regelaltersgrenze bestehen, da regionale Besonderheiten berücksichtigt werden dürfen.[83]

cc) Spezifische Rechtfertigungsanforderungen bei einer freiwilligen Längerbeschäftigung nach Erreichen der Regelaltersgrenze im Hochschulbereich

26 Überträgt man die genannten Rechtfertigungskautelen auf den Hochschulbereich, lassen sich folgende Kriterien aus der Judikatur der Unionsgerichtsbarkeit herauskristallisieren, die insbesondere aus der Entscheidung *Georgiev* ersichtlich werden:

27 Mit Blick auf die Entwicklung der Beschäftigungssituation im Universitätsbereich hält der EuGH es nicht für unvernünftig, eine Regelaltersgrenze festzusetzen, um beschäftigungs- und arbeitsmarktpolitische Ziele zu erreichen.[84] Zu diesen Zielen gehöre es, die im Allgemeinen nur begrenzt vorhandenen Professorenstellen optimal auf die Generationen zu verteilen.[85] Die Zusammenarbeit von Lehrkräften und Forschern verschiedener Generationen begünstige den Erfahrungsaustausch und die Innovation; sie diene damit der Verbesserung der

---

[79] Vgl. EuGH, Urt. v. 12.1.2010 – C-341/08, EU:C:2010:4, Rn. 62 – Petersen; EuGH, Urt. v. 26.9.2013 – C-476/11, EU:C:2013:590, Rn. 67 – Kristensen. Diese Anforderung erstreckt sich konsequenterweise auch auf den Unionsgesetzgeber, vgl. EuGH, Urt. v. 5.7.2017 – C-190/16, EU:C:2017:513, Rn. 48 ff. – Fries.

[80] Deutlich etwa EuGH, Urt. v. 13.9.2011 – C-447/09, EU:C:2011:573, Rn. 63, 70 ff. – Prigge.

[81] Vgl. z. B. EuGH, Urt. v. 18.6.2009 – C-88/08, EU:C:2009:381, Rn. 46 – Hütter; EuGH, Urt. v. 21.7.2011 – C-159/10 u. a., EU:C:2011:508, Rn. 85 ff. – Fuchs und Köhler; EuGH, Urt. v. 3.6.2021 – C-914/19, EU:C:2021:430, Rn. 33 ff. – Ministero della Giustizia gegen GN.

[82] EuGH, Urt. v. 18.11.2010 – C-250/09 u. a., EU:C:2010:699, Rn. 56, 67 – Georgiev.

[83] EuGH, Urt. v. 21.7.2011 – C-159/10 u. a., EU:C:2011:508, Rn. 96 f. – Fuchs und Köhler.

[84] EuGH, Urt. v. 18.11.2010 – C-250/09 u. a., EU:C:2010:699, Rn. 51 f. – Georgiev.

[85] EuGH, Urt. v. 18.11.2010 – C-250/09 u. a., EU:C:2010:699, Rn. 45 – Georgiev.

Qualität von Lehre und Forschung an den Universitäten.[86] Die Festlegung eines gesetzlichen Ruhestandsalters im Hochschulbereich hält der EuGH auch für verhältnismäßig, sofern den Betroffenen am Ende ihrer beruflichen Laufbahn ein finanzieller Ausgleich in Gestalt einer Rente oder einer Pension zugutekomme und die Berufsfreiheit nach Art. 15 Abs. 1 GRC nicht ausgehöhlt werde.[87] Entscheidend sei allerdings, dass die Festsetzung der typisierten Altersgrenze kohärent erfolge, also keinen Unterschied zwischen Universitätsprofessoren und den übrigen Lehrkräften der Universität mache.[88]

Eine ähnliche Argumentation wählt der EuGH auch in Bezug auf die Ange- 28
messenheit und Erforderlichkeit des Abschlusses von auf ein Jahr befristeten und höchstens zweimal verlängerbaren Verträgen ab Vollendung des gesetzlichen Ruhestandsalters.[89] Auch diese Begrenzung könne mit einer generationengerechten Beschäftigungspolitik gerechtfertigt werden, sofern die in den Ruhestand versetzte Person einen Anspruch auf Altersrente oder Ruhegehalt erworben habe und die in Art. 15 Abs. 1 GRC verankerte Berufsfreiheit in ihrem Kern nicht angetastet werde.[90] Ein Unterschied zwischen Universitätsprofessoren einerseits und den übrigen Lehrkräften der Universitäten andererseits dürfe aber auch insoweit nicht gemacht werden.[91]

5. *Zwischenergebnis*

Thesenartig lassen sich die Wirkungen des Verbots der Altersdiskriminierung 29
nach Art. 21 Abs. 1 GRC auf Regelaltersgrenze und freiwillige Dienstzeitverlängerung im Hochschulbereich wie folgt zusammenfassen:

Das Verbot der Altersdiskriminierung ist symmetrisch ausgestaltet und er- 30
fasst das Diskriminierungsmerkmal „Alter" in einem relationalen Sinn. Sein Schutz erstreckt sich auf alle wissenschaftlichen Arbeitnehmer und Beamte an staatlichen Universitäten, ungeachtet ihrer Staatsangehörigkeit. Über die mittelbare Horizontalwirkung des Art. 21 Abs. 1 GRC werden auch private Hochschulen auf das Verbot der Altersdiskriminierung (indirekt) in die Pflicht genommen.

Regelaltersgrenzen und Dienstzeitverlängerungsmöglichkeiten knüpfen an 31
das Lebensalter an und begründen daher eine unmittelbare Ungleichbehandlung, die nur durch verhältnismäßige beschäftigungs- und arbeitsmarktpolitische Ziele gerechtfertigt werden kann. Dabei verfügen die Mitgliedstaaten über einen weiten Gestaltungsspielraum. Sie tragen allerdings die Darlegungs- und

---

86 EuGH, Urt. v. 18.11.2010 – C-250/09 u. a., EU:C:2010:699, Rn. 46 – Georgiev.
87 EuGH, Urt. v. 18.11.2010 – C-250/09 u. a., EU:C:2010:699, Rn. 54 f. – Georgiev.
88 EuGH, Urt. v. 18.11.2010 – C-250/09 u. a., EU:C:2010:699, Rn. 56 – Georgiev.
89 EuGH, Urt. v. 18.11.2010 – C-250/09 u. a., EU:C:2010:699, Rn. 57 ff. – Georgiev.
90 EuGH, Urt. v. 18.11.2010 – C-250/09 u. a., EU:C:2010:699, Rn. 16 ff. – Georgiev.
91 EuGH, Urt. v. 18.11.2010 – C-250/09 u. a., EU:C:2010:699, Rn. 67 – Georgiev.

Beweislast dafür, dass die Anforderungen an eine legitime und verhältnismäßige Rechtfertigung erfüllt sind.

32 Das Verbot der Altersdiskriminierung greift nicht in die alleinige Zuständigkeit der Mitgliedstaaten ein, das Alter für den Eintritt in den Ruhestand zu bestimmen. Das Verbot der Altersdiskriminierung findet aber Anwendung auf diejenigen nationalen Maßnahmen, mit denen die Modalitäten geregelt werden, unter denen eine Beschäftigung endet, wenn das festgesetzte Ruhestandsalter erreicht wird.

33 Mit Blick auf die Entwicklung der Beschäftigungssituation im Universitätsbereich ist es nicht unvernünftig, eine gesetzliche Regelaltersgrenze festzusetzen, um beschäftigungs- und arbeitsmarktpolitische Ziele zu erreichen. Zu diesen Zielen gehört es, die im Allgemeinen nur begrenzt vorhandenen Professorenstellen optimal auf die Generationen zu verteilen, um den Erfahrungsaustausch, die Vielfalt und die Innovation in Forschung und Lehre zu begünstigen.

34 Die Festlegung eines gesetzlichen Ruhestandsalters im Hochschulbereich ist verhältnismäßig, sofern den Betroffenen am Ende ihrer beruflichen Laufbahn ein finanzieller Ausgleich in Gestalt einer Rente oder Pension zugutekommt, die Berufsfreiheit nach Art. 15 Abs. 1 GRC nicht ausgehöhlt wird und die berufliche Eingliederung jüngerer Wissenschaftler gewährleistet bleibt. Darüber hinaus muss die Festsetzung der typisierten Altersgrenze kohärent erfolgen; insbesondere dürfen Professoren und die übrigen universitären Lehrkräfte nicht unterschiedlich behandelt werden.

35 Tarifvertragliche Vereinbarungen zu einer befristeten Weiterbeschäftigung nach Erreichen der gesetzlichen Regelaltersgrenze werden nach der Judikatur des EuGH nicht vom Verbot der Altersdiskriminierung erfasst, da sie den Arbeitnehmern zusätzliche, begünstigende Handlungsmöglichkeiten eröffnen. Im Hochschulbereich sind befristete Längerbeschäftigungen von beamteten Hochschullehrern vom EuGH allerdings sehr wohl an den Anforderungen des Art. 21 Abs. 1 GRC gemessen worden. Die Befristungen stellen danach eine unmittelbare Ungleichbehandlung aufgrund des Alters dar. Sie können aber mit einer generationengerechten Beschäftigungspolitik gerechtfertigt werden, sofern diese verhältnismäßig und widerspruchsfrei ausgestaltet ist. Im Einzelnen decken sich die vom EuGH angewandten Anforderungen an Verhältnismäßigkeit und Kohärenz mit denjenigen, die an die Festlegung eines gesetzlichen Ruhestandsalters im Hochschulbereich gestellt werden. Entscheidend ist dabei aber, dass die Mitgliedstaaten die Darlegungs- und Beweislast für die Rechtfertigungsgründe tragen.

II. Auswirkungen auf das deutsche Beamten- und Hochschulrecht

36 Um die Auswirkungen des unionsrechtlichen Verbots der Altersdiskriminierung auf die freiwillige Dienstzeitverlängerung von Universitätsprofessoren in Deutschland beurteilen zu können, bedarf es zunächst einer überblicksartigen Bestandsaufnahme der einschlägigen Regelungen im deutschen Beamten- und Hochschulpersonalrecht.

1. Überblicksartige Bestandsaufnahme über die Ruhestandsregelungen von Hochschullehrern

37 Universitätsprofessoren müssen rechtlich nicht zwingend verbeamtet werden; faktisch ist dies aber nahezu ausschließlich der Fall.[92] Während Personen, die vor einem bestimmten Stichtag Ende der 1970er Jahre zum beamteten Hochschullehrer ernannt wurden, das Emeritierungsrecht genießen,[93] werden alle später berufenen Professoren in den Ruhestand versetzt. Anders als emeritierte Professoren, die ihre akademischen Rechte und Funktionen behalten und lediglich von universitären Verwaltungsaufgaben befreit sind, haben pensionierte Professoren keinerlei Dienstverpflichtungen mehr und beziehen ein Ruhegehalt.

38 Die gesetzliche Altersgrenze für den Ruhestand von Beamten ist für Bundesbeamte im Bundesbeamtengesetz, für Landesbeamte jeweils länderspezifisch geregelt. Bei der Festsetzung der Altersgrenze kommt dem jeweiligen Gesetzgeber eine gewisse Ermessensspanne zu. Art. 33 Abs. 5 GG verlangt weder eine auf ein bestimmtes Lebensalter gerichtete noch eine für alle Beamte einheitliche Festsetzung der Altersgrenze.[94] Sowohl nach § 51 Abs. 1 BBG als auch nach den Vorschriften der Länder treten Beamte regelmäßig mit Ablauf des Monats in den Ruhestand, in dem sie das 67. Lebensjahr vollenden, soweit keine Modifikation durch eine bis zum Geburtsjahrgang 1963 vorgesehene Übergangsregelung eintritt.[95] Nur in Berlin treten Beamte gem. § 38 Abs. 1 BlnLBG bereits mit Erreichen des 65. Lebensjahrs in Ruhestand.

---

[92] Vgl. *Hebeler*, WissR Beiheft 24 (2016), 58, 63 f.

[93] Gem. §§ 76 Abs. 1, 72 Abs. 1 Hochschulrahmengesetz (HRG) in der Fassung v. 26.1.1976 ist für das Emeritierungsrecht der landesgesetzlich bestimmte Zeitpunkt maßgeblich, wobei für das Inkrafttreten des neuen Dienstrechts in den Bundesländern eine Übergangszeit von drei Jahren ab Inkrafttreten der §§ 72, 76 HRG galt. In Nordrhein-Westfalen (das den Gesetzgebungsauftrag des HRG nicht rechtzeitig umsetzte) ist beispielsweise die Berufung vor dem 1.1.1980 maßgeblich, in Niedersachsen die Ernennung vor dem 1.10.1978.

[94] Vgl. BVerfG, Beschl. v. 10.12.1985 – 2 BvL 18/83, BVerfGE 71, 255, 270 = NVwZ 1986, 369, 370 – Lehrer.

[95] Vgl. § 36 BWLBG; Art. 62 BayBG; § 45 Abs. 1, 2 BbgLBG; § 35 Abs. 1, 2 BremBG; § 35 Abs. 1, 2 HmbBG; § 33 Abs. 1, 2 HBG; § 35 Abs. 1, 2 LBG M-V; § 35 Abs. 2 NBG; § 31 Abs. 1, 2 LBG NRW; § 38 Abs. 1 RhPfLBG; § 43 Abs. 1, 2 SaarlBG; § 49 Abs. 1, 2 SächsBG; § 39 Abs. 1, 2 LBG LSA; § 35 Abs. 1, 2 SchlHLBG; § 25 Abs. 1–3 ThürBG.

39 Bezüglich der Lebensarbeitszeit gelten für Hochschullehrer, die in der Regel Beamte auf Lebenszeit sind, grundsätzlich dieselben Altersgrenzen wie für alle anderen Beamten auch. Soweit ersichtlich, ist lediglich in Niedersachsen die Altersgrenze für Professoren von vornherein auf 68 Jahre hochgesetzt.[96] Anders als sonstige Beamte treten Hochschullehrer allerdings nicht bereits mit Ablauf des Monats ihres Geburtstages, sondern erst mit Ablauf des letzten Monats des Semesters oder mit Ablauf des letzten Monats der Vorlesungszeit, in die ihr Geburtstag fällt, in den Ruhestand.[97] Diese Sonderregelung zielt darauf ab, die Lehr- und Prüfungstätigkeit des beamteten Hochschullehrers im Interesse der Studierenden bis zum Ende des Semesters sicherzustellen und das Studienprogramm aufrechtzuerhalten.[98] Der Statuswechsel wegen Erreichens der Altersgrenze, d.h. der Übertritt aus dem aktiven Beamtenstatus in den Status des Ruhestandsbeamten, tritt unmittelbar kraft Gesetzes ein.[99]

2. Dienstzeitverlängerungsmöglichkeiten für Hochschullehrer

40 Nach Erreichen der Regelaltersgrenze bestehen für Hochschullehrer verschiedene Möglichkeiten der weiteren Hochschultätigkeit. So haben einzelne Universitäten inzwischen die Verleihung von sog. Seniorprofessuren in ihren Grundordnungen oder Leitlinien festgehalten.[100] Wenngleich die Rahmenbedingungen länderspezifisch durchaus variieren, können Seniorprofessuren von den Hochschulen an entpflichtete Wissenschaftler mit national und international beachteten Forschungs- oder herausragenden Lehrleistungen vergeben werden. Die Aufgaben, die ein Seniorprofessor übernimmt, werden vertraglich vereinbart, sind von Umfang und Dauer her individuell unterschiedlich und können unter Umständen dotiert werden. Allerdings handelt es sich bei der Seniorprofessur nicht um eine echte Dienstverlängerungsmöglichkeit im beamtenrechtlichen Sinn. Dies zeigt sich bereits daran, dass die ordentliche Professur frei wird und nachbesetzt werden kann.

---

[96] Vgl. § 27 Abs. 2 NHG.

[97] Vgl. z.B. Art. 53 Abs. 5 S. 1 BayHIG; § 45 Abs. 2 BWLHG. Vgl. ferner *Hug*, in: Brinktrine/Hug, BeckOK Beamtenrecht Baden-Württemberg, 25. Ed. 1.3.2023, § 36 BWLBG Rn. 79.

[98] Vgl. OVG Lüneburg, Beschl. v. 24.3.2017 – 5 ME 48/17, BeckRS 2017, 164222, Rn. 17.

[99] VGH München, Beschl. v. 9.8.2010 – 3 CE 10.928, BeckRS 2010, 31569, Rn. 24.

[100] Vgl. z.B. § 27a Grundordnung der Universität Heidelberg; § 18 Grundordnung der Universität Mannheim; Richtlinien der Julius-Maximilians-Universität Würzburg (JMU) zum Hinausschieben des Ruhestands von Universitätsprofessorinnen und Universitätsprofessoren sowie zur Einrichtung von Seniorprofessuren v. 21.3.2022; Merkblatt zur Einrichtung von Seniorprofessuren der Universität Hamburg v. 2.1.2019; §§ 1, 3 Abs. 4 der Satzung der Universität Rostock über die Verleihung der Bezeichnung „Seniorprofessor"; Amtliche Richtlinie für Seniorprofessuren der Universität Düsseldorf v. 22.4.2016; § 5 Grundordnung der Universität Mainz; Ordnung zur Vergabe einer Seniorprofessur an der Universität Leipzig; § 34a Verfassung der Universität Kiel. Näher *Benecke* (in diesem Band), § 1 Rn. 16ff.

Anderes gilt indes für die Möglichkeit einer freiwilligen beamtenrechtlichen Dienstverlängerung. Sowohl der Bund als auch die überwiegende Mehrzahl der Länder erlauben ihren jeweiligen Beamten, mit ihrer Zustimmung ihren Ruhestand hinauszuschieben und eine Dienstzeitverlängerung zu beantragen. So kann der Eintritt in den Ruhestand auf Antrag des Beamten über die gesetzliche Altersgrenze für eine bestimmte Frist, die jeweils ein Jahr nicht übersteigen darf, höchstens jedoch um drei Jahre, hinausgeschoben werden, wenn die Fortführung der Dienstgeschäfte im dienstlichen Interesse liegt.[101] Der Antrag soll prinzipiell spätestens sechs Monate vor Erreichen der gesetzlich festgesetzten Altersgrenze gestellt werden. Die Entscheidung wird von der Behörde getroffen, die für die Ruhestandsversetzung zuständig ist. 41

Diese Regelung gilt im Grundsatz auch für beamtete Hochschullehrer. In manchen Bundesländern gelten für Hochschullehrer jedoch größer bemessene Zeitspannen. So können Professoren im Bundesdienst oder in Hamburg bei hervorragender Eignung noch bis zur Vollendung des 75. Lebensjahres beschäftigt werden.[102] Baden-Württemberg ermöglicht ein Hinausschieben des Ruhestands bis zur Vollendung des 70. Lebensjahres.[103] Anders als bei der Seniorprofessur hat der Hochschullehrer, dessen Ruhestand hinausgeschoben worden ist, weiterhin die volle Dienstverpflichtung. Dementsprechend wird bei einer Dienstverlängerung die ordentliche Professur für die Dauer der Verlängerungsspanne nicht frei und kann daher nicht neu besetzt werden. Die Vorschriften zur Dienstverlängerung sollen ausweislich der Gesetzesbegründung[104] einen Beitrag zur Lösung der durch den demografischen Wandel verursachten Probleme leisten. Die Quote der im Berufsleben verbleibenden Beamten soll erhöht und mittelbar sollen dadurch auch die Alterssicherungssysteme des öffentlichen Dienstes entlastet werden.[105] Darüber hinaus sind die Regelungen ein Instrument zur Flexibilisierung der ansonsten starren Regelaltersgrenze.[106] 42

Überwiegend verlangen die bundes- und landesrechtlichen Vorschriften für das Hinausschieben des Ruhestands von Hochschullehrern auf Antrag, dass die Dienstverlängerung im dienstlichen Interesse liegt. Das dienstliche Interesse 43

---

[101] Vgl. § 53 Abs. 1 BBG. Teilweise deckungsgleich, teilweise ähnlich: § 39 BWLBG; Art. 63 Abs. 1 BayBG; § 38 Abs. 2 BlnLBG; § 45 Abs. 3 BbgLBG; § 35 Abs. 4 BremBG; § 35 Abs. 4 HmbBG; § 34 Abs. 1 HBG; § 35 Abs. 3 LBG M-V; § 36 Abs. 1, 2 NBG; § 32 Abs. 1, 2 LBG NRW; § 38 Abs. 1 RhPfLBG; § 43 Abs. 3 SaarlBG; § 50 SächsBG; § 39 Abs. 4 LBG LSA; § 35 Abs. 4 SchlHLBG; § 25 Abs. 7 ThürBG. Zu Einzelheiten vgl. *Benecke* (in diesem Band), § 1 Rn. 6 ff.

[102] § 132 Abs. 7 BBG; § 16 Abs. 7, 9 HmbHG.

[103] § 45 Abs. 2 BWLHG.

[104] Vgl. BT-Drucks. 11/5372, S. 33, zur Regelung des § 53 Abs. 1 BBG.

[105] Vgl. BT-Drucks. 11/5372, S. 2, 22. Ferner vgl. Battis/*Hebeler*, Bundesbeamtengesetz, 6. Aufl. 2022, § 53 Rn. 2; *Brinktrine*, in: Brinktrine/Schollendorf, BeckOK Beamtenrecht Bund, 28. Ed. 1.2.2022, § 53 BBG Rn. 7. Näher *Möllers* (in diesem Band), § 7 Rn. 3, 13.

[106] *Hebeler/Spitzlei*, DVBl 2016, 534, 537.

muss nach den meisten Beamtengesetzen positiv festgestellt werden.[107] Nur die landesrechtlichen Normen in Niedersachsen, Schleswig-Holstein und Thüringen sehen einen Hinderungsgrund in Gestalt eines Entgegenstehens dienstlicher Interessen vor.[108] Die unterschiedliche Normformulierung hat vor allem Konsequenzen für die Darlegungs- und Beweislast hinsichtlich des Vorliegens der Voraussetzungen für eine Dienstverlängerung.[109] In jedem Fall ist aber das dienstliche Interesse Tatbestandsvoraussetzung, ohne dessen Erfüllung der Eintritt in den Ruhestand nicht hinausgeschoben werden darf.[110]

44 Der Begriff des dienstlichen Interesses ist ein unbestimmter Rechtsbegriff, der im Prinzip der vollen verwaltungsgerichtlichen Kontrolle unterliegt.[111] Allerdings wird der Begriff des dienstlichen Interesses durch die verwaltungsorganisatorischen und personalwirtschaftlichen Entscheidungen des Dienstherrn vorgeprägt, die er aufgrund seiner Personal- und Organisationsgewalt treffen darf.[112] Die Verwaltungsgerichte müssen diesbezügliche verwaltungspolitische Erwägungen und Beurteilungsspielräume grundsätzlich akzeptieren, zumal es schon im Hinblick auf die Gewaltenteilung keine gerichtliche Aufgabe darstellt, den Betrieb einer Dienststelle durch externe Vorgaben zu gestalten.[113]

45 Nach allgemeinem Beamtenrecht ist ein dienstliches Interesse an einer Weiterbeschäftigung in der Regel gegeben, wenn der Beamte über spezielle fachliche Kenntnisse oder Erfahrungen verfügt, die sonst nicht mehr für eine sach-

---

[107] Vgl. § 53 Abs. 1 BBG; § 39 BWLBG; Art. 63 Abs. 1 BayBG; § 38 Abs. 2 BlnLBG; § 45 Abs. 3 BbgLBG; § 35 Abs. 4 BremBG; § 35 Abs. 4 HmbBG; § 34 Abs. 1 HBG; § 35 Abs. 3 LBG M-V; § 32 Abs. 1, 2 LBG NRW; § 38 Abs. 1 RhPfLBG; § 43 Abs. 3 SaarlBG; § 50 SächsBG; § 39 Abs. 4 LBG LSA.

[108] Vgl. § 36 Abs. 1, Abs. 2 NBG; § 35 Abs. 4 SchlHLBG; § 25 Abs. 7 ThürBG.

[109] *Burkardt*, Höchstaltersgrenzen im Beamtenrecht, 2016, S. 272 ff.; *Brinktrine*, in: Brinktrine/Schollendorf, BeckOK Beamtenrecht Bund, 28. Ed. 1.2.2022, § 53 BBG Rn. 13. Dazu vgl. auch OVG Münster, Beschl. v. 12.9.2013 – 6 B 1065/13, Rn. 25 (Juris); OVG Lüneburg, Beschl. v. 24.3.2017 – 5 ME 48/17, BeckRS 2017, 164222, Rn. 10; VG Hannover, Urt. v. 26.4.2017 – 2 A 4382/15, BeckRS 2017, 137302, Rn. 25 – Strukturplan für Neuausrichtung.

[110] Vgl. VG Frankfurt a. M., Beschl. v. 28.5.2015 – 9 L 930/15.F, BeckRS 2015, 48282, Rn. 2; ferner *Hebeler*, WissR Beiheft 24 (2016), 58, 75.

[111] Vgl. OVG Münster, Beschl. v. 26.7.2005 – 6 B 1172/05, BeckRS 2005, 28750, Rn. 8 f. – Neuausrichtung medizinische Fakultät; VG Hannover, Urt. v. 26.4.2017 – 2 A 4382/15, BeckRS 2017, 137302, Rn. 24 – Strukturplan für Neuausrichtung; VG Augsburg, Urt. v. 17.12.2020 – 2 K 20.1433, BeckRS 2020, 48789, Rn. 22 – Lehrstuhlneuausrichtung (Buhl). Vgl. auch Battis/*Hebeler*, Bundesbeamtengesetz, 6. Aufl. 2022, § 53 Rn. 10.

[112] Vgl. OVG Münster, Beschl. v. 12.9.2013 – 6 B 1065/13, Rn. 20 (Juris); VG Frankfurt a. M., Beschl. v. 28.5.2015 – 9 L 930/15.F, BeckRS 2015, 48282, Rn. 3; VG Hannover, Urt. v. 26.4.2017 – 2 A 4382/15, BeckRS 2017, 137302, Rn. 24 – Strukturplan für Neuausrichtung; VGH Mannheim, Beschl. v. 27.4.2020 – 4 S 1042/20, BeckRS 2020, 8304, Rn. 5 – Staatsanwalt; VG Augsburg, Urt. v. 17.12.2020 – 2 K 20.1433, BeckRS 2020, 48789, Rn. 22 – Lehrstuhlneuausrichtung (Buhl). Ferner s. *Hebeler/Spitzlei*, DVBl 2016, 534, 541; *Brinktrine*, in: Brinktrine/Schollendorf, BeckOK Beamtenrecht Bund, 28. Ed. 1.2.2022, § 53 BBG Rn. 14; *Weißgerber/Maier*, in: Brinktrine/Voitl, BeckOK Beamtenrecht Bayern, 27. Ed. 1.4.2022, Art. 63 BayBG Rn. 8.

[113] VG Frankfurt a. M., Beschl. v. 28.5.2015 – 9 L 930/15.F, BeckRS 2015, 48282, Rn. 3.

gemäße und reibungslose Aufgabenerfüllung zur Verfügung stünden.[114] Dies setzt einen Personalbedarf der Verwaltung sowie die persönliche Geeignetheit des Beamten zur Fortsetzung des Dienstverhältnisses voraus. Zwar genügt nicht jede vage und frei veränderbare Personalplanung für die Annahme eines dienstlichen Interesses. Dies würde sonst eine Überprüfung des Anspruchs auf Hinausschieben des Ruhestands weitgehend leerlaufen lassen.[115] Zur sachgemäßen und reibungslosen Aufgabenerfüllung gehören aber etwa die Aufrechterhaltung der Kontinuität in der Wahrnehmung bestimmter gesetzlicher Aufgaben, Schwierigkeiten bei der Wiederbesetzung freiwerdender Stellen, das Interesse an einer bestimmten Altersstruktur sowie andere personalplanerische Belange.[116] Auch ein erforderlicher Wissenstransfer kann relevant sein.[117] Diese Voraussetzungen gelten im Prinzip auch für beamtete Hochschullehrer. Das dienstliche Interesse, den Eintritt in den Ruhestand bei Hochschullehrern hinauszuschieben, liegt vor allem in der Optimierung des Personaleinsatzes und des Geschäftsablaufes.[118] Keine dienstlichen Interessen sind hingegen rein persönliche Belange des Beamten wie etwa der längere Bezug der Aktivbezüge[119] oder die „Vermeidung von Langeweile im Ruhestand“.[120]

Liegen die Tatbestandsvoraussetzungen einer Dienstzeitverlängerung vor, so hat der Dienstherr eine Ermessensentscheidung über das Hinausschieben des Ruhestands zu treffen. Nach der fachgerichtlichen Judikatur werden die Dienstverlängerungsklauseln überwiegend dergestalt interpretiert, dass sie vor allem öffentliche Interessen, nicht aber (primär) Individualbelange zu schützen bestimmt sind.[121] Die Belange des Allgemeinwohls beträfen dabei insbesondere die mögliche Kostensenkung für den Bereich der Beamtenversorgung (z. B. im Rahmen des Ruhestandsgehalts, der Beihilfeansprüche und bei sonstigen Versorgungsleistungen) und die effektive Personalwirtschaft. Auf der anderen Seite 46

[114] VG Frankfurt a. M., Beschl. v. 28.5.2015 – 9 L 930/15.F, BeckRS 2015, 48282, Rn. 5.

[115] OVG Lüneburg, Beschl. v. 24.3.2017 – 5 ME 48/17, BeckRS 2017, 164222, Rn. 10; VG Hannover, Urt. v. 26.4.2017 – 2 A 4382/15, BeckRS 2017, 137302, Rn. 25 – Strukturplan für Neuausrichtung.

[116] Vgl. z. B. VG Augsburg, Urt. v. 17.12.2020 – 2 K 20.1433, BeckRS 2020, 48789, Rn. 21 – Lehrstuhlneuausrichtung (Buhl); VG Bayreuth, Urt. v. 26.7.2022 – B 5 K 21.1273, BeckRS 2022, 43476, Rn. 42 f. Zum Ganzen vgl. auch *Weißgerber/Maier*, in: Brinktrine/Voitl, BeckOK Beamtenrecht Bayern, 27. Ed. 1.4.2022, Art. 63 BayBG Rn. 6.1–6.2, m. w. Nachw.

[117] *Brinktrine*, in: Brinktrine/Schollendorf, BeckOK Beamtenrecht Bund, 28. Ed. 1.2.2022, § 53 BBG Rn. 15.

[118] VGH München, Beschl. v. 9.8.2010 – 3 CE 10.927, BeckRS 2011, 45860, Rn. 49 – Neuausrichtung medizinische Fakultät; VG Bayreuth, Urt. v. 26.7.2022 – B 5 K 21.1273, BeckRS 2022, 43476, Rn. 38.

[119] *Weißgerber/Maier*, in: Brinktrine/Voitl, BeckOK Beamtenrecht Bayern, 27. Ed. 1.4.2022, Art. 63 BayBG Rn. 6.

[120] *Brinktrine*, in: Brinktrine/Schollendorf, BeckOK Beamtenrecht Bund, 28. Ed. 1.2.2022, § 53 BBG Rn. 16.

[121] Vgl. nur VG Bayreuth, Urt. v. 26.7.2022 – B 5 K 21.1273, BeckRS 2022, 43476, Rn. 26, m. w. Nachw.

anerkennt die Fachgerichtsbarkeit aber auch, dass die Verlängerung im Interesse einer wirksamen Flexibilisierung des Ruhestandseintritts steht, mit dem die Rechtsposition von Beamten, die ihre Dienstzeit verlängern möchten, gestärkt werden soll.[122] Schon deshalb ist – entgegen anderslautenden Stimmen[123] – die eintretende Begünstigung des Beamten jedenfalls nicht als bloßer Rechtsreflex anzusehen, der eine Zuweisung einer geschützten Rechtsposition nicht zu begründen vermag.

47 Dennoch hat der beamtete Hochschullehrer *de lege lata* grundsätzlich keinen Anspruch auf Hinausschieben des Ruhestands.[124] Dies zeigt sich bereits daran, dass andere Normen des Beamtenrechts wie etwa § 53 Abs. 1a BBG ausdrücklich einen gebundenen Anspruch des Beamten auf das Hinausschieben des Ruhestandseintritts vorsehen, wenn er zuvor teilzeitbeschäftigt war oder Pflegezeiten in Anspruch genommen hatte. Außerdem kann ein Anspruch des Beamten auf eine positive Ermessenentscheidung im Sinne seines Antrags nach den allgemeinen, von der Verwaltungsrechtsdogmatik entwickelten Grundsätzen nur im Falle einer Ermessensreduzierung auf null vorliegen. Danach muss das Ermessen des Dienstherrn aufgrund des Vorliegens weiterer Aspekte so eingeschränkt sein, dass sich nur das Hinausschieben des Ruhestands als einzig rechtmäßige Form der Ermessensbetätigung darstellt.[125]

48 Gesichert ist aber, dass der Beamte einen Anspruch auf ermessensfehlerfreie Entscheidung über seinen Antrag hat.[126] Die Ermessensentscheidung betrifft sowohl das „Ob" der Dienstverlängerung als auch den Hinausschiebenszeitraum.[127] Als nicht überschreitbare Höchstgrenze sehen die einschlägigen Beamtengesetze drei Jahre für das Hinausschieben vor; ein kürzerer Zeitraum ist

---

122 So etwa OVG Lüneburg, Beschl. v. 24.3.2017 – 5 ME 48/17, BeckRS 2017, 164222, Rn. 9; VG Hannover, Urt. v. 26.4.2017 – 2 A 4382/15, BeckRS 2017, 137302, Rn. 24 – Strukturplan für Neuausrichtung; vgl. auch *Poguntke*, DÖV 2011, 561, 562.

123 So vertreten etwa von *Weißgerber/Maier*, in: Brinktrine/Voitl, BeckOK Beamtenrecht Bayern, 27. Ed. 1.4.2022, Art. 63 BayBG Rn. 19. Hierauf beruft sich auch VG Bayreuth, Urt. v. 26.7.2022 – B 5 K 21.1273, BeckRS 2022, 43476, Rn. 28.

124 Ebenso *Hebeler/Spitzlei*, DVBl 2016, 534, 542; *Brinktrine*, in: Brinktrine/Schollendorf, BeckOK Beamtenrecht Bund, 28. Ed. 1.2.2022, § 53 BBG Rn. 19; VG Bayreuth, Urt. v. 26.7. 2022 – B 5 K 21.1273, BeckRS 2022, 43476, Rn. 24. Offengelassen von VG Augsburg, Urt. v. 17.12.2020 – 2 K 20.1433, BeckRS 2020, 48789, Rn. 20 – Lehrstuhlneuausrichtung (Buhl).

125 *Brinktrine*, in: Brinktrine/Schollendorf, BeckOK Beamtenrecht Bund, 28. Ed. 1.2.2022, § 53 BBG Rn. 19. Vgl. auch VGH München, Beschl. v. 8.2.1993 – 3 CE 93.204, VGHE BY 46, 39 = BeckRS 1993, 120775 – Regierungsdirektor; VG Würzburg, Beschl. v. 7.2.2014 – W 1 E 14.38, Rn. 23 (Juris); VG Bayreuth, Urt. v. 26.7.2022 – B 5 K 21.1273, BeckRS 2022, 43476, Rn. 25.

126 Vgl. OVG Münster, Beschl. v. 12.9.2013 – 6 B 1065/13, Rn. 19 (Juris); VG Würzburg, Beschl. v. 7.2.2014, W 1 E 14.38 (Juris); VG Frankfurt a. M., Beschl. v. 28.5.2015 – 9 L 930/15.F, BeckRS 2015, 48282, Rn. 6 – Schuldirektor. Aus der Literatur s. *Brinktrine*, in: Brinktrine/Schollendorf, BeckOK Beamtenrecht Bund, 28. Ed. 1.2.2022, § 53 BBG Rn. 20 f.; Battis/*Hebeler*, Bundesbeamtengesetz, 6. Aufl. 2022, § 53 Rn. 11; *Poguntke*, DÖV 2011, 561, 562 und 566.

127 *Brinktrine*, in: Brinktrine/Schollendorf, BeckOK Beamtenrecht Bund, 28. Ed. 1.2.2022, § 53 BBG Rn. 22; *Di Prato*, in: Brinktrine/Masuch, BeckOK Beamtenrecht Hessen, 21. Ed. 1.11.2022, § 34 HBG Rn. 24.

möglich. Auch gestufte Entscheidungen sind zulässig. So kann es nach der Rechtsprechung der Fachgerichte auch ermessensgerecht sein, wenn der Dienstherr zunächst nur über einen Hinausschiebenszeitraum von einem Jahr befindet und die Entscheidung über den höchstens möglichen Entscheidungszeitraum von drei Jahren zurückstellt.[128]

3. Vereinbarkeit der Regelungen mit dem unionsrechtlichen Verbot der Altersdiskriminierung

Fraglich ist, ob die genannten Regelungen im Bundesrecht und in den Landes- 49
gesetzen mit dem unionsrechtlichen Verbot einer Altersdiskriminierung, so wie es von der Unionsgerichtsbarkeit ausgelegt und angewandt wird, in Einklang stehen. Das durch GRRL konkretisierte Verbot der Altersdiskriminierung ist in Deutschland durch das Allgemeine Gleichbehandlungsgesetz (AGG) umgesetzt worden.[129] Soweit Divergenzen bestehen, muss nationales Recht, das mit der GRRL und dem unionsrechtlichen Grundsatz der Nichtdiskriminierung nicht vereinbar ist, wegen des Vorrangs des Unionsrechts unangewendet bleiben, sofern keine unionsrechtskonforme Auslegung in Betracht kommt.[130] Das AGG gilt gem. § 24 AGG auch für Beamte der Länder unter Berücksichtigung ihrer besonderen Rechtstellung entsprechend.[131] Diese Gesetzeslage entspricht der Rechtsprechung des EuGH, der festgestellt hat, dass auch öffentlich-rechtliche Dienstverhältnisse in vollem Umfang dem unionsrechtlichen Verbot der Diskriminierung unterfallen.[132]

a) Festsetzung allgemeiner Altersgrenzen in Ruhestandsregelungen

Nach gefestigter Judikatur des EuGH sind die Mitgliedstaaten auf der Grund- 50
lage des Unionsrechts berechtigt, im nationalen Recht eine feste Altersgrenze für den Eintritt in den Ruhestand festzulegen.[133] Zwar bedeutet die Festlegung einer starren Altersgrenze für den Eintritt in den Ruhestand eine unmittelbare Ungleichbehandlung aufgrund des Alters.[134] Ungleichbehandlungen wegen des Alters unterliegen aber nicht einem strikten Verbot, sondern können unter den

[128] Vgl. z. B. OVG Münster, Beschl. v. 12.9.2013 – 6 B 1065/13, Rn. 24 ff. (Juris).

[129] Allgemeines Gleichbehandlungsgesetz (AGG) v. 14.8.2006, BGBl. I, S. 1897.

[130] Zutreffend VGH München, Beschl. v. 9.8.2010 – 3 CE 10.928, BeckRS 2010, 31569, Rn. 25; VGH München, Beschl. v. 9.8.2010 – 3 CE 10.927, BeckRS 2011, 45860, Rn. 36 f.; ebenso bereits *Kämmerer*, ZBR 2008, 325, 327.

[131] Dazu etwa auch VGH München, Beschl. v. 9.8.2010 – 3 CE 10.928, BeckRS 2010, 31569, Rn. 27; VGH München, Beschl. v. 9.8.2010 – 3 CE 10.927, BeckRS 2011, 45860, Rn. 39 – Neuausrichtung medizinische Fakultät.

[132] Vgl. die Nachw. in Fn. 13.

[133] Vgl. die Nachw. aus der EuGH-Judikatur in Fn. 63. Vgl. ferner VGH München, Beschl. v. 9.8.2010 – 3 CE 10.928, BeckRS 2010, 31569, Rn. 30; VGH München, Beschl. v. 9.8.2010 – 3 CE 10.927, BeckRS 2011, 45860, Rn. 43– Neuausrichtung medizinische Fakultät.

[134] Vgl. Art. 21 Abs. 1 GRC, Art. 1 GRRL, § 3 Abs. 1 AGG.

Voraussetzungen des § 6 Abs. 1 GRRL, dem die Regelung des § 10 AGG weitgehend entspricht,[135] gerechtfertigt sein.[136] Danach ist eine unterschiedliche Behandlung wegen des Alters zulässig, wenn sie objektiv und angemessen und durch ein legitimes Ziel gerechtfertigt ist. Die Mittel zur Erreichung dieses Ziels müssen ebenfalls angemessen und erforderlich sein.[137]

51 Zu den legitimen Zielen für Regelaltersgrenzen zählen gesetzlich erfasste oder aus dem Kontext der Maßnahme ableitbare Gemeinwohlinteressen, denen die Maßnahme dienen soll.[138] Ausdrücklich als legitime Ziele erwähnt werden sowohl in Art. 6 Abs. 1 GRRL als auch in § 10 AGG die Bereiche Beschäftigungspolitik, Arbeitsmarkt und berufliche Bildung. Die Festlegung einer zwingenden Altersgrenze im Beamtenrecht dient dazu, dass ab einem bestimmten Zeitpunkt die älteren Beschäftigten in den Ruhestand treten, um für jüngere Kollegen und nachfolgende Berufsanfänger Arbeitsplätze frei zu machen. Das damit verfolgte Ziel des günstigen Altersaufbaus stellt ein legitimes Ziel dar.[139] Dies hat auch die Unionsgerichtsbarkeit verschiedentlich bestätigt.[140]

52 Der Umstand, dass die Regelaltersgrenze im deutschen Beamtenrecht typisiert festgelegt ist und nicht an die individuelle Leistungsfähigkeit des Beamten anknüpft, ist mit den unionsrechtlichen Vorgaben kompatibel.[141] Diese generalisierende Festlegung bietet den Beamten einen langfristig vorhersehbaren Eintritt in den Ruhestand, dient somit der Rechtssicherheit und ermöglicht gleichzeitig dem Dienstherrn eine vorausschauende Flexibilität in seiner Personalplanung.[142] Der Dienstherr muss nicht erst eine schwierige Arbeitsmarktsituation abwarten, sondern kann bereits deren Entstehung entgegenwirken.[143] Auch darf der Gesetzgeber der demografischen Entwicklung Rechnung tragen und

[135] Näher *Hebeler*, WissR Beiheft 24 (2016), 58, 60 f.

[136] VGH München, Beschl. v. 9.8.2010 – 3 CE 10.928, BeckRS 2010, 31569, Rn. 33; OVG Koblenz, Urt. v. 25.2.2011 – 2 A 11201/10, NJOZ 2012, 791–793 = BeckRS 2011, 48522 – Ingenieurprofessor und beabsichtigte Umstrukturierung.

[137] Vgl. VGH München, Beschl. v. 9.8.2010 – 3 CE 10.927, BeckRS 2011, 45860, Rn. 41 – Neuausrichtung medizinische Fakultät; VGH München, Beschl. v. 9.8.2010 – 3 CE 10.928, BeckRS 2010, 31569, Rn. 27; OVG Koblenz, Urt. v. 25.2.2011 – 2 A 11201/10, NJOZ 2012, 791, 792 = BeckRS 2011, 48522 – Ingenieurprofessor und beabsichtigte Umstrukturierung.

[138] Vgl. die Nachw. in Fn. 48.

[139] Vgl. VGH München, Beschl. v. 9.8.2010 – 3 CE 10.928, BeckRS 2010, 31569, Rn. 30; VGH München, Beschl. v. 9.8.2010 – 3 CE 10.927, BeckRS 2011, 45860, Rn. 43 – Neuausrichtung medizinische Fakultät.

[140] Vgl. die Nachw. in Fn. 71.

[141] Vgl. OVG Koblenz, Urt. v. 25.2.2011 – 2 A 11201/10, NJOZ 2012, 791, 792 = BeckRS 2011, 48522 – Ingenieurprofessor und beabsichtigte Umstrukturierung, unter Inbezugnahme von EuGH, Urt. v. 12.10.2010 – C-45/09, EU:C:2010:601, Rn. 64 – Rosenbladt. Ebenso *Weißgerber/Maier*, in: Brinktrine/Voitl, BeckOK Beamtenrecht Bayern, 27. Ed. 1.4.2022, Art. 62 BayBG Rn. 2.

[142] Vgl. VGH München, Beschl. v. 9.8.2010 – 3 CE 10.928, BeckRS 2010, 31569, Rn. 29.

[143] OVG Koblenz, Urt. v. 25.2.2011 – 2 A 11201/10, NJOZ 2012, 791, 792 = BeckRS 2011, 48522 – Ingenieurprofessor und beabsichtigte Umstrukturierung.

damit einen Beitrag zur nachhaltigen Finanzierbarkeit der Versorgungssysteme leisten.[144] Voraussetzung hierfür ist allerdings, dass die von den Regelaltersgrenzen Betroffenen durch die zwangsweise Versetzung in den Ruhestand nicht übermäßig in ihren Grundrechten beeinträchtigt werden. So müssen die Beamten ab dem Zeitpunkt des automatischen Ausscheidens nicht nur einen Anspruch auf Versorgungsbezüge haben, sondern dürfen auch nicht daran gehindert werden, sich eine neue Beschäftigung zu suchen.[145]

Möglicherweise ergeben sich für die Berufsgruppe der beamteten Hoch- 53
schullehrer Besonderheiten, denen Rechnung zu tragen ist. Anders als sonstige Beamten werden Professoren im Allgemeinen erst spät in das Beamtenverhältnis auf Lebenszeit berufen. Dieser Aspekt könnte unter dem Postulat einer angemessenen Beschäftigungszeit für eine höhere typisierte Ruhestandsgrenze sprechen. Dafür streitet auch der Umstand, dass ältere, hochqualifizierte Professoren ihre Erfahrungen an jüngere Kollegen weitergeben und damit im Interesse der Allgemeinheit für eine gleichbleibend hohe Qualität der Professorenschaft sorgen können. Andererseits kommt aber auch hier den beschäftigungspolitischen Argumenten angesichts der „Nachwuchswissenschaftler im Wartestand" eine bedeutende Rolle zu. So entsteht durch das planbare und kontinuierliche Freiwerden von Professorenstellen aufgrund der Begrenzung der aktiven Dienstzeit ein gleichmäßigerer Altersaufbau bei der Verteilung von Professorenstellen und damit eine kontinuierliche Wissensweitergabe sowie ein regelmäßiges Einbringen neuer Ideen.[146] Es ist deshalb nicht unvernünftig, mit der am Beamtenrecht orientierten Regelaltersgrenze auch einer Überalterung des Hochschulpersonals entgegenzuwirken, innovatives Handeln zu fördern und die Zukunftschancen Jüngerer zu berücksichtigen.[147] Dies gilt auch unter dem Blickwinkel des Unionsrechts, da das Verbot der Altersdiskriminierung in Art. 21 Abs. 1 GRC relativ gefasst ist und daher nicht nur ältere, sondern auch jüngere Menschen vor ungerechtfertigten relationalen Ungleichbehandlungen wegen ihres Alters schützt.[148] Jedenfalls begegnet es im Hinblick auf die gesetzliche Regelaltersgrenze keinen unionsrechtlichen Bedenken, wenn der Gesetzgeber, dem insoweit eine Einschätzungsprärogative zukommt, sich dafür ent-

---

[144] VGH München, Beschl. v. 9.8.2010 – 3 CE 10.928, BeckRS 2010, 31569, Rn. 29; VGH München, Beschl. v. 9.8.2010 – 3 CE 10.927, BeckRS 2011, 45860, Rn. 42 – Neuausrichtung medizinische Fakultät.

[145] Vgl. OVG Koblenz, Urt. v. 25.2.2011 – 2 A 11201/10, NJOZ 2012, 791, 793 = BeckRS 2011, 48522 – Ingenieurprofessor und beabsichtigte Umstrukturierung. Zur entsprechenden Judikatur der Unionsgerichtsbarkeit vgl. Fn. 76.

[146] Zum Vorstehenden vgl. OVG Koblenz, Urt. v. 25.2.2011 – 2 A 11201/10, NJOZ 2012, 791, 792 f. = BeckRS 2011, 48522 – Ingenieurprofessor und beabsichtigte Umstrukturierung; VGH München, Beschl. v. 6.12.2021 – 3 ZB 20.1902, BeckRS 2021, 41349, Rn. 19.

[147] Vgl. OVG Koblenz, Urt. v. 25.2.2011 – 2 A 11201/10, NJOZ 2012, 791, 793 = BeckRS 2011, 48522 – Ingenieurprofessor und beabsichtigte Umstrukturierung; VGH München, Beschl. v. 6.12.2021 – 3 ZB 20.1902, BeckRS 2021, 41349, Rn. 19.

[148] Vgl. die Nachw. in Fn. 7.

scheidet, Wissenschaftler nicht anders zu behandeln als sonstige Beamte.[149] Dies gilt umso mehr, als nicht nur Seniorprofessoren, sondern auch entpflichtete Hochschullehrer ohne Seniorprofessur weiterhin in der Lehre, der Forschung und bei der Betreuung von Doktoranden und Habilitanden tätig bleiben können, was sie von sonstigen Ruhestandsbeamten kategorisch unterscheidet. Ferner ist unerheblich, dass der Bund und die verschiedenen Landesgesetze unterschiedliche Altersgrenzen für den Ruhestand des hauptberuflichen wissenschaftlichen Personals vorsehen. Aus verfassungsrechtlicher Perspektive kommt es lediglich auf eine Gleichbehandlung innerhalb desselben Rechtsträgers an.[150] Auch die Unionsgerichtsbarkeit steht föderalen und regionalen Unterschieden in der Festsetzung der Regelaltersgrenze nicht kritisch gegenüber.[151] Insgesamt ist gegen die Festsetzung generalisierender Altersgrenzen in beamtenrechtlichen Ruhestandsregelungen auch für Hochschullehrer aus unionsrechtlicher Perspektive nichts zu erinnern.

b) Freiwillige Dienstzeitverlängerung

54 Anderes gilt jedoch für die Gewährung von freiwilligen Dienstzeitverlängerungen, wie sie gegenwärtig im Beamtenrecht des Bundes und der überwiegenden Mehrheit der Länder ausgestaltet sind.

aa) Begrenzung der Verlängerungsmöglichkeit auf höchstens drei Jahre

55 Grundsätzlich steht es im Ermessen des Gesetzgebers, ob er den Problemen einer starren Regelaltersgrenze mit einer ausnahmsweisen Flexibilisierung der Altersgrenze begegnet.[152] Allerdings stellt die Beschränkung der Verlängerungsmöglichkeit auf höchstens drei Jahre, wie sie fast allen landesrechtlichen Regelungen zu entnehmen ist,[153] eine unmittelbare Ungleichbehandlung aufgrund des Lebensalters dar. Darauf hat auch der EuGH in der Rechtssache *Georgiev* hingewiesen.[154]

56 Diese Ungleichbehandlung ist nur dann keine unzulässige Diskriminierung, wenn sie nach Art. 6 Abs. 1 GRRL i. V. m. § 10 AGG gerechtfertigt werden

[149] Wie hier auch *Kämmerer*, ZBR 2008, 325, 335; *Hebeler*, WissR Beiheft 24 (2016), 58, 78 f.

[150] Vgl. VGH München, Beschl. v. 9.8.2010 – 3 CE 10.928, BeckRS 2010, 31569, Rn. 28; VGH München, Beschl. v. 9.8.2010 – 3 CE 10.927, BeckRS 2011, 45860, Rn. 41 – Neuausrichtung medizinische Fakultät.

[151] Vgl. den Nachw. in Fn. 83.

[152] VGH München, Beschl. v. 9.8.2010 – 3 CE 10.928, BeckRS 2010, 31569, Rn. 31; VGH München, Beschl. v. 9.8.2010 – 3 CE 10.927, BeckRS 2011, 45860, Rn. 44 – Neuausrichtung medizinische Fakultät; VGH München, Beschl. v. 6.12.2021 – 3 ZB 20.1902, BeckRS 2021, 41349, Rn. 19; OVG Koblenz, Urt. v. 25.2.2011 – 2 A 11201/10, NJOZ 2012, 791, 792 = BeckRS 2011, 48522 – Ingenieurprofessor und beabsichtigte Umstrukturierung.

[153] Vgl. die Nachw. in Fn. 101.

[154] EuGH, Urt. v. 18.11.2010 – C-250/09 u. a., EU:C:2010:699, Rn. 58 ff. – Georgiev.

kann.[155] Erneut kommt es also darauf an, ob die Begrenzung der beamtenrechtlichen Verlängerungsmöglichkeit auf höchstens drei Jahre ein legitimes Ziel verfolgt und die Mittel zur Erreichung dieses Ziels angemessen und erforderlich sind. Zu den anerkannten legitimen Zielen zählen die Förderung von Einstellungen jüngerer Personen, die Zusammenarbeit von Beschäftigten verschiedener Generationen, eine ausgewogene Altersstruktur und die Optimierung der Personalplanung.[156] Neben diesen beschäftigungspolitischen und demografischen Erwägungen können auch Haushaltserwägungen berücksichtigt werden, sofern dabei das allgemeine Verbot der Diskriminierung wegen des Alters beachtet wird.[157]

Es lässt sich nicht bestreiten, dass die Beschränkung der Verlängerungsmög- 57
lichkeit auf höchstens drei Jahre die genannten legitimen Ziele verfolgt.[158] Dies gilt *prima facie* auch für der Berufsgruppe der beamteten Professoren. Unter Berücksichtigung der Besonderheiten des Wissenschaftsbetriebs lässt sich allerdings eine moderate Verlängerung der freiwilligen zeitlichen Weiterbeschäftigungsspanne von Hochschullehrern ebenfalls vertreten. Die Ausgestaltung im Einzelnen steht im Beurteilungsspielraum des nationalen Gesetzgebers, der dabei freilich die vom EuGH entwickelten Anforderungen an die Verhältnismäßigkeit und die Kohärenz der Maßnahmen zu beachten hat. Dazu zählen sowohl die Interessen der ruhestandsfähigen Hochschullehrer an einer freiwilligen Dienstzeitverlängerung als auch die Belange der „Nachwuchswissenschaftler im Wartestand“, die gleichermaßen vom neutral gefassten Verbot der Altersdiskriminierung nach Art. 21 GRC und von der Berufsfreiheit gem. Art. 15 Abs. 1 GRC geschützt sind.[159] Diese Belange sind – auch unter Einbeziehung von Gemeinwohlinteressen – angemessen auszutarieren und in eine praktische Konkordanz zu bringen. Nicht maßgeblich ist in diesem Zusammenhang indes die Vergleichbarkeit der beamtenrechtlichen Regelungen des Bundes und der Länder mit den entsprechenden Regelungen anderer Staaten, die nicht der EU angehören. Sowohl der Gleichheitssatz des Art. 3 Abs. 1 GG als auch das Verbot der Nichtdiskriminierung nach Art. 21 Abs. 1 GRC richten sich nur an denselben Normgeber.[160]

---

[155] EuGH, Urt. v. 21.7.2011 – C-159/10 u. a., EU:C:2011:508, Rn. 58 f. – Fuchs und Köhler; EuGH, Urt. v. 18.11.2010 – C-250/09 u. a., EU:C:2010:699, Rn. 57 – Georgiev.

[156] EuGH, Urt. v. 21.7.2011 – C-159/10 u. a., EU:C:2011:508, Rn. 47 f. – Fuchs und Köhler.

[157] Vgl. EuGH, Urt. v. 21.7.2011 – C-159/10 u. a., EU:C:2011:508, Rn. 73 f. – Fuchs und Köhler. Ähnlich auch EuGH, Urt. v. 11.11.2014 – C-530/13, EU:C:2014:2359, Rn. 40 f. – Schmitzer; EuGH, Urt. v. 8.5.2019 – C-396/17, EU:C:2019:375, Rn. 42 f. – Leitner.

[158] So auch VGH München, Beschl. v. 9.8.2010 – 3 CE 10.928, BeckRS 2010, 31569, Rn. 31; VGH München, Beschl. v. 9.8.2010 – 3 CE 10.927, BeckRS 2011, 45860, Rn. 42 ff. – Neuausrichtung medizinische Fakultät; VGH München, Beschl. v. 6.12.2021 – 3 ZB 20.1902, BeckRS 2021, 41349, Rn. 19.

[159] Dies übersieht *Poguntke*, DÖV 2011, 561, 564.

[160] Zutreffend VGH München, Beschl. v. 6.12.2021 – 3 ZB 20.1902, BeckRS 2021, 41349, Rn. 20.

bb) Dienstliche Belange und individuelles Hinausschiebeinteresse

58 Zweifelhaft ist jedoch die Unionsrechtskonformität der beamtenrechtlichen Regelungen, soweit es um die Abwägung zwischen den geforderten dienstlichen Interessen einerseits mit dem individuellem Hinausschiebeinteresse des betroffenen Professors andererseits geht. Zwar stellt die Entscheidung der Hochschulleitung, den Zuschnitt eines Lehrstuhls oder den Lehr- und Forschungsbetrieb eines Instituts strategisch neu auszurichten und zeitlich mit dem Eintritt des Lehrstuhlinhabers in den Ruhestand zu verbinden, einen anerkannten sachlichen Grund dar, um das dienstliche Interesse an einer Weiterbeschäftigung abzulehnen.[161] Dies gilt auch, wenn die Hochschulleitung mit Blick auf ihr Globalbudget neue Schwerpunkte setzen und daher von einer Nachbesetzung der Professur absehen möchte[162] oder wenn die Wiederbesetzung der Professorenstelle schon seit längerem geplant ist und die Professur einen moderneren Zuschnitt mit Blick auf Digitalisierung und Internationalisierung (z.B. durch Umstellung auf englischsprachige Vorlesungen) erhalten soll.[163]

59 Es stellt sich aber die Frage, ob diese dienstlichen Belange stets geeignet sind, den individuellen Interessen an der Fortsetzung des aktiven Beamtenverhältnisses als Hochschullehrer automatisch vorzugehen.[164] Anders als dies in Judikatur und Schrifttum bislang hervorgehoben wird,[165] stellt jedenfalls das Interesse der Fakultät an der Weiterbeschäftigung eines eingearbeiteten Stelleninhabers, um den Verlust von Erfahrungswissen hinauszuschieben, kein zu vernachlässigender Abwägungsgesichtspunkt dar. Auch das Renommee eines Professors, seine besonderen Leistungen und Unterrichtserfolge in der Vergangenheit können durchaus geeignet sein, ein dienstliches Interesse an seiner freiwilligen Längerbeschäftigung zu begründen.[166] Hinzu kommt, dass nach der Rechtsprechung des EuGH in den Rechtssachen *Age Concern England* sowie *Fuchs und Köhler* die Darlegungs- und Beweislast hinsichtlich des Vorliegens oder Nichtvorliegens der Voraussetzungen für eine Dienstverlängerung beim Dienstherrn

---

161 Vgl. OVG Münster, Beschl. v. 26.7.2005 – 6 B 1172/05, BeckRS 2005, 28750, Rn. 9 – Neuausrichtung medizinische Fakultät; OVG Koblenz, Urt. v. 25.2.2011 – 2 A 11201/10, NJOZ 2012, 791, 793 = BeckRS 2011, 48522 – Ingenieurprofessor und beabsichtigte Umstrukturierung.

162 Vgl. VG Frankfurt a. M., Beschl. v. 28.5.2015 – 9 L 930/15, BeckRS 2015, 48282, Rn. 10.

163 Vgl. VG Bayreuth, Urt. v. 26.7.2022 – B 5 K 21.1273, BeckRS 2022, 43476, Rn. 45 f.

164 So aber VG Karlsruhe, Beschl. v. 23.9.2020 – 11 K 3767/20, BeckRS 2020, 31129, Rn. 29 – Musikprofessor; VG Augsburg, Urt. v. 17.12.2020 – 2 K 20.1433, BeckRS 2020, 48789, Rn. 23 – Lehrstuhlneuausrichtung (Buhl). Ähnlich wie hier *Burkardt*, Höchstaltersgrenzen im Beamtenrecht, 2016, S. 277.

165 Etwa von VG Augsburg, Urt. v. 17.12.2020 – 2 K 20.1433, BeckRS 2020, 48789, Rn. 21 – Lehrstuhlneuausrichtung (Buhl), und von *Baßlsperger*, BayVBl 2015, 729, 732 ff.

166 A.A. OVG Greifswald, Beschl. v. 19.8.2008 – 2 M 91/08, NVwZ-RR 2009, 23, 24 = NordÖR 2008, 499, 501 – Förderung des wissenschaftlichen Nachwuchses als dienstliches Interesse; VG Frankfurt a. M., Beschl. v. 28.5.2015 – 9 L 930/15, BeckRS 2015, 48282, Rn. 9.

und nicht beim Beamten liegt.[167] Vor diesem Hintergrund sind insoweit lediglich die Normierungen in Niedersachsen, Schleswig-Holstein und Thüringen,[168] wonach im Ergebnis der Dienstherr das Vorliegen dienstlicher Interessen darlegen und beweisen muss, unionsrechtlich unbedenklich.[169] Im Gegenzug bestehen Zweifel, ob diejenigen Beamtengesetze, die verlangen, dass das dienstliche Interesse an einer Weiterbeschäftigung positiv festgestellt werden muss,[170] mit den unionsrechtlichen Vorgaben vereinbar sind. Um ihrer Unionsrechtswidrigkeit vorzubeugen, sind diese landesrechtlichen Regelungen primärrechtskonform, also in Umkehrung der Beweislast, zu interpretieren.[171] Sollte dies in Einzelfällen aufgrund des *contra legem*-Verbots nicht möglich sein, ergibt sich ein Anspruch auf Beweislastumkehr unmittelbar aus dem subjektiven Recht aus Art. 21 Abs. 1 GRC.[172]

Desgleichen sind die höchstpersönlichen Interessen des beamteten Hochschullehrers an der Aufrechterhaltung der eigenen wissenschaftlichen Reputation und der Fortführung von Lehre und Forschung auf der Grundlage bestehender personeller und sachlicher Ressourcen einer ordentlichen Professur nicht von vornherein als unbeachtlich zu werten,[173] sondern müssen in die Gesamtabwägung einfließen. Jedenfalls ist fragwürdig, ob die geltenden beamtenrechtlichen Dienstverlängerungsklauseln in Ansehung des grundrechtlich fundierten Verbots der Altersdiskriminierung in Art. 21 Abs. 1 GRC weiterhin so verstanden werden dürfen, dass sie die involvierten Individualbelange nahezu umstandslos beiseiteschieben. Für deren Einbeziehung streiten auch die Wissenschaftsfreiheit des Art. 5 Abs. 3 GG und die Berufsfreiheit nach Art. 15 Abs. 1 GRC.[174] Zwar ist richtig, dass die Hochschule den in den Ruhestand getretenen Professoren die weitere Nutzung von Laboren und Gerätschaften zur Fortführung laufender Forschungsvorhaben gestatten kann, soweit hierbei keine übermäßigen Kosten entstehen.[175] Zutreffend ist ferner, dass aufgrund der 60

---

[167] Vgl. die Nachw. in Fn. 58 bis Fn. 60. Ferner s. VG Freiburg, Urt. v. 10.7.2012 – 5 K 751/12, BWGZ 2012, 834 = Juris – Sonderschuldirektor; ähnlich *Roetteken*, in: von Roetteken/Rothländer, Beamtenstatusgesetz, 34. EL. März 2023, § 25 Rn. 51 ff.

[168] Vgl. die Nachw. in Fn. 108.

[169] Ähnlich *Möllers* (in diesem Band), § 7 Rn. 6 f.

[170] Vgl. die Nachw. in Fn. 107.

[171] Zur unionsrechtskonformen Auslegung vgl. *Möllers*, Juristische Methodenlehre, 5. Aufl. 2023, § 12 Rn. 21–23.

[172] Zur unmittelbaren Anwendbarkeit von Art. 21 Abs. 1 GRC in vergleichbaren Fallkonstellationen s. EuGH, Urt. v. 19.4.2016 – C-441/14, EU:C:2016:278, Rn. 29 ff. – Dansk Industri.

[173] A. A. OVG Münster, Beschl. v. 26.7.2005 – 6 B 1172/05, BeckRS 2005, 28750, Rn. 11 – Neuausrichtung medizinische Fakultät; VG Bayreuth, Urt. v. 26.7.2022 – B 5 K 21.1273, BeckRS 2022, 43476, Rn. 38.

[174] Ähnlich *Schäfer*, ZBR 2009, 301, 304; ihm folgend *Poguntke*, DÖV 2011, 561, 565. A. A. OVG Münster, Beschl. v. 26.7.2005 – 6 B 1172/05, BeckRS 2005, 28750, Rn. 10 – Neuausrichtung medizinische Fakultät.

[175] Vgl. OVG Münster, Beschl. v. 26.7.2005 – 6 B 1172/05, BeckRS 2005, 28750, Rn. 10 – Neuausrichtung medizinische Fakultät.

mit der Lehrbefugnis verbundenen Rechte auch Hochschullehrer im Ruhestand zur Abhaltung von Lehrveranstaltungen, zur Beteiligung an Prüfungsverfahren und zur Betreuung der wissenschaftlichen Arbeiten von Doktoranden und Habilitanden berechtigt bleiben.[176] Dennoch macht es zur effektiven und effizienten Aufgabenerfüllung durchaus einen Unterschied, ob der Hochschullehrer insoweit noch auf die personelle und sachliche Professur- oder Lehrstuhlausstattung zurückgreifen kann oder nicht.

61 Ferner ist zu bedenken, dass zeitlich wie inhaltlich zu restriktiv angewandte Dienstverlängerungsmöglichkeiten für Wissenschaftler in ruhestandsfähigem Alter zu einer „Vertreibung" herausragender Wissenschaftler führen können. Es ist keine Seltenheit mehr, dass Professoren an deutschen Universitäten ihre Karriere nach Erreichen der Regelaltersgrenze an Universitäten anderer Staaten, insbesondere in den USA, fortsetzen.[177] Im Hinblick auf die weltweite Konkurrenz in der Wissenschaft erscheint es bedenklich, Professoren allein wegen Erreichen der Regelaltersgrenze an Spitzenuniversitäten im Ausland zu verlieren.[178]

62 Nicht zuletzt sind neuere Entwicklungen in der Demografie zu berücksichtigen. Durch den demografischen Wandel wird in Zukunft die Zahl junger qualifizierter Erwerbspersonen auch im Wissenschaftsbetrieb zurückgehen. Mit einer progressiveren Interpretation des dienstlichen Interesses und einer Stärkung der involvierten Individualbelange könnte einem bestehenden Fachkräftemangel entgegengewirkt werden. Damit würden auch die Versorgungslasten reduziert, die sich bis zum Jahr 2030 im Vergleich zu 1992 ungefähr verdoppeln werden.[179] Eine freiwillige Weiterbeschäftigung könnte daher zu nennenswerten haushaltsrechtlichen Einsparungen führen.[180] Deutschland wird sich aufgrund seiner im internationalen Vergleich besonders bedrohlichen demografischen Entwicklung und des damit einhergehenden Problems der Finanzierbarkeit des Renten- und Pensionssystems restriktive Regelungen für arbeitswillige Arbeitnehmer, die die Regelaltersgrenze erreicht haben, vermutlich immer weniger leisten können.[181] Dies gilt *mutatis mutandis* auch für das Beamten- und das Hochschulpersonalrecht.

---

[176] OVG Münster, Beschl. v. 26.7.2005 – 6 B 1172/05, BeckRS 2005, 28750, Rn. 11 – Neuausrichtung medizinische Fakultät; OVG Greifswald, Beschl. v. 19.8.2008 – 2 M 91/08, NVwZ-RR 2009, 23, 23 f. = NordÖR 2008, 499, 500 – Förderung des wissenschaftlichen Nachwuchses als dienstliches Interesse; VG Augsburg, Urt. v. 17.12.2020 – 2 K 20.1433, BeckRS 2020, 48789, Rn. 25 – Lehrstuhlneuausrichtung (Buhl).

[177] In den USA gibt es seit 1994 keine Regelaltersgrenze für Professoren mehr, vgl. eingehend *Hirsch* (in diesem Band), § 4 Rn. 1 ff.

[178] Zum Vorstehenden ebenso *Sieg/Barz*, NZA 2021, 901, 907.

[179] Vgl. zu diesen Erwägungen, die auch im Gesetzgebungsprozess zu Art. 63 BayBG zur Sprache kamen, im Einzelnen VG Bayreuth, Urt. v. 26.7.2022 – B 5 K 21.1273, BeckRS 2022, 43476, Rn. 26 f.

[180] VG Bayreuth, Urt. v. 26.7.2022 – B 5 K 21.1273, BeckRS 2022, 43476, Rn. 26 f.

[181] *Sieg/Barz*, NZA 2021, 901, 910. Ausführlich *Krause* (in diesem Band), § 6 Rn. 1 ff.

III. Fazit

Im Ergebnis sind die bundes- und landesrechtlichen Regelungen zur Regelaltersgrenze bei Hochschullehrern als unionsrechtskonform zu werten. Bestehende föderale Unterschiede in der Festlegung der Altersgrenze sind mit Blick auf das unionsrechtliche Verbot der Altersdiskriminierung nach Art. 21 Abs. 1 GRC unbedenklich. Innerhalb des jeweiligen Verfassungsraumes müssen die Regelungen aber in sich widerspruchsfrei ausgestaltet sein. Sie dürfen sich daher nicht allein auf beamtete Hochschullehrer erstrecken, sondern müssen gleichermaßen für das sonstige wissenschaftliche Lehrpersonal an Universitäten gelten. Ferner sind auch private Universitäten mittelbar an das Verbot der Altersdiskriminierung gebunden. 63

Ein anderer Befund ergibt sich im Hinblick auf die beamtenrechtlichen Regelungen zur freiwilligen Längerbeschäftigung von Hochschullehrern, die die Ruhestandsaltersgrenze erreicht haben. Soweit sie die individuellen Belange der an einer Weiterbeschäftigung interessierten Hochschullehrer nicht oder nicht angemessen berücksichtigen und den dienstlichen Interessen den uneingeschränkten Vorrang einräumen, verletzen sie das grundrechtlich fundierte Verbot der Altersdiskriminierung nach Art. 21 Abs. 1 GRC. Dies gilt besonders dann, wenn die Verteilung der Darlegungs- und Beweislast bezüglich der Voraussetzungen einer Weiterbeschäftigung zulasten des Hochschullehrers geht, der eine Dienstzeitverlängerung wünscht. Um ihrer Unionsrechtswidrigkeit vorzubeugen, sind diese landesrechtlichen Regelungen schon jetzt primärrechtskonform, also in Umkehrung der Beweislast, zu interpretieren. Sollte dies in Einzelfällen aufgrund des *contra legem*-Verbots nicht möglich sein, folgt ein Anspruch auf Beweislastumkehr unmittelbar aus dem subjektiven Recht aus Art. 21 Abs. 1 GRC. Um das Hochschulpersonalrecht *de lege ferenda* auch im Wortlaut unionsrechtskonform auszugestalten, müssen darüber hinaus neben den bedeutsamen dienstlichen Belangen und Gemeinwohlinteressen auch die in Art. 21 Abs. 1 und Art. 15 Abs. 1 GRC garantierten und nicht weniger gewichtigen Grundrechte sowohl der älteren als auch der jüngeren Wissenschaftler explizit genannt und in der Anwendung in einen angemessenen und kohärenten Ausgleich gebracht werden.[182] Der allgemeine Grundsatz der Widerspruchsfreiheit ist dabei ebenfalls zu wahren; föderale Unterschiede sind allerdings unionsrechtlich hinnehmbar. 64

---

[182] Auch *Möllers* (in diesem Band), § 7 Rn. 33 ff. und 60 f. fordert dazu auf, alle sachlich relevanten Gesichtspunkte auszutarieren.

§ 4 Age Discrimination and Faculty Retirement: The Situation in the United States[1]

Jeffrey M. Hirsch

I. Introduction

Increasing life expectancy. An aging population. A job that most are able, and many want, to continue doing well into their old age, despite concerns that newer employees will be shut out. This is the issue that Germany is currently examining with regard to mandatory retirement of university faculty. It is also the exact issue that the United States grappled with after the passage of its federal age discrimination law, the Age Discrimination in Employment Act (ADEA).[2] 1

Following years of exceptions for faculty that allowed universities to impose mandatory retirement rules and following much debate, the United States "uncapped" retirement for faculty in 1994. The United States is a very large country with decentralized governance and a hybrid system of public and private universities. It also has a much different approach than Germany to job security more generally, as well as state funding of education and retirement benefits. Therefore, comparisons between the two countries are imperfect. However, the United States' experience in prohibiting mandatory faculty retirement is instructive as Germany contemplates doing the same. 2

This paper will begin by exploring basic job security rules in the United States, which stand in sharp contrast to the security provided by faculty tenure. It will then trace the history of American age discrimination law as it applies to retirement of faculty members. Next, the paper will examine what happened in the United States after faculty retirement was uncapped, followed by lessons that this experience might hold for Germany should it follow the same path. 3

II. What Does Tenure Mean in the United States?

Understanding the United States' approach to mandatory faculty retirement first requires an explanation of the role of tenure in American universities. Although a growing portion of college instructors are not tenured or on the ten- 4

[1] Eine Einleitung in deutscher Sprache sowie eine Übersetzung der Thesen findet sich in Rn. 61 ff.

[2] 29 U.S.C. §§ 621 ff.

ure-track, tenure remains the hallmark of traditional faculty positions. The job security provided by tenure, while not absolute, puts faculty in a unique position relative to other workers in the United States, especially those in the private sector.

5 The default employment relationship in the U.S. is "at-will", under which the employer or employee can terminate the relationship for any reason, or no reason at all.[3] The at-will rule emerged in the late 1800s and quickly spread, becoming the default employment doctrine in virtually every state by the 1930s.[4] Data is hard to come by, but a substantial number of United States employees work under an at-will relationship and many terminations each year likely lack any just cause.[5] This makes the United States very much an outlier, as most other countries in the world provide some form of basic just cause protection for most workers.[6]

6 Although the default is at-will, some exceptions exist such as under most union contracts,[7] public-sector just cause laws, and legal protections against terminations that are based on discrimination or violate public policy. One further exception to at-will has both contractual and broader policy elements: tenured faculty members. Although some politically conservative states have recently stopped offering tenure to new faculty members and many universities around the country have relied more on untenured adjunct teachers, tenure remains the norm in higher education in the United States.

7 Tenure can differ depending on the state or specific university; however, tenure typically provides some form of just cause protection for faculty members. As a result, tenured faculty will usually be subject to termination only because of serious misconduct, substantial performance problems, or financial problems at the university that, for instance, requires closing down a department. This is very similar to the job security possessed by civil servant professors in Germany.[8] Tenure also usually comes with procedural rights that, unlike in the at-will

---

[3] Payne v. W. & Atl. R.R., 81 Tenn. 507, 519–20 (1884), overruled on other grounds by Hutton v. Watters, 179 S.W. 134, 138 (Tenn. 1915); *Befort*, 43 Boston College L. Rev. 351, 356 (2002); Restatement (Third) of Employment Law § 2.01.

[4] See *Bales*, 75 Tennessee L. Rev. 453, 455 (2008); *Morriss*, 59 Missouri L. Rev. 679, 700 (1994).

[5] *Stieber*, 36 Labor L.J. 557, 558 (1985) (estimating from labor arbitrations that 60 million U.S. employees are working under at-will and 7.5 % of discharges each year are without just cause). But see *Morriss*, 74 Texas L. Rev. 1901, 1908–14 (1996) (criticizing Stieber study). Despite these numbers, the risk for an individual employee to face dismissal without cause remains low. See *Freed/Polsby*, 38 Emory L.J. 1097, 1106 (1989) (estimating annual probability of being dismissed in a manner that would violate just-cause protection under a collective-bargaining agreement was 0.0154 %).

[6] See *Estreicher/Hirsch*, 92 North Carolina L. Rev. 343 (2014).

[7] *Bureau of National Affairs*, Basic Patterns in Union Contracts (14th ed. 1995) (stating that 92 % of union collective-bargaining agreements have just cause protection).

[8] University of Tübingen, Professorship as a Civil Service in Germany, available at https://

relationship, permit internal challenges to proposed terminations. This is intended to ensure that faculty will not be terminated for expressing unpopular views or engaging in controversial research.[9] And, because the history of tenure is firmly entrenched in academia, it is viewed as making the ability to terminate a tenured faculty member very difficult.

Because tenure provides job security that far exceeds what most American workers possess, it qualifies as a significant perk of employment and a positive status symbol. The positive attributes of tenure, in addition to the protections it provides against involuntary terminations or retirements, also means that universities have limited means to move out older faculty members. As discussed below, prior to changes in the ADEA, universities could, and typically did, impose mandatory retirement rules. But after this option was prohibited by amendments to the ADEA, universities must now turn to voluntary retirement incentives, which can increase costs. 8

III. History of Faculty Mandatory Retirement Law in the United States

1. The ADEA's Changing Approach to Faculty Mandatory Retirement Rules

The United States' landmark federal employment anti-discrimination statute was enacted in 1964 as Title VII of the Civil Rights Act.[10] Title VII prohibits employment discrimination based on race, color, sex, national origin, and religion.[11] During legislative deliberations over the Civil Rights Act, age discrimination was considered for inclusion but ultimately left out because of differences between age and other forms of discrimination – primarily that age discrimination is not usually based on animosity against older workers. Despite the exclusion of age from Title VII, Congress still recognized age discrimination in employment as a problem and ordered the federal Department of Labor to study whether further legislation was warranted. The result was the so-called Wirtz Report (named after the Secretary of Labor at the time), which determined that stereotyping and prejudice against older workers, in addition to the financial incentives to terminate more highly compensated older workers, justified a legislative response. Congress followed through with the study's recommendation by enacting the ADEA in 1967. 9

---

uni-tuebingen.de/en/research/support/applicants-to-professorships/professorship-as-a-civil-servant-in-germany/ (last accessed on 1.7.2023).

[9] See also *Hirsch*, 68 Maryland L. Rev. 89 (2008) (discussing rationales for and against at-will).

[10] 42 U.S.C. §§ 2000e ff.

[11] 42 U.S.C. § 2000e–2.

10 The ADEA covers only employees who are at least 40 years old and prohibits both disparate treatment and disparate impact forms of discrimination.[12] For most covered workers, the ADEA prohibits mandatory retirement schemes, as they directly violate the ADEA's prohibition against adverse actions, like termination, based on an employee's age. However, certain types of workers have been treated differently under the ADEA when it comes to mandatory retirement rules. For instance, even today, public-sector firefighters and law enforcement employees can be lawfully subject to certain types of mandatory retirement schemes.[13]

11 The other major category of workers that has faced special treatment under the ADEA's mandatory retirement provisions are tenured university professors. Faculty members were excluded from the mandatory retirement ban under the original ADEA – permitting universities[14] to require retirement by age 65 – but that exclusion was dropped at the end of 1993. The changing treatment of tenured professors provides a unique example of how the justifications and costs of age discrimination laws play out in policy debates.

12 The original 1967 ADEA only prohibited age discrimination against covered employees until they reached 65 years old, thereby allowing for mandatory retirement after that point. The maximum age was raised to 70 years old in 1978 – a significant change for higher education, where 65 was the most common age for faculty retirement.[15] In 1986, the upper age limit was eliminated entirely. However, based on significant lobbying from higher education and other groups,[16] Congress carved out exceptions for firefighters, law enforcement officers and tenured faculty, permitting mandatory retirement of those employees who were 70 years old or older.[17]

13 The 1986 amendment's treatment of tenured faculty revealed the complicating factors involved with those employees. Although the upper age limit was removed for employees generally, based in part because of heavy lobbying from universities[18] Congress included a seven-year exemption for tenured faculty and

---

[12] 29 U.S.C. § 631. "Disparate treatment" covers intentional discrimination, while "disparate impact" prohibits certain types of unintentionally discriminatory effects of facially neutral employment practices.

[13] 29 U.S.C. § 623(j).

[14] For the sake of simplicity, this paper will use the term "university" to cover all types of post-secondary education institutions, such as colleges and universities, that employ tenured faculty.

[15] *National Academies of Sciences, Engineering, and Medicine* (NAS), Ending Mandatory Retirement for Tenured Faculty: The Consequences for Higher Education, p. 12 (The National Academies Press 1991), available at https://nap.nationalacademies.org/read/1795/chapter/1 (last accessed on 1.7.2023) (noting that two-thirds tenured faculty at the time worked at universities or colleges with mandatory retirement requirements below 70 years old).

[16] NAS (fn. 15), p. 10f.

[17] ADEA, Sec. 12(d).

[18] *Ashenfelter/Card*, 92 Am. Econ. Rev. 957, 959 (2002); NAS (fn. 15), p. 12. Higher educa-

required research on the potential impact of uncapping those employees and thereby prohibiting mandatory retirement. The debate at the time was similar to that of Germany today. Proponents of uncapping argued that it would permit universities to retain valuable older professors and enhance diversity of ages among faculty members. On the other hand, opponents of uncapping predicted significant costs such as the suppression of newer ideas and negative impacts on diversity. Some also supported the faculty exception by arguing that university tenure put faculty in a fundamentally different position than most American workers, who were at-will employees.[19] Studies at the time, however, predicted few impacts either way.

2. National Academy of Sciences Study on Likely Consequences of Faculty Retirement Uncapping

a) The Predicted Effects of Uncapping

In the 1986 extension legislation, Congress tasked the federal Equal Employment Opportunity Commission (EEOC) to study "the potential consequences of the elimination of mandatory retirement in institutions of higher education."[20] The EEOC in turn asked the National Academy of Sciences (NAS) "to establish whether the special circumstances of tenured faculty in higher education justify a continued exception to the national policy prohibiting age discrimination in employment."[21] The result was the most comprehensive examination of the issue prior to the exemption being eliminated. 14

The NAS report ultimately concluded that prohibiting mandatory retirement for faculty was the better option.[22] It predicted limited negative impacts of the change[23] and suggested ways to mitigate the impacts that did occur. NAS also stressed the potential benefits of eliminating mandatory retirement, such as supporting the policies of the ADEA by allowing faculty the freedom to determine when they stop working. 15

The NAS predicted that impact of eliminating mandatory retirement for faculty would be small and made recommendations for ways that universities 16

---

tion groups were not all of the same mind, however, as groups were on different sides of the issue. NAS (fn. 15), p. 12.

[19] NAS (fn. 15), p. 12 (noting also a fear that uncapping could lead to more university attempts to dismiss faculty for cause).

[20] ADEA, Sec. 12(c) 1986 amendments.

[21] NAS (fn. 15), p. 7f.

[22] NAS (fn. 15), p. 5.

[23] NAS (fn. 15), p. 46f. (estimating, based on modeling that the costs of uncapping would be low, and universities had ways to address potential impacts: "Administrators and faculty can best assess the potential impact of uncapping at their own colleges and universities by studying their faculty age distributions, retirement patterns, and hiring needs in order to estimate the potential effect of uncapping.").

could mitigate the effects that did occur.[24] There were several factors in the NAS's conclusion. For instance, data at the time suggested that very few university professors would continue working past 70 years old if they were allowed to; indeed, at the small set of universities that did not have mandatory retirement only between 0.4 % and 1.6 % of faculty worked past 70,[25] and the average retirement age was between 61–63 years old.[26] Moreover, in 1989, surveys estimated that only 4 % of faculty overall were over 65 years old and 0.5 % were 70 or over.[27] One study at the time also found that uncapped schools had an average retirement age that was one year lower that capped universities, suggesting that a mandatory retirement requirement was not a meaningful difference in faculty's choice to retire.[28]

17 The NAS predicted a significant exception, however, as a much higher proportion of faculty at major research universities (40 %) worked until they were 70 years old.[29] The impact on these research universities would involve, the NAS predicted, "increased costs and limited flexibility to respond to changing needs and to provide support for new fields by hiring new faculty."[30] The NAS estimated the increase in faculty salary budgets at universities, where a large proportion of faculty did not retire before 70 years old, as 1 %–2 % over the first five years after uncapping, and another 1 %–2 % in the ten years after that.[31] However, the NAS emphasized that there was no evidence suggesting that older faculty suffered from significant declines in performance or that having more older faculty members negatively impacted institutional quality.[32]

18 Retirement patterns following the 1978 change in the cap from 65 to 70 years old, which was to be implemented by 1982, also suggests limited impact of uncapping. The average retirement age at universities that raised the mandatory retirement age to 65 in 1982 was 63.8 years, as compared to 64.3 years at universities with a 70 year cap.[33] Other schools saw their average retirement age rise by less than 1.5 years after the 1982 change.[34] That said, there was variability among schools, with some reporting up to a third of faculty retiring past 70 years old.[35]

[24] Including providing office space and other means to maintain connections with the university. NAS (fn. 15), p. 87 f.

[25] NAS (fn. 15), p. 27 f.

[26] NAS (fn. 15), p. 27 f.

[27] NAS (fn. 15), p. 24 f.

[28] *Rees/Smith*, Faculty Retirement in the Arts and Sciences, 1991.

[29] NAS (fn. 15), p. 2 (noting that "[e]vidence suggests that faculty who are research oriented, enjoy inspiring students, have light teaching loads, and are covered by pension plans that reward later retirement are more likely to work past age 70").

[30] NAS (fn. 15), p. 2.

[31] NAS (fn. 15), p. 105.

[32] NAS (fn. 15), p. 2.

[33] NAS (fn. 15), p. 29 (citing *Lozier/Dooris*, Is Higher Education Confronting Faculty Shortages?, 1988).

[34] NAS (fn. 15), p. 29 (increasing from 64.6 to 66 years).

[35] NAS (fn. 15), p. 36.

The NAS did not find any likely negative impacts on faculty productivity or institutional quality. Although the ADEA was enacted in part to recognize and combat negative stereotypes about declining performance due to age, the qualities needed for faculty performance has no obvious ties to older age.[36] Measures of faculty performance, such as teaching evaluations, showed no decrease for older faculty members.[37] Studies of research productivity also found little, if any, correlation to age.[38] 19

b) Mitigating the Impacts of Uncapping

The NAS made several recommendations for addressing the negative impacts that might occur as the result of prohibiting mandatory retirement of faculty. For instance, the NAS noted that voluntary retirement incentive programs are an effective means to ensure turnover among faculty.[39] These programs typically offer faculty additional compensation in exchange for retiring or entering a phased retirement plan.[40] NAS also stressed the importance of quality pension plans and retirement health insurance that would allow faculty to retire without suffering an overly significant reduction in income.[41] 20

Retirement incentive programs are a core feature of the United States response to faculty retirements. Because the ADEA prevents most forced retirements of faculty, universities must try to incentivize faculty to retire. Moreover, surveys have shown that retirement programs are the only type of system preferred by faculty who were not planning on retiring soon.[42] For universities that face temporary or emergent conditions that increasing retirements would help, incentive programs provide a relatively easy way of increasing retirements in a given time period. These programs typically involve a payment or part-time employment with a pension over a certain period of time in exchange for the faculty member agreeing to retire.[43] Some schools also permitted a "trial retirement," where faculty members are permitted to return after retirement or are given generous leave-of-absence options.[44] 21

---

36 NAS (fn. 15), p. 50 f. (noting studies finding that changes in mental abilities over time did not show an overall decrease in performance, in part because experience may compensate for the limited decline in mental declining abilities in other areas).

37 NAS (fn. 15), p. 53 f.

38 NAS (fn. 15), p. 55.

39 NAS (fn. 15), p. 3.

40 NAS (fn. 15), p. 3.

41 NAS (fn. 15), p. 4.

42 NAS (fn. 15), p. 95 (citing *Carlson*, Mandatory Retirement and the Tenure Contract: A Study of Faculty Retirement Behavior (Paper prepared for the Project on Faculty Retirement, Industrial Relations Section, Princeton University 1990); *Patton*, Academia in Transition: Mid-Career Change or Early Retirement, 1979).

43 NAS (fn. 15), p. 91 f.

44 NAS (fn. 15), p. 93.

22 A 1985 study found that 25 %–30 % of universities had offered some type of retirement incentive program.[45] These programs usually require a minimum numbers of years of service, a minimum age for eligibility and a specific retirement date in exchange for a set of benefits.[46] Schools must be careful, however, to construct their programs in a way that encourages retirements in areas it needs.[47] Moreover, such plans can be expensive, especially when they are broad-based rather than targeted to specific needs.[48]

23 Another important factor in retirement decisions, one that implicates significant differences between the United States and European countries, are pensions and other retirement compensation. Although the United States has a social security plan that provides retirement funds for most employees, the level of benefits is relatively low compared to what most tenured faculty earn.[49] However, in 1989, universities provided a wide range of pension benefits; for instance, public universities with defined benefit plans that capped retirement income provided between 65 %–100 % of preretirement income.[50] But some universities had plans that allowed for pensions that exceeded preretirement income.[51] On the other hand, many faculty, particularly those who had several short stints at different institutions with defined benefit plans, may find their retirement compensation to be insufficient.[52]

24 Retirement health care benefits are another important factor in retirement decisions. Eligibility for Medicare, which provides government-funded health insurance benefits, begins at 65 years old. However, Medicare coverage is limited and most retirees obtain additional health care benefits. Estimates at one university in 1989 found that eliminating mandatory retirement would increase health care plan costs by 2.5 %.[53]

25 The NAS' approval of uncapping stressed the need for universities to plan for unwanted consequences, with the most important being the variety of incentives that might make retirement more attractive to faculty. That said, when universities decide to provide incentives to retire, they must be careful to con-

---

45 NAS (fn. 15), p. 92 (citing *Watkins*, The Chronicle of Higher Education, July 10, 1985).

46 NAS (fn. 15), p. 92 (noting that, in addition to health care, "[c]ommon additional benefits offered include disability benefits, medical plan membership, tuition benefits for the retiree and his or her dependents, free admission to campus activities, a one-time lump sum payment in addition to severance pay, and preretirement planning assistance.").

47 NAS (fn. 15), p. 96 f.

48 *Smith,* in: Clark/Hammond, To retire or Not? Retirement Policy and Practice in Higher Education, 2001, p. 144 f.

49 The NAS, for instance, recommended total retirement income equivalent to 67 %, but no more than 100 %, of preretirement income. NAS (fn. 15) p. 69.

50 NAS (fn. 15), p. 74.

51 NAS (fn. 15), p. 74.

52 NAS (fn. 15), p. 75.

53 NAS (fn. 15), p. 83 f.

struct the plans in ways that do not reduce the incentive of some faculty to retire or act as a barrier for faculty who they want to retire.

IV. The Impact of Uncapping Faculty Retirement

Ultimately, Congress did not intervene to extend the seven-year extension of the faculty mandatory retirement exemption, which disappeared on January 1, 1994. The NAS study predicted limited impacts of this change. Evidence since 1994 has been mixed, with most studies finding a modest increase – not significant, but more than predicted by NAS – in faculty working past 70 since uncapping. 26

Simple demographics since 1994 has shown an aging of American faculty. According to United Stated Department of Education data, in 1992, the average age of faculty was 47.9 years old[54] and in 2003 – the last year the Department collected this data – the average age rose to 49.6 years old.[55] Moreover, in 1992, 0.8 % of faculty were 71 years old or older,[56] and in 2003, 4 % of faculty were 71 years old or older.[57] One report showed that the proportion of faculty aged 60 and older at several diverse schools increased from a range of 5 %–16 % in 1990, to 6 %–21 % in 2000, and 17 %–35 % in 2011.[58] But how much of this change is attributable to uncapping, rather than other demographic changes that saw a general aging of faculty and other workers? 27

1. Case Studies of the Impacts of Uncapping

There are not many studies examining the extent to which changes in faculty can be attributed to uncapping. Most studies focused on a single school and found that uncapping resulted in faculty retiring at a later age as a general mat- 28

54 *Kirshstein et al.*, Instructional Faculty and Instructors at Postsecondary Institutions: Fall 1987 and Fall 1992, NCES 1997-470, years 1992–1993 Faculty Survey (table 2.10), available at https://nces.ed.gov/pubs97/97470.pdf (last accessed on 1.7.2023) (showing an increase from 1987, in which the average age 48.9 years and 0.3 % of faculty were 71 or older).

55 *N.N.*, 2004 National Study of Postsecondary Faculty (NSOPF:04), NCES 2006-176, Faculty and Instructors at Postsecondary Institutions, years 2003–04 Faculty Survey (table 3), available at https://nces.ed.gov/pubs2006/2006176.pdf (last accessed on 1.7.2023).

56 NCES 1997-470 (fn. 54), table 2.10 (showing an increase from 1987, in which the average age was 48.9 years and 0.3 % of faculty were 71 or older).

57 NCES 2006-176 (fn. 55), table 3.

58 *June*, The Chronicle of Higher Education, Mar. 18, 2012 (showing data from Allegheny College (5 % in 1990, 6 % in 2000, 17 % in 2011); Cornell University (16 %, 21 %, 35 %); Duke University (14 %, 15 %, 27 %); George Mason University (10 %, 16 %, 27 %); Middlebury College (6 %, 11 %, 18 %); University of Georgia (10 %, 11 %, 21 %); University of North Carolina (13 %, 14 %, 26 %); University of Texas (15 %, 21 %, 28 %); University of Wisconsin (14 %, 16 %, 21 %); University of Virginia (15 %, 15 %, 20 %); Vanderbilt University (13 %, 20 %, 26 %)).

ter, albeit with differences based on type of school and other characteristics.[59] Although there are limits to analogizing from case studies, experiences from individual universities or university systems may still be instructive.

29 The largest case study was conducted using the University of North Carolina system of schools, which includes 14 public institutions of varying size and purpose.[60] The study examined retirement rates at these institutions prior to 1994, when the system's mandatory retirement rule ended. Prior to 1994, 58 % of faculty members retired when they were 70 years old (the mandatory retirement rule allowed for exceptions in certain instances), but after 1994 that rate decreased to 24 %.[61] A similar decrease occurred for the percentage of faculty who retired when they were 71 years old (from 67 % prior to 1994 to 19 % after) and 72 years old (100 % prior to 1994 to 17 % after).[62] The study – looking at faculty who were within retirement age – also found a statistically significant showing that faculty who were covered by a defined benefit pension plan retired earlier than those with a defined contribution plan, probably because of the defined benefit plan's retirement incentives which kick in at typical retirement ages.[63] Faculty at the two large research universities in the system also had lower retirement rates than the other system schools, perhaps owing to lower teaching loads or other non-financial terms.[64]

30 Another study examined Cornell University, a unique "Ivy League" university that has a mix of private and publicly-funded colleges within the institution.[65] The study only had data up to 1999, which showed no appreciable difference in the average retirement age of faculty before and after uncapping in either the private or public colleges.[66] However, the study also showed that a number of faculty had begun working past 70 after uncapping, especially those in the private colleges.[67] Moreover, although the study did not attempt to run a statistical analysis on the impact of uncapping, the hiring of new tenure-track faculty exhibited interesting patterns. New faculty hiring fell over 60 % from a peak in

[59] See, e.g. *Weinberg/Scott*, 42 Educational Researcher 338 (2013) (finding no impact in professional schools studied, but impact on other schools).

[60] *Clark/Ghent*, 47 Industrial Relations 153, 157, 162 (2008).

[61] *Clark/Ghent* (fn. 60), p. 157.

[62] *Clark/Ghent* (fn. 60), p. 157 (finding a statistically significant correlation). The study did not find similar differences at other ages. *Clark/Ghent* (fn. 60), p. 156.

[63] *Clark/Ghent* (fn. 60), p. 157–159.

[64] *Clark/Ghent* (fn. 60), p. 159.

[65] *Ehrenberg et al.*, in: Clark/Hammond, To Retire or Not? Retirement Policy and Practice in Higher Education, 2001, p. 81.

[66] *Ehrenberg et al.* (fn. 65), p. 85, 93. The average retirement age for public-college faculty decreased a bit (from a mean of 65.9 in 1994 to 64.1 in 1997) and increased a bit for private-college faculty (from a mean of 65.7 in 1994 to 68.4 in 1997), but neither of the 1997 averages were outliers as other years saw higher or lower averages. As of 1999, those ages remained largely unchanged. *Ehrenberg et al.* (fn. 65), p. 93.

[67] *Ehrenberg et al.* (fn. 65), p. 85 f.

1988 to 1994.[68] But from 1994 – when uncapping occurred – to 1998, hiring of new faculty actually increased by over 60 %.[69] It is possible that some of these outcomes were the result of Cornell's preparations for uncapping, which included assisting faculty to manage their retirement funds; having academic units plan for faculty remaining longer, including equitable distribution of work and performance reviews; providing the option for faculty to phase into retirement, such as working a reduced amount for a couple of years before retirement; and enhancing the status of emeritus professors.[70]

31 Yet another study examined an unnamed "large private, highly selective research university located in a major metropolitan city in the northeast" from 1981 to 2009.[71] Like many other universities, the studied institution grew significantly over the time period under review, with 50 % more total faculty in 2009 than in 1981.[72] But those faculty appeared to be getting older during this time period, with their mean age rising from 46 to 52 years old and the mean age at retirement increasing from 63.3 to 70 years old.[73] Probably because of the overall growth in the size of the faculty, diversity in the faculty also increased significantly during this period.[74] Using a variety of statistical models, the study concluded that uncapping caused faculty to retire later, even though many parts of the university offered various financial incentives for faculty to retire.[75] The study found, however, that the impact of uncapping was not uniform, as higher-paid faculty and those with more autonomy tended to retire later, while faculty with more opportunities for post-retirement employment retired earlier.[76] Moreover, the study showed the impact of other measures on law school faculty retirement decisions, such as retirement incentives.[77] Defined benefit plans have been found to increase incentives for earlier retirement, while defined contribution plans – which have become the norm in U.S. colleges, especially private ones, leads to later retirements.[78]

[68] *Ehrenberg et al.* (fn. 65), p. 83 (1987–1988 had 108 new tenure-track faculty hires and 1993–1994 had 40).

[69] *Ehrenberg et al.* (fn. 65), p. 83 (1993–1994 had 40 new tenure-track faculty hires and 1997–1998 had 65).

[70] *Ehrenberg et al.* (fn. 65), p. 88 f.

[71] *Weinberg/Scott* (fn. 59).

[72] *Weinberg/Scott* (fn. 59), p. 341.

[73] *Weinberg/Scott* (fn. 59), p. 341.

[74] *Weinberg/Scott* (fn. 59), p. 341 (describing decrease in male faculty from 76.7 % in 1981 to 64.9 % in 2009, and increase in underrepresented racial and ethnic faculty from 6.6 % in 1981 to 17 % in 2009).

[75] *Weinberg/Scott* (fn. 59), p. 345. These incentives increased the university's budget, although the amount was undetermined. *Weinberg/Scott* (fn. 59), p. 340.

[76] *Weinberg/Scott* (fn. 59), p. 346.

[77] *Weinberg/Scott* (fn. 59), p. 346.

[78] See *Ho/Mbonu/McDonough*, 23 Am. L. & Econ. Rev. 100, 111–114 (2021) (describing impacts of pension plans and finding that law school faculty retire significantly later at private

32 Finally, a further study examined data at the elite, private university Massachusetts Institute of Technology (MIT).[79] The primary focus of the study was to estimate the impact of uncapping on the number of new faculty positions that become available.[80] It used a simulation model to estimate the effects of uncapping had MIT not implemented a substantial early retirement incentive program in 1996 that significantly decreased the number of faculty at the school.[81] Under the study's simulation, which the authors did not match up to actual data, the number of new hires would be expected to fall over a two decade period by about 20 %, reaching an equilibrium at that point.[82]

2. *Aggregate Studies of the Impacts of Uncapping*

33 In addition to case studies, a couple of studies examined a broad group of faculty, not tied to a specific university or group of institutions. For instance, one study focused on the period immediately after uncapping in 1994 found no impact on retirement for faculty under 70 years old, but significant reductions in retirement for faculty who were 70–71 years old.[83] In particular, the study found that the percentage of faculty who were 70 years old – which was less than 2 % of all faculty – and decided to retire within a year fell from 75 % in the pre-1994 period to under 30 % after uncapping.[84] This change meant that the proportion of faculty in the study who were 70 years old and still working two years later increased from less than 10 % prior to 1994 to about 40 % after.[85] In other words, in the mandatory retirement era, there was a sharp increase in retirements for faculty who were 70–71 years old; this spike was eliminated in the post-uncapping period, but otherwise looked similar for other age ranges.[86] The changes were not evenly distributed, however, as faculty with higher salaries or lower pension benefits were less likely to retire.[87]

34 The most recent study of the impact on uncapping examined law school faculties.[88] Although the results may have been impacted by the Great Recession of

law schools than public ones); *Clark/Ghent* (fn. 60), p. 157 (finding lower retirement rates for faculty with defined contribution plans than defined benefit plans).

[79] See *Larson/Gomez Diaz*, 4 Service Science 69 (2012), available at https://www.ncbi.nlm.nih.gov/pmc/articles/PMC3737001/pdf/nihms-486989.pdf (last accessed on 1.7.2023).

[80] *Larson/Gomez Diaz* (fn. 79), p. 70.

[81] *Larson/Gomez Diaz* (fn. 79), p. 79.

[82] *Larson/Gomez Diaz* (fn. 79), p. 79.

[83] *Ashenfelter/Card* (fn. 18), p. 958. Because the capped retirement rules typically allowed faculty to complete the academic or fiscal year during which they turned 70, many faculty are listed as retiring at 71. *Ashenfelter/Card* (fn. 18), p. 965.

[84] *Ashenfelter/Card* (fn. 18), p. 958.

[85] *Ashenfelter/Card* (fn. 18), p. 977.

[86] *Ashenfelter/Card* (fn. 18), p. 966 f.

[87] *Ashenfelter/Card* (fn. 18), p. 966 f. (noting also that faculty's relative salary to their institutional peers impacted retirement decisions, with relatively higher salaried faculty retiring at a lower rate).

[88] *Ho/Mbonu/McDonough* (fn. 78).

the late 2000s[89] and the fact that it was limited to a somewhat unique set of professional-school faculty members,[90] the study did find that uncapping had a real impact on law school faculty. In particular, the study found that uncapping largely caused the percentage of law school faculty 70 years and older to rise from 1 % to 14 %.[91] This was because 39 % of the law faculty who turned 70 years old during the period between 1994 and 2017 – that is, law faculty who would have faced mandatory retirement prior to uncapping – worked past 70.[92] The study showed this increase graphically, in comparison to the proportion of United States population over 70 years old:[93] 35

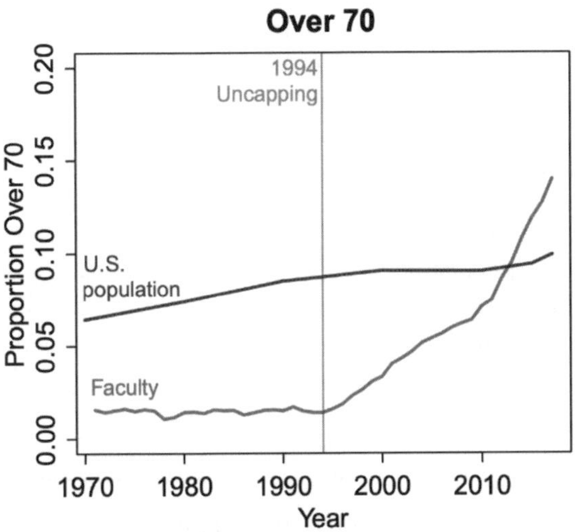

Figure 1: Proportion of Faculty over the Age of 70.
Notes: The black line represents the average proportion of faculty over 70 across all schools for a given year. The gray line represents the proportion of the U.S. population over 70 for a given year. Source for U.S. population data is the U.S. Census.

The study also examined the impact of uncapping on faculty diversity, finding a statistically significant reduction in racial and gender diversification, largely 36

[89] *Ho/Mbonu/McDonough* (fn. 78), p. 112, 130.

[90] *Ho/Mbonu/McDonough* (fn. 78), p. 128. In 2018, legal faculty had the second-highest percent of faculty members 55 years and older out of a large number of specialty areas. See *McChesney/Bichsel*, The Aging of Tenure-Track Faculty in Higher Education: Implications for Succession and Diversity, College and University Professional Association of Human Resources Research Report 10 (2020).

[91] See *Ho/Mbonu/McDonough* (fn. 78), p. 101, 111.

[92] *Ho/Mbonu/McDonough* (fn. 78), p. 103. It is not clear from the study how much longer past 70 most law school faculty worked, nor did it account for the fact that prior to uncapping, most mandatory policy retirement policies allowed faculty to retire at 71 years, but the increase remains a significant finding.

[93] *Ho/Mbonu/McDonough* (fn. 78), p. 109 (graph and text in original).

because it decreased the amount of hiring of entry-level law professors.[94] A major factor in this result is that law school faculty diversity at the start of the study period was very low; thus, limits on faculty retirements was a hurdle to law schools to use hiring to improve their diversity.[95] This finding contrasted with a different study, focused on a single school, which did not find a negative effect of uncapping on diversity.[96]

V. Lessons for Germany

37 As Germany contemplates uncapping mandatory retirement for faculty, what lessons can the United States' experience provide? There are limits to such comparisons, as the countries have many individual characteristics complicating such an analysis. And the American higher education system, in particular, is so large and contains such a diverse set of institutions that it is difficult to characterize on its own. Nevertheless, the United States' experience does suggest that if Germany were to uncap faculty retirement one could probably expect some modest increase in the number of faculty working past the current retirement age and some higher costs associated with that increase. But there is unlikely going to be any measurable impact on university quality overall, especially if the institutions plan well to account for more older faculty and the potential impact on hiring new, more diverse faculty.

1. Comparisons of the American and German Higher Education Systems

38 The United States' university system is too large and varied to comprehensively describe here. However, some basic characteristics are informative. Looking only at four-year non-profit universities,[97] in Fall 2019 there were a total of 1,047,923 faculty members, with 695,873 full-time (66 % of total) and 352,052 part-time (34 % of total).[98] Excluding part-time faculty, virtually all of whom are not eligible for tenure, 58 % of full-time faculty are tenured or on the tenure-track, while the remaining 42 % are not eligible for tenure.[99]

---

[94] *Ho/Mbonu/McDonough* (fn. 78), p. 118–127.

[95] *Ho/Mbonu/McDonough* (fn. 78), p. 115 f. (noting that in 1971 only 1.7 % of law professors were "minority" and 3.1 % were women and that in 1994, when uncapping occurred, faculty who would be 70 years old within 5 years were 98 % white and 92 % male).

[96] See *Weinberg/Scott* (fn. 59), p. 346.

[97] This excludes the small number of for-profit schools and 2-year institutions that do not typically hire faculty for research purposes.

[98] *N. N.*, Tenure Status of Full-Time and Part-Time Faculty Members, Fall 2019, The Chronicle of Higher Education, Aug. 15, 2021, available at https://www.chronicle.com/article/tenure-status-of-full-time-and-part-time-faculty-members-fall-2019 (last accessed on 1.7.2023). There is no significant difference between public and private institutions, although the later employ slightly more part-time faculty.

[99] The Chronicle of Higher Education (fn. 98). Approximately 40 % of all faculty, includ-

Pensions in the United States have been shifting over the last few decades from traditional, defined benefit plans to defined contribution plans.[100] Academia has followed this trend; although many of the faculty in the studies described in the previous section had defined benefit plans, they are becoming more rare with each passing year as they are replaced by defined contribution plans. This move to defined contribution plans makes it difficult to estimate the amount that faculty will have for retirement, as it is dependent on the individual's investment and contribution choices.[101] It also may serve as a factor in the United States' uncapping experience, making faculty with defined contribution plans less likely to retire because of the greater uncertainty inherent in those plans. 39

In Germany, most professors are civil servants who have tenure. However, a substantial number of instructors are not professors and lack the job security enjoyed by civil servant professors.[102] Civil servant professors do not typically participate in the public pension or social security system; rather, there is a special pension system for civil servants, under which the amount of pension benefits is tied to a professor's salary and years of service, up to a maximum of 71.5 % of their pensionable compensation.[103] Although not specific to professors, the OECD estimates that Germany's average net pension replacement rate (53 %) is only slighter higher than the United States' (50 %).[104] 40

In Germany, the default retirement age for faculty is 67; however, with the university's permission, faculty can work a maximum of 3 additional years before having to retire from the civil service.[105] After that, faculty might be able to work for another 2–5 years on a limited basis if permitted by the university. In short, faculty working for accommodating universities currently face a retirement age of 70, with opportunities for part-time work for several years after. The question is whether faculty would work more if the current age cap was removed. 41

2. *What the United States Uncapping Experience Suggests for Germany*

The United States' experience with uncapping suggests real, but relatively modest impacts on the higher education system. In particular, some proportion of faculty took advantage of uncapping by working past the prior retirement age of 42

---

ing part-time, are tenured or on the tenure-track, and 60 % are not eligible for tenure. The Chronicle of Higher Education (fn. 98).

100 See OECD Pensions at a Glance 2021: How Does the United States Compare? (2021), available at https://www.oecd.org/unitedstates/PAG2021-USA.pdf (last accessed on 1.7.2023).

101 See *Clark/Ghent* (fn. 60), p. 157.

102 University of Tübingen (fn. 8) (noting that faculty can retire as early as 63 years old with reduced benefits or 60 if they have a disability).

103 University of Tübingen (fn. 8).

104 Compare OECD Pensions at a Glance 2021: How Does Germany Compare? (2021), available at https://www.oecd.org/germany/PAG2021-DEU.pdf (last accessed on 1.7.2023) with OECD Pensions at a Glance 2021: How Does the United States Compare? (fn. 100).

105 Germany Federal Civil Service Act, Art. 41, Sec. 2.

70. The proportion of such faculty varied, but on the whole was relatively modest and those faculty members tended to retire within a few years. There is no evidence that these later-retiring faculty were any less productive than faculty who would have replaced them, although the later retirements did impose some financial costs to their universities. Moreover, by delaying retirement, these faculty did hinder the injection of new faculty members to a degree that might, at least in some circumstances, also negatively impact attempts to diversify faculties. These results could well describe Germany's future if it uncaps faculty retirements. However, certain segments of the United States higher education system might better parallel the German system and provide a more nuanced comparison.

43 The University of North Carolina (UNC) system, in particular, presents a good comparison to Germany. The UNC system is entirely public, funded primarily by the state of North Carolina and student tuition, which is much lower than comparable private universities. Similarly, Germany, although it has private universities, is dominated by public institutions. The UNC system is also quite diverse. At the time of the uncapping a study described in the previous section incorporated 14 higher education institutions across a diverse set of geographic regions in the state of North Carolina, including urban, suburban, and rural setting.[106] The institutions themselves are also quite different and include highly ranked, large research institutions like the University of North Carolina and North Carolina State University; large regional schools; small regional schools; and historically Black colleges and universities.

44 The comparison between the UNC system and the German higher education system is not perfect, as Germany's population and economy is much larger than North Carolina's.[107] Despite these differences, North Carolina and its university system appears to provide the best studied example for comparison to Germany. What does this comparison suggest for Germany if it uncaps faculty retirement? Following faculty retirement uncapping in 1994, fewer UNC system faculty retired at age 70 – as one would expect given uncapping the requirement that such faculty must retire by those ages – from 58 % prior to 1994 to 25 % in 2001. This pattern was also observed in the 19 % of faculty who retired at 71 years and the 17 % of faculty who retired at 72 years.[108] One study that occurred only a few years after uncapping looked at University of North Caro-

[106] It now has 16 higher education institutions, in addition to a magnet high school and other institutions. See The University of North Carolina Institutions and Affiliates, available at https://www.northcarolina.edu/institutions/ (last accessed on 1.7.2023).

[107] North Carolina's economy is similar to Norway's. See *Tippett*, If US States Were Countries, NC Would be The World's 35th Largest Economy, Carolina Demography (2015), available at https://www.ncdemography.org/2015/01/20/if-us-states-were-countries-nc-would-be-the-worlds-35th-largest-economy/ (last accessed on 1.7.2023).

[108] *Tippett* (fn. 107). The study did not find similar differences at other ages. *Tippett* (fn. 107), p. 156.

lina and North Carolina State University, as well as the private Duke University, which are all in the same metropolitan region.[109] The study found that uncapping exacerbated the problem of an already aging faculty at these schools.[110] But it did not find any change in the average retirement age three years after uncapping, which remained around 65–66 years old for the two public universities.[111] It also showed increases in the percentage of faculty 70 and older following uncapping, but still at very low numbers: North Carolina State went from 0.79 % of its faculty being 70 or older in 1993 to 0.94 % in 1997;[112] University of North Carolina went from 0.09 % in 1993 to 0.56 % in 1997;[113] and the private Duke University went from 0.0 % in 1993 to 0.95 % in 1997.[114] In other words, even four years after uncapping, the proportion of faculty aged 70 or older was only between 0.56 % and 0.96 % at the three universities. This suggests that Germany, if it uncapped faculty retirement, would see some additional faculty older than the current retirement age, but that number would likely be very low. This is particularly true given that both studies found a strong, statistically significant relationship between participation in a defined benefit pension plan and lower retirement age, which suggests that the German pension system is likely to mitigate the increase in faculty taking advantage of uncapping.[115]

These results are consistent with the other studies described in the previous 45
section. The *Ashenfelter/Card* study, for instance, found a statistically significant decrease in retirements due to uncapping – but the proportion of faculty above 70 years old was still below 2 %.[116] The experience at the Ivy League Cornell University, with its mix of public and private colleges, did not show any real increase in average retirement age a few years after uncapping.[117] It did see a modest increase in faculty working past 70, although less so for faculty in the public colleges.[118] The Cornell study also showed that aggressive planning for uncapping can significantly reduce undesired impacts, albeit with some financial costs.[119]

---

109 *Clark/Ghent/Kreps*, in: Clark/Hammonds, To Retire or Not? Retirement Policy and Practice in Higher Education, 2001, p. 21.

110 *Clark/Ghent/Kreps* (fn. 109), p. 22.

111 *Clark/Ghent/Kreps* (fn. 109), p. 31 (UNC retirement age in 1993 was 65.64 and in 1996 was 65.61; NCSU retirement age in 1993 was 66.15 and in 1996 was 66.18). The study only had data up to 1995 for Duke, which saw a slight decrease in retirement age from 66.13 in 1993 to 65.55 in 1995. *Clark/Ghent/Kreps* (fn. 109), p. 31. Also, because of the time period studied, the faculties were overwhelmingly male and white. *Clark/Ghent/Kreps* (fn. 109), p. 31.

112 *Clark/Ghent/Kreps* (fn. 109), p. 35.

113 *Clark/Ghent/Kreps* (fn. 109), p. 36.

114 *Clark/Ghent/Kreps* (fn. 109), p. 35.

115 *Clark/Ghent/Kreps* (fn. 109), p. 32.

116 *Clark/Ghent/Kreps* (fn. 109), p. 32. Although the study of law faculty found a much higher 13 % of faculty being 70 or older after uncapping.

117 *Clark/Ghent/Kreps* (fn. 109), p. 85, 93.

118 *Clark/Ghent/Kreps* (fn. 109), p. 85 f.

119 *Clark/Ghent/Kreps* (fn. 109), p. 88–90.

VI. Conclusion

46 For much of its history, mandatory retirement was permitted for faculty members in the United States. Indeed, until the ADEA was enacted in 1967, mandatory retirement and other types of age-based discrimination was lawful in the United States generally. But faculty members – like public-sector firefighters and law enforcement today – were treated differently when it came to mandatory retirement rules. That is, until the faculty mandatory retirement exception was "uncapped" in 1994.

47 Those in favor of the faculty exception focused on the potential costs associated with uncapping, especially the potential for fewer new hires and a decrease in diversity and new ideas. These arguments assert that faculty members are different than other employees covered by the ADEA. For instance, tenured faculty possess job security that most other non-union American workers lack. Moreover, the nature of faculty research seems to be a major factor in these arguments, implicitly suggesting either that older faculty are less capable of engaging in novel research or that more faculty turnover would produce more ideas. The former, however, not only lacks evidence supporting it, but directly conflicts with the purposes of the ADEA.

48 In enacting the ADEA, Congress sought to give older workers the right to work based on their ability, rather than age, and to combat negative stereotypes about older workers' abilities. The ADEA also intended to address the financial incentive that employers have to fire older workers because they are generally paid more. The 1994 uncapping of the faculty mandatory retirement reflected the view of Congress that these arguments won out over concerns of universities and others who wanted to maintain the exception.

49 Ultimately, the decision to uncap faculty retirement – whether in the United States or Germany – comes down to policy choices. Uncapping is the choice more consistent with the ADEA; the question is whether that policy consistency is worth the potential costs. Although it is impossible to predict exactly what would happen if Germany uncapped faculty retirements, the United States' experience provides clues.

50 In short, uncapping in the United States did have some consequences, more than the NAS and other contemporaneous studies predicted. On the other hand, those consequences – in general, a modest aging of faculty, increase in labor costs, and mixed results on faculty diversity – suggests that the effects are not major. This is all the more true for universities that take care to plan for uncapping and implement measures, such as retirement incentives, that lawfully mitigate unwanted consequences.

VII. Theses

Some theses can help to explain how uncapping faculty retirement impacted American universities and what Germany might expect should it do the same: 51

1. The decision whether to uncap retirement for tenured faculty involves often competing considerations of age discrimination policies, financial costs, diversity concerns, and beliefs about the need for academic institutions to desire for the health of academic institutions. 52

2. The United States' experience after the 1994 uncapping of tenured faculty retirement may provide some clues as to what Germany might face if it follows the same path. However, direct comparisons are not possible because of the complexity of the United States higher education system; differing pension schemes in the two countries; and changes occurring during three decades that have passed since American uncapping, especially with regard to faculty diversification. 53

3. Basic data on United States faculty since uncapping shows a modest aging, although that could be attributed to many factors. The average age of American faculty increased from 47.9 years in 1992 to 49.6 years in 2003. The proportion of faculty who were 71 years or older also increased from 0.8 % in 1992 to 4 % in 2003. 54

4. Studies attempting to determine the extent to which uncapping caused more faculty to retire later have generally found some causal relationship. The biggest effect appears to be in faculty in their early 70s, with approximately 40 % of faculty who turned 70 choosing not to retire. However, although there is not enough data to confirm, those faculty do not appear to work for very long, as the overall age of faculty and proportion of faculty above 70 years old did not rise by a significant margin in most cases. But one study of law schools did find a sharp increase in the proportion of faculty above 70 years old. 55

5. The relationship between uncapping and delayed retirement varies depending on the circumstances. For instance, faculty with higher salaries, fewer external job opportunities, and lower pension benefits or a defined contribution plan are more likely to delay retirement. This variation likely explains the different experiences observed in studies, particularly between public and private universities, as well as law school faculty which tend to be higher paid than most other faculty. 56

6. An increase in faculty delaying retirement can result in various impacts, including increased labor costs for universities because older faculty tend to be paid higher salaries. Moreover, the decision by some older faculty to delay retirement reduces hiring of new faculty. The reduction in new faculty might also negatively impact efforts to increase faculty diversity. A study of law schools found a significant negative impact on law school faculty diversity, although the Great Recession and the low level of diversity at the start of the study probably 57

exacerbated these results. Indeed, another study of universities generally found no impact on diversity. As a result, one might conclude that uncapping slows attempts, if they exist, to further diversify faculty but that uncapping on its own does not change the diversity of faculty.

58 7. Universities or governments have means to mitigate the impacts of uncapping. Ensuring quality pension plans and post-retirement health care coverage help to reduce the financial costs of retirement. Moreover, targeted retirement incentives – including financial payments, post-retirement part time work opportunities, and phased retirement – have all been shown to be effective in encouraging faculty to retire. Incentives can be costly, so targeted rather than broad-based incentives are often viewed more favorably.

59 8. The United States' experience with uncapping suggests that if Germany follows suit, it is likely to experience some real, but modest, increase in the number of faculty who work past 70 years old. A United States public education system that resembles the German higher education system showed an increase in the number of faculty who refused to retire at 71–72 years old. However, this system still only had a very small percentage of faculty aged 70 or older, although other institutions saw higher proportions of older faculty.

60 9. Although the United States' experience provides clues as to what German uncapping may look like, there are limits to the comparison. In addition to identifiable differences in the two countries' education systems, cultural differences combined with nationwide benefits may also play a role. For instance, it is possible that German professors will be more willing to retire because of already established retirement norms and perceptions that Germany has a strong system of health and pension benefits for non-working citizens.

VIII. Altersdiskriminierung und Ruhestand von Professoren mit „tenure": Die Lage in den Vereinigten Staaten – Überblick in Thesen[120]

61 Das Thema der freiwilligen Dienstzeitverlängerung lässt sich auch rechtsvergleichend betrachten. In den USA führt die arbeitsrechtliche Position von „tenure" dazu, dass Universitätsprofessoren ihre Position an der Universität behalten, ohne einer Altersbeschränkung zu unterliegen. Wie für die Richter am Supreme Court gibt es für sie keine gesetzliche Altersbeschränkung. Der Beitrag von Professor Jeffrey M. Hirsch fragt nach den daraus resultierenden praktischen Folgen und wertet hierfür empirische Daten aus. Es zeigt sich, dass die Professoren im Schnitt zwar rund vier Jahre länger arbeiten, dann aber mit An-

[120] Zusammenfassung der Herausgeber. Für die Übersetzung der Thesen danken wir Franziska Angerer, Jan Längle und Julian Glas. Die Übersetzung verwendet das generische Maskulinum – es sind alle denkbaren Geschlechter gemeint.

fang 70 durchschnittlich die Tätigkeit an der Universität beenden. Ein Qualitätsverlust in Forschung und Lehre lässt sich während der Zeit der Längerarbeit hierbei nicht ausmachen.

Einige Thesen können dabei helfen, zu erklären, wie sich die Aufhebung der Altershöchstgrenze für Professoren mit „tenure“ an amerikanischen Universitäten ausgewirkt hat und was Deutschland erwarten könnte, sollte es dasselbe tun: 62

1. Die Entscheidung, ob die Altershöchstgrenze für den Ruhestandseintritt von Professoren aufgehoben werden sollte, hängt von verschiedenen, häufig gegenläufigen Aspekten ab. So etwa der Verhinderung von Altersdiskriminierung, finanziellen Belangen, Diversitätsanliegen und verschiedenen Vorstellungen über die Notwendigkeit des Strebens nach nachhaltigen Strukturen innerhalb akademischer Institutionen. 63

2. Die Erfahrungen, die die Vereinigten Staaten von Amerika nach der Aufhebung der Altershöchstgrenze im Jahr 1994 machten, können Anhaltspunkte dafür liefern, welche Folgen eine vergleichbare Entscheidung in Deutschland hätte. Allerdings sind direkte Vergleiche aufgrund der Komplexität des US-amerikanischen Hochschulsystems, der unterschiedlichen Altersversorgungssysteme beider Länder und der Veränderungen in den vergangenen drei Jahrzehnten seit Aufhebung der Altershöchstgrenze in den USA insbesondere im Hinblick auf die Diversifikation der Lehrkörper, nicht möglich. 64

3. Die Datenlage seit der Aufhebung der Altershöchstgrenze in den Vereinigten Staaten zeigt einen moderaten Anstieg des Durchschnittsalters der Professoren, wenngleich dies auf viele Faktoren zurückzuführen sein könnte. Das Durchschnittsalter erhöhte sich von 47,9 Jahren im Jahr 1992 auf 49,6 Jahre im Jahr 2003. Der Anteil an Professoren mit einem Alter von mindestens 71 Jahren erhöhte sich ebenfalls, nämlich von 0,8 % im Jahr 1992 auf 4 % im Jahr 2003. 65

4. Studien, die den Zusammenhang zwischen der Aufhebung der Altershöchstgrenze und dem späteren Ruhestandseintritt untersuchten, haben einen gewissen Kausalzusammenhang festgestellt. Die größte Auswirkung scheint es bei Professoren Anfang 70 zu geben; etwa 40 % derjenigen, die 70 Jahre alt wurden, entschieden sich gegen den Ruhestandseintritt. Es scheint aber, dass diese Professoren nicht sehr viel länger arbeiten, da ihr Durchschnittsalter und der Anteil von Professoren mit über 70 Jahren in den meisten Fällen nicht signifikant gestiegen ist. Es gibt jedoch nicht genügend Daten, um dies zu bestätigen. Allerding wurde in einer Studie zu juristischen Fakultäten ein starker Anstieg des Anteils von über 70-jährigen Professoren festgestellt. 66

5. Der Zusammenhang zwischen der Aufhebung der Altershöchstgrenze und dem späteren Eintritt in den Ruhestand variiert je nach den Umständen. So ist es zum Beispiel wahrscheinlicher, dass Professoren mit höheren Gehältern, geringeren externen Beschäftigungsmöglichkeiten, niedrigeren Rentenleistungen oder einer beitragsbasierten Altersvorsorge den Ruhestandseintritt hinauszö- 67

gern. Diese Unterschiede erklären vermutlich die divergierenden Ergebnisse der Studien, insbesondere zwischen öffentlichen und privaten Universitäten, sowie den Unterschied zu juristischen Fakultäten, an denen die Vergütung meist höher ist.

68 6. Eine größere Anzahl hinausgeschobener Ruhestandseintritte kann verschiedene Auswirkungen haben, etwa höhere Lohnkosten, da ältere Professoren in der Regel höhere Gehälter beziehen. Ferner führt die Entscheidung, erst später in den Ruhestand zu gehen, dazu, dass weniger neue Professoren eingestellt werden. Dies könnte außerdem Bemühungen zur Erhöhung der Diversität in den Fakultäten untergraben. Eine diesbezügliche Studie an juristischen Fakultäten stellte einen erheblichen negativen Einfluss auf die Diversität des Lehrkörpers fest, wenngleich die Weltwirtschaftskrise der späten 2000er und das geringe Ausgangsniveau zu Studienbeginn dieses Ergebnis möglicherweise noch verschlechtert haben. Und tatsächlich wurden in einer weiteren Studie keinerlei Auswirkungen der Aufhebung der Altershöchstgrenze auf die Diversität festgestellt. Daraus könnte man schließen, dass die Aufhebung Bemühungen, den Lehrkörper weiter zu diversifizieren, verlangsamt, die Aufhebung an sich aber die Diversität nicht verändert.

69 7. Universitäten und Regierungen verfügen über Mittel, die Auswirkungen der Aufhebung der Altershöchstgrenze zu minimieren. Eine gute Alters- und Gesundheitsversorgung trägt dazu bei, die finanzielle Belastungen durch den Ruhestandseintritt zu senken. Darüber hinaus haben sich gezielte Anreize – u.a. finanzielle Zuwendungen, ein gleitender Ruhestandseintritt sowie die anschließende Möglichkeit zur Arbeit in Teilzeit – als wirksam erwiesen, Professoren zum Ruhestandseintritt zu bewegen. Aufgrund der Kosten solcher Maßnahmen sollten sie jedoch nur gezielt eingesetzt werden.

70 8. Die Erfahrungen der Vereinigten Staaten deuten darauf hin, dass, sollte Deutschland die Altershöchstgrenze ebenfalls aufheben, dies wahrscheinlich einen geringfügigen Anstieg von Professoren zur Folge hätte, die über ihr 70. Lebensjahr hinaus arbeiten. In einem US-amerikanischen öffentlichen Bildungssystem, das dem deutschen ähnelt, stieg die Zahl der Professoren, die sich gegen den Ruhestandseintritt mit 71 oder 72 Jahren entschieden. Dort war jedoch der Anteil von Professoren über 70 Jahren sehr gering verglichen mit anderen Einrichtungen.

71 9. Zwar können die Erfahrungen der Vereinigten Staaten Anhaltspunkte für die Folgen einer Aufhebung der Altershöchstgrenze in Deutschland liefern; jedoch sind einem solchen Vergleich Grenzen gesetzt. Neben den erkennbaren Unterschieden der Bildungssysteme beider Länder könnten auch kulturelle Unterschiede und die verschiedenen Sozialsysteme eine Rolle spielen. So könnten gesellschaftliche Normen und die Erwartung einer hinreichenden Gesundheits- und Altersversorgung zu einer größeren Bereitschaft deutscher Professoren führen, in den Ruhestand zu gehen.

§ 5 Distinguished Professorships an der Johann Wolfgang Goethe-Universität Frankfurt am Main: ein Fallbeispiel[1]

Birgitta Wolff und Marylen Reschop

I. Das Ausgangsproblem

1 Im Präsidium der Goethe-Universität Frankfurt haben wir häufiger beobachtet, dass Kolleginnen und Kollegen aus der Professorenschaft, die sich der Altersgrenze näherten, schon Jahre bevor sie diese endgültig erreichten, bei den großen Forschungsfördereinrichtungen, wie beispielsweise der Deutschen Forschungsgemeinschaft (DFG), kaum mehr antragsfähig waren. Projektvorhaben konnten nicht mehr angegangen und umgesetzt werden, da die beantragten Laufzeiten des Projekts in den Beginn des anstehenden Ruhestands hineinreichten. Es stand die Zuschreibung im Raum, dass die Antragstellenden selbst das Projekt nicht würden abschließen können. Idealerweise verbringt die antragstellende Person noch mindestens zwei Bewilligungsperioden des Projektvorhabens an der Universität, um dieses zu begleiten. Insbesondere im Fall von Sprecherinnen und Sprechern – beispielsweise eines Sonderforschungsbereichs, aber auch bei anderen Antragsformaten – muss die Hochschulleitung explizit bestätigen, dass die antragstellende Person für die angedachte Laufzeit im Dienst sein wird, damit das Vorhaben ordnungsgemäß abgewickelt werden kann. Dies kann aber nicht willkürlich, d. h. ohne rechtliche bzw. vertragliche Grundlage zugesichert werden.

2 Gemäß des in Hessen auch damals bereits geltenden Beamtenstatusgesetzes treten Beamtinnen und Beamte „mit dem Ende des Monats in den Ruhestand, in dem sie die für sie jeweils geltende Altersgrenze erreichen."[2] Die Möglichkeit des Hinausschiebens der Altersgrenze ergibt sich ebenfalls aus dem Gesetz, „[w]enn es im dienstlichen Interesse liegt […], jedoch nicht länger als bis zum vollendeten 70. Lebensjahr."[3] Diese regulären Dienstzeitverlängerungen wurden an der Goethe-Universität vereinzelt gewährt und wurden vom Präsidium

---

[1] Die Autorin *Wolff* war vom 1.1.2015 bis zum 31.12.2020 Präsidentin der Johann Wolfgang Goethe-Universität Frankfurt am Main. Auf diesen Zeitraum beziehen sich die nachfolgenden Ausführungen. Seit dem 1.9.2022 ist sie Rektorin der Bergischen Universität Wuppertal.

[2] § 33 Abs. 1 S. 1 HBG.

[3] § 34 Abs. 1 S. 1 HBG.

dann positiv entschieden, wenn die Kolleginnen und Kollegen erwiesenermaßen besonders bedeutende Persönlichkeiten ihres Fachgebiets und stark in Forschung und Lehre waren. In diesen seltenen Fällen bestand allgemeiner Konsens über das dienstliche Interesse einer solchen Verlängerung.

3 Bei regulären Dienstzeitverlängerungen erfolgt die Finanzierung von Leistungs- und Funktionszulagen weiterhin aus zentralen Mitteln; der Fachbereich übernimmt weiterhin die Grundbesoldung. Der „Normalzustand" wird insofern also fortgeschrieben; allerdings zahlen die Fachbereiche bei Dienstzeitverlängerungen einen Zuschlag in Höhe von zehn Prozent auf die Grundbesoldung, der auf hessischem Besoldungsrecht beruht: „Bei einem Hinausschieben des Eintritts in den Ruhestand [...] wird ein Zuschlag gewährt. Der Zuschlag beträgt 10 Prozent des Grundgehalts zuzüglich Amtszulage und ist nicht ruhegehaltfähig. Er wird gewährt ab Beginn des Kalendermonats, der auf den Zeitpunkt des Erreichens der Altersgrenze folgt."[4]

4 Insofern überrascht es nicht, dass die Fachbereiche ihr grundsätzliches Interesse an Neubesetzungen gegenüber Dienstzeitverlängerungen sehr stark zum Ausdruck gebracht haben. Für sie ist eine Dienstzeitverlängerung einfach sehr teuer: Das Grundgehalt für die neuen Professuren ist in der Regel deutlich niedriger als das von älteren Kolleginnen und Kollegen plus zehn Prozent. Mit anderen Worten: Zumeist wollten die Fachbereiche keine Dienstzeitverlängerung.

5 Daneben gab es an der Universität bereits die sogenannten Seniorprofessuren, finanziert aus Sondermitteln zur Verbesserung der Lehre.[5] Die Vorschläge zu den geeigneten Kolleginnen und Kollegen formulierten die Studiendekanate der Fachbereiche gemeinsam mit dem für Studium und Lehre zuständigen Präsidiumsmitglied unter studentischer Beteiligung und richteten diese an die Universitätsleitung, die schließlich darüber entschied. Der Vorschlag musste gut begründet sein. Die rechnerisch benötigte Lehrkapazität in den Lehrgebieten und das Budget definierten den Umfang der Vorschläge.

6 Diese Seniorprofessuren dienten (zumindest offiziell) einzig dazu, Lehrkapazitäten zu schaffen. Bis zu acht Semesterwochenstunden pro Person konnten in Form von fairen Pauschalen zusätzlich zur Pension honoriert werden. Der Charme dabei: Die reguläre Stelle wurde frei und die Seniorprofessur über einen sonderfinanzierten Honorarvertrag geregelt. Angesichts der Betreuungsrelationen waren Instrumente willkommen, mit denen die Beseitigung von Lehrengpässen angegangen und die professorale Betreuungsrelation an der Goethe-Universität verbessert werden konnte. Mit Seniorprofessuren – finanziert über Sondermittel – gelang das: Während eine Stellenfinanzierung aus den regulären Haushaltsmitteln mit direkten Auswirkungen auf die erforderliche

---

[4] § 54a Abs. 1 S. 1, S. 2 Hessisches Besoldungsgesetz (HBesG) v. 27.5.2013, GVBl. 2013, S. 218.

[5] Hessen und Nordrhein-Westfalen wiesen in den einschlägigen Länderstatistiken regelmäßig die schlechtesten professoralen Betreuungsrelationen aus.

Aufstockung der Lehrkapazität einhergeht, schufen die Seniorprofessuren Lehrkapazität, ohne dass zusätzliche Studienplätze eingerichtet werden mussten.

Während für die Frage nach der Betreuungsrelation ein Lösungsweg bereits 7
vorhanden war, rückte ein anderes Problem in den Fokus: Was geschieht mit extrem forschungsstarken Kolleginnen und Kollegen, die für eine Dienstzeitverlängerung aufgrund ihrer Forschungsleistung in Frage kommen – mit einiger Wahrscheinlichkeit auch über das 70. Lebensjahr hinaus – jedoch explizit nicht mit Lehraufgaben beschäftigt werden sollen? Gesucht wurde also ein „Forschungsprofessorenstatus", auch als Pendant zu den Möglichkeiten, die es an außeruniversitären Forschungseinrichtungen gibt. Hier arbeiten Kolleginnen und Kollegen zum Teil bis weit über die Altersgrenze hinaus in der Forschung und selektiv auch in der Lehre. Auch Universitäten benötigen hier Spielraum, allein schon, um diesen Wettbewerbsnachteil gegenüber anderen Forschungsorganisationen zumindest an dieser Stelle auszugleichen und einer systematischen Benachteiligung entgegenzuwirken.

II. Der Lösungsansatz

Es galt ein Instrument zu finden, das a) keine Lehrverpflichtung beinhaltet, also 8
keine zusätzliche Stelle schafft, die mit einer Kapazitätsausweitung in der Lehre einhergegangen wäre, b) keine Stelle „blockiert", sondern die Berufung von wissenschaftlichem Nachwuchs ermöglicht und c) explizit nur für diejenigen Kolleginnen und Kollegen in Frage kommt, die Forschung auf Top-Niveau betreiben. Im Fokus stand die gezielte Stärkung der Forschungsleistung der Universität durch die Ermöglichung einer Weiterführung und Weiterentwicklung von Spitzenforschung, die sich dadurch qualifiziert, dass sie in hohem Maße Drittmittel erwirtschaftet, insbesondere Mittel der DFG und EU-Forschungsförderung. Der Umfang der eigenen Drittmittel sollte mindestens so umfassend sein, dass aus dem entsprechenden Fachbereichsanteil an den Overheads das Honorar gezahlt werden konnte – wenn ein solches überhaupt verlangt wurde.

Zugleich sollte das Instrument von den zukünftigen Kandidatinnen und 9
Kandidaten als besonders ehrenvoll empfunden werden – ein neuer Status für besonders profilierte Forschungspersönlichkeiten, der nicht mit der „verbrannten" Seniorprofessur verwechselt werden konnte. Das Ergebnis war schließlich die Ausarbeitung eines Konzepts zu „Distinguished Professorships" an der Goethe-Universität. Mit „distinguished" wurde bewusst ein international sehr positiv belegter Begriff gewählt. Der Titel sollte von Beginn an Ausweis für die ehrenvolle Auszeichnung sein.

Bei der Konzeption war außerdem klar, dass die Anforderungen bzw. Krite- 10
rien zum Erlangen des Status nicht zu eng definiert werden sollten – gleichwohl

transparent und nachvollziehbar. Auch wollten wir keine zuvor definierten Regelungen zur Laufzeit der Verlängerung formulieren – vielmehr war die Laufzeit einer Distinguished Professorship in der Regel an die Laufzeiten der jeweiligen Forschungsprojekte gebunden. Verlängerungsoptionen sollten so lange gegeben sein, wie sich die betreffenden Kolleginnen und Kollegen in erfolgreich laufenden Projekten befanden.

III. Beschreibung des Instruments der Distinguished Professorship

1. Zielgruppe

11 Mit einer Distinguished Professorship ausgezeichnet wurden „Schlüsselpersönlichkeiten, die maßgebliche Beiträge zur Entwicklung ihres Wissensgebiets geleistet und dieses auch international geprägt haben. Distinguished Professorships (Ehrenprofessuren) sollten zu den TOP 10 % ihres Gebiets in Deutschland gehören. Sie sollen der Goethe-Universität auch langfristig verbunden sein und müssen sich an Forschungsprojekten mit Kolleginnen und Kollegen der Goethe-Universität beteiligen."[6]

12 Die Definition wurde bewusst relativ offengehalten, damit sie abhängig vom Fachgebiet Ermessensspielraum zuließ. Die Feststellung der Zugehörigkeit zu den „Top 10" kann von Fach zu Fach variieren. Es sollte eine Richtung vorgegeben, aber nicht zu starr definiert werden.

13 Aussicht auf Erfolg hatten die Anträge zu Kolleginnen und Kollegen, die in Verbundprojekte involviert und somit in ihrer Forschungscommunity vernetzt waren. Archetypen waren Sprecherinnen und Sprecher in Sonderforschungsbereichen, die weiterhin eine vielversprechende Idee verfolgten bzw. die durch die mit der Auszeichnung einhergehende Dienstzeitverlängerung noch eine oder mehrere weitere Bewilligungsperioden absolvieren konnten.

14 Zudem war die Auszeichnung nicht nur Professuren vorbehalten, die bereits an der Goethe-Universität beschäftigt waren, auch von außen kommende Professuren konnten den Status Distinguished Professorship erhalten. Adressiert waren alle herausragenden Forscherinnen und Forscher, „die nicht für reguläre Professuren gewinnbar waren (beispielsweise, weil sie aus dem aktiven Dienst ausgeschieden sind)"[7] oder weil sie von einer externen Einrichtung oder aus dem Ausland kamen.

15 Für die Zielgruppe stellte die Distinguished Professorship damit eine ehrenvolle, flexible Verlängerung einer normalen Professur sowie eine Alternative zur Dienstzeitverlängerung oder Seniorprofessur dar.

---

[6] S. Flyer „Distinguished Professorship", S. 94.

[7] Ebd.

2. *Antragstellung und erforderliche Unterlagen*

16 Antragsberechtigt waren die Dekanate. Die Personen selbst konnten den Antrag nicht stellen, waren aber auch nicht auf Einladung oder Vorschlag des Präsidiums angewiesen.

17 Zu den erforderlichen Unterlagen zählte der *formale Antrag* des Dekans oder der Dekanin auf Verleihung der Distinguished Professorship einschließlich Begründung, warum die jeweilige Person zu den führenden zehn Prozent ihres Forschungsgebiets in Deutschland gehört.

18 Außerdem waren der *Lebenslauf einschließlich Publikationsverzeichnis und Angaben zur vorgesehenen Laufzeit* – z.B. drei Jahre entsprechend der Laufzeit eines beabsichtigten oder beantragten Forschungsprojekts – erforderlich. Bei Möglichkeit einer erneuten Antragstellung wurde eine bedingte Verlängerung in Aussicht gestellt. Bedingt, weil die Verleihung immer an ein konkretes Vorhaben geknüpft wurde. Dies war in der Regel ein Beleg dafür, dass die Personen ihre Zugehörigkeit zu den Top zehn Prozent auch weiterhin behielten und in Verbundprojekte mit Kolleginnen und Kollegen involviert waren.

19 Weiter musste der Antrag *Angaben zur Finanzierung* beinhalten. Dass sich das Konzept generell selbst trägt, hatte das Präsidium von Beginn an angestrebt, und die pensionsrechtliche Ausgestaltung sorgfältig durchrecherchiert und auch mit dem Land Hessen abgesprochen.[8] Im Fall der Distinguished Professorship sollten sämtliche Zahlungen, die über die Pension hinaus an die betreffenden Personen zu leisten wären, vollständig aus dem Fachbereichsbudget erfolgen. Für die Fachbereiche sollte es gleichwohl mindestens ein Nullsummenspiel bleiben, da die zusätzlichen Kosten aus den ihnen jeweils zustehenden Overheadanteilen der vom Distinguished Professor jeweils selbst generierten Drittmittelprojekte gedeckt werden sollten. Hier schließt sich der Finanzierungskreis: Denn nur drittmittelstarke Wissenschaftlerinnen und Wissenschaftler kamen ja überhaupt für die Auszeichnung in Frage, sodass sich die Distinguished Professorships in der Tat selbst finanzierten. Hierin lag auch eine effektive Begrenzung willkürlicher Antragsfluten.

20 Den Kandidatinnen und Kandidaten wurde empfohlen, „frühzeitig Kontakt mit der Personalabteilung aufzunehmen, um die Thematik etwaiger anfallender Arbeitgeberbeiträge zur Sozialversicherung während der Dauer der Distinguished Professorship zu besprechen“.[9] Je nach Vertragskonstellation gab es verschiedene Möglichkeiten, die durchgesprochen und abgeklärt werden muss-

[8] Mit Einführung der Distinguished Professorship ging die Goethe-Universität damals neue Wege, derartige und zugleich passende Modelle waren zu diesem Zeitpunkt nicht bekannt; die rechtliche Stimmigkeit des Konstruktes im hessischen Kontext wurde von den einschlägigen Fachleuten geprüft.

[9] S. Flyer „Distinguished Professorship“, S. 94.

ten. Hier waren die Personalabteilung und das Justiziariat ausgesprochen hilfreich.

21 Mit *Angaben zu den Räumlichkeiten* im Antrag wurde gewährleistet, dass die Fachbereiche Arbeitsplätze und den notwendigen Infrastruktur-Zugang zur Verfügung stellten.

22 *Projektplan oder Funktionsbeschreibung* mussten das laufende oder kurz vor Bewilligung stehende Forschungsvorhaben konkretisieren und schließlich bedurfte es eines *positiven Beschlusses des Fachbereichs*. So war sichergestellt, dass die Verleihung von der wissenschaftlichen Organisationseinheit und nicht nur einzelnen wenigen Personen unterstützt wurde.

IV. Effekte

23 Insbesondere älteren Kolleginnen und Kollegen mit relativ jungen, großen Verbundprojekten (v.a. Sonderforschungsbereiche, aber auch andere Formate) konnte eine von Lehraufgaben befreite Möglichkeit der weiteren wissenschaftlichen Arbeit zu Professur-Konditionen geboten werden. Der Status verbesserte die Antragschancen bei der DFG und anderen Finanzierungseinrichtungen, da deutlich wurde, dass die Inhaberschaft der Distinguished Professorship im Erfolgsfall, also im Fall weiterer bewilligter Förderanträge, quasi automatisch verlängert werden würde.

24 Ein Begleiteffekt: Die Chance eines Antrags auf Weiterförderung konnte zusätzlich sogar erhöht werden, da – sofern der Fachbereich dies wollte – die reguläre Professur passend neu besetzt werden konnte, woraus sich durch die nachfolgende Person letztlich mehr Kapazität und Kompetenz für den Antrag und eine Verstärkung für das Projekt ergaben.

25 Durch die Reputationsgebundenheit und die nachweislichen Forschungserfolge waren die Distinguished Professorships gut vor einer „Inflationierung" geschützt. Die (lehrorientierten) Seniorprofessuren wurden dagegen trotz eines formal sehr transparenten Verfahrens nach vergleichsweise weniger klaren inhaltlichen Kriterien vergeben.

V. Fazit nach der Einführung

26 Bemerkenswert war, dass es in der Wahrnehmung des Präsidiums gegenüber dem Instrument der Distinguished Professorships – anders als bei den Juniorprofessuren – keine anfängliche Skepsis gab, im Gegenteil: Es gab sehr viel Zuspruch und die Möglichkeit, Anträge zu stellen, wurde recht schnell und von mehreren Fachbereichen genutzt (darunter Medizin, Jura, Geisteswissenschaften).

Ein weiterer Vorteil ergab sich insbesondere für den Fachbereich Medizin. Hier verstärkt sich das Problem, wenn Kolleginnen und Kollegen in den Ruhestand gehen müssen, auch wenn sie das eigentlich noch nicht wollen: Nicht nur ihre Lehrtätigkeit entfällt, sondern auch ihr Einsatz im Klinikbetrieb muss kompensiert werden. Mitunter führt das zu Konflikten, weil die ärztliche Klinikdirektion starke Forscherinnen und Forscher aus Gründen der erforderlichen Neubesetzung in der Versorgung von Patientinnen und Patienten nicht halten will – ganz unabhängig von der Lehre. Das installierte Instrument bot auch an dieser Stelle eine Lösung, weil die reguläre Professur ja „frei“ wurde. 27

Der im Präsidium vorherrschende Eindruck war, dass das Problem, das die Goethe-Universität zum damaligen Zeitpunkt hatte, insgesamt hinreichend gelöst war und wir letztlich für alle, die einen für die Universität sichtbaren Mehrwert schaffen – so betriebswirtschaftlich das auch klingt – ein gutes und flexibles Instrument zur selektiven Weiterbeschäftigung zur Verfügung hatten. Sei es in der Forschung (Distinguished Professorship) oder in der Lehre (Seniorprofessuren). Oder es sind Persönlichkeiten, die in ihrem gesamten Handeln so ausgezeichnet und schwer ersetzbar sind, dass sie eine reguläre Dienstzeitverlängerung erhalten und dann in Lehre und Forschung weiterwirken. Damit hielt das Präsidium Abstand davon, jeder Person eine Dienstzeitverlängerung zu ermöglichen – dieses Ziel wurde zu keinem Zeitpunkt angestrebt. 28

VI. Abschließende Anmerkung

Mit Präsidiumsbeschluss vom 13. Dezember 2022 führt die Goethe-Universität Frankfurt zum Wintersemester 2023/24 die „Goethe Research Professorships“ und „Goethe Teaching Professorships“ ein, die in ihrer Funktion die Distinguished Professorship und Seniorprofessur ablösen.[10] Die Weiterentwicklung war insbesondere deshalb notwendig, weil die Sondermittel von Land und Bund zur Finanzierung der Seniorprofessuren ausliefen. Zugleich bietet die „Forschungsprofessur“ auch noch mehr Flexibilität als die Distinguished Professorship, deren Idee sie damit fortführt. 29

[10] Vgl. Richtlinie zur Verleihung der Goethe Research und Goethe Teaching Professorship an der Johann Wolfgang Goethe-Universität Frankfurt am Main, abrufbar unter https://www.uni-frankfurt.de/132450191/20220215_RichtlinieGRPGTP.pdf (Abruf v. 1.7.2023).

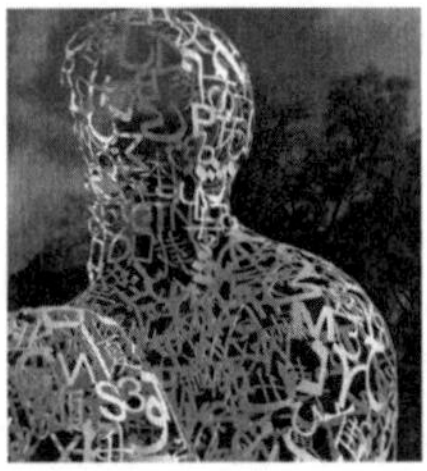

KONTAKT

Goethe-Universität Frankfurt am Main
Abteilung Forschung und Nachwuchs - FuN
PA-Gebäude
Campus Westend
Theodor-W.-Adorno-Platz 1
60323 Frankfurt am Main

Tel.: 069/798-15191
Fax: 069/798-15007
forschung@uni-frankfurt.de

http://www.uni-frankfurt.de/FuN

Stand: Januar 2020

GOETHE UNIVERSITÄT FRANKFURT AM MAIN

Für Wissenschaftlerinnen und Wissenschaftler der Goethe-Universität

ABTEILUNG FORSCHUNG UND NACHWUCHS – FuN

Distinguished Professorship

DISTINGUISHED PROFESSORSHIP – EHRENPROFESSUR

Verfahren und Fristen

Die Anträge können vom Fachbereich bzw. vom Dekan jederzeit eingereicht werden bei der Abteilung Forschung und Nachwuchs (forschung@uni-frankfurt.de).

Zielgruppe

Mit der „Distinguished Professorship" (Ehrenprofessur) werden herausragenden Forscherinnen und Forscher ausgezeichnet, die nicht für reguläre Professuren gewinnbar waren (beispielsweise, weil sie aus dem aktiven Dienst ausgeschieden sind).

Es handelt sich dabei um Schlüsselpersönlichkeiten, die maßgebliche Beiträge zur Entwicklung ihres Wissensgebiets geleistet und dies auch international geprägt haben. Distinguished Professorships (Ehrenprofessuren) sollten zu den TOP 10% ihres Gebiets in Deutschland gehören.

Sie sollen der Goethe-Universität auch langfristig verbunden sein und müssen sich an Forschungsprojekten mit Kolleg/innen der Goethe-Universität beteiligen.

Einzureichende Unterlagen

- Antrag des Dekans auf Verleihung eines Distinguished Professorships inkl. Begründung
- Lebenslauf inkl. Publikationsverzeichnis
- Angaben zur vorgesehenen Laufzeit
- Angaben zur Finanzierung*
- Angaben zu den Räumlichkeiten (Zusicherung des Fachbereichs über Arbeitsplatz / Infrastruktur)
- Projektplan oder Funktionsbeschreibung
- Positiver Beschluss des Fachbereichsrats

* es empfiehlt sich, frühzeitig Kontakt mit der Personalabteilung aufzunehmen, um die Thematik etwaig anfallender Arbeitgeberbeiträge zur Sozialversicherung während der Dauer des Distinguished Professorships zu besprechen.

§ 6 Haushaltsimplikationen eines höheren Renteneintrittsalters von Professoren[1]

Michael Krause

I. Einleitung

1 Das Pensionssystem in Deutschland steht vor großen Belastungen. Zum einen fällt aufgrund geringer Geburtenzahlen der Anteil der Beitrags- und Steuerzahler an der Bevölkerung, also jener, die das System finanzieren müssen. Zum anderen steigt der Anteil der Zahlungsempfänger aufgrund der weiterhin zunehmenden Lebenserwartung. Diese Entwicklungen sind den politischen Entscheidungsträgern seit Jahrzehnten bekannt und verschärfen sich absehbar ab 2030 mit dem Eintritt der geburtenstarken Jahrgänge aus den 1960ern in den Ruhestand. Als wesentliche finanzpolitische Maßnahme steht neben einer Verringerung der Ruhegehälter und einer Erhöhung der Beiträge und Steuern zur Bezuschussung des Rentensystems eine Erhöhung des Renteneintrittsalters zur Verfügung.[2] Dieses Kapitel soll mikro- und makroökonomische Aspekte beleuchten, die sich aus einer freiwilligen Längerbeschäftigung von Professoren über das bisherige regelmäßige Pensionseintrittsalter hinaus ergeben.

2 Am Beispiel der Berufsgruppe der Professoren lassen sich wichtige Teilaspekte einer allgemeinen Erhöhung des Rentenalters fokussiert darstellen. Erstens deutet empirische Evidenz darauf hin, dass bei ihnen im Durchschnitt eine höhere Bereitschaft zu einer längeren Weiterbeschäftigung zu erwarten ist als in anderen Berufsgruppen. Dies liegt an den relativ attraktiven Arbeitsbedingungen dieses Berufs, die von niedriger physischer und meistens wohl auch geringerer psychischer Belastung geprägt sind. Dies reduziert die Anreize für ein vorzeitiges Ausscheiden aus dem Berufsleben, die in anderen Berufen höher sind. Zudem ist der Beruf von einer hohen Autonomie geprägt, was die individuelle Arbeitsorganisation angeht. Professoren gehören schließlich zu einer der Bevölkerungsgruppen mit der höchsten Lebenserwartung.[3] All diese Aspekte

[1] Der Autor dankt seinen Mitarbeiterinnen Frau Neruda Metin, M. Sc. Econ. und Frau Ina Sieberichs, M. Sc. Econ. für kompetente Unterstützung bei der Erstellung seines Beitrages. Der Beitrag verwendet das generische Maskulinum – es sind alle denkbaren Geschlechter gemeint.

[2] Als Rentenkassen werden hier die Budgets für die Versorgung von Ruhegehaltsempfängern bezeichnet, also sowohl für jene in der gesetzlichen Rentenversicherung als auch beamtete Ruhegehaltsempfänger.

[3] *Marc Luy*, Forschungsgruppenleiter am Institut für Demografie in Wien, beziffert die

rechtfertigen die Erwartung, dass eine Lockerung der Hürden für eine freiwillige Längerbeschäftigung tatsächlich merkliche Effekte auf das tatsächlich realisierte Pensionseintrittsalter von Professoren hat. Dies sollte in ähnlicher Weise für vergleichbare Berufsgruppen gelten.

3 Neben der individuellen Motivation, die eigene Lebensarbeitszeit auszudehnen, müssen die Anreize der Entscheidungsträger betrachtet werden, die unmittelbar eine Längerbeschäftigung ermöglichen sollen, was im hier betrachteten Fall die Universitäten sind. Wie in der Privatwirtschaft fallen jedoch mikroökonomische und makroökonomische Anreize auseinander. Denn für eine Universität stellt der Einkommensunterschied zwischen einer in der Regel besser bezahlten Professorin kurz vor dem Ruhestand und eines ihr folgenden jüngeren Professors sogar einen Anreiz dar, eine frühere Pensionierung der Kollegin vorzuziehen. Dem gegenüber steht die Belastung für den Haushalt eines Bundeslandes, das die Kosten tragen muss, die für eine zusätzliche Person in Pension anfallen. Die Universitäten bürden der Gesellschaft eine Externalität auf, da sie die Kosten des Ruhegehalts nicht tragen. Will der Staat Universitäten dazu bewegen, in seinem Interesse und im gesellschaftlichen Interesse einen späteren Eintritt ihrer Professorenschaft in den Ruhestand anzustreben, muss er diesen Zielkonflikt auflösen.

4 Dieses Kapitel gibt einen Überblick über die demografische Entwicklung und die Herausforderungen für das Pensionssystem in Deutschland. Auch wird die Tragfähigkeit der Staatsverschuldung angesprochen. Danach wird detaillierter auf die Professorenschaft eingegangen. Eine numerische Simulation eines einfachen Modells soll verdeutlichen, wie groß die möglichen Effekte auf die Haushalte von Universitäten und Bundesländern sein können, abhängig davon, wie stark sich das realisierte Pensionseintrittsalter nach einer Lockerung der Altersgrenzen erhöht.

5 Es wird sichtbar, dass die Anreize für Staat und Universität, das Pensionsalter zu erhöhen, in entgegengesetzte Richtungen gehen. Es wird daher deutlich, dass zusätzliche monetäre Anreize geschaffen werden müssen, um die Universitäten als vom Staat finanzierte Institutionen im Interesse der Haushalte der Bundesländer und damit letztlich der die notwendigen Steuern und Abgaben zahlenden Allgemeinheit handeln zu lassen. Weiterführende Betrachtungen zu Handlungsmöglichkeiten der Wirtschaftspolitik schließen das Kapitel ab.

Lebenserwartung von Professoren im 60. Lebensjahr um 6 Jahre höher als für den Bevölkerungsdurchschnitt, vgl. *Braun*, Die Rangliste der 50 gefährlichsten Berufe, Welt v. 5.5.2011, abrufbar unter https://www.welt.de/gesundheit/article13340680/Die-Rangliste-der-50-gefaehrlichsten-Berufe.html (Abruf v. 1.7.2023).

II. Hintergrund

Grundsätzlich stehen der Politik als Reaktion auf den demografischen Wandel drei wesentliche Handlungsoptionen zur Verfügung: Erstens kann das Rentensystem durch eine Erhöhung der Beiträge, die von Beschäftigten in das Rentensystem gezahlt werden, auf der Einnahmenseite stabilisiert werden. Aus den einbehaltenen Beiträgen werden im sogenannten Umlageverfahren die derzeitigen Renten ausgezahlt. Für die Pensionen von Beamten, also auch die der Professoren, werden analog Steuereinnahmen benötigt. Zweitens ist als Maßnahme zum Ausgleich der Bilanz des Rentensystems eine Reduktion der Auszahlungen an die Rentenbezieher, also eine Kürzung der Renten, möglich. Drittens schließlich steht die hier zu diskutierende Anpassung des Renteneintrittsalters zur Verfügung. Sie hat zwei Auswirkungen: Mit einer Erhöhung des Rentenalters steigt die Zahl der Beitragszahler, während gleichzeitig die Zahl von Renten- und Pensionsempfängern fällt. 6

Als vierte Option wird oft auch die Migration angesprochen, die nach manchen Berechnungen etwa 400.000 Personen pro Jahr betragen müsste, um das Erwerbspotential konstant zu halten, also die Zahl derer, die Rentenbeiträge zahlen. Der Druck auf das Rentensystem bliebe dennoch, da die Zahl der Zahlungsempfänger durch die steigende Lebenserwartung weiter wächst.[4] Eine weitere Stellschraube, eine Erhöhung der Geburtenzahlen pro Frau, wird selbst bei optimistischen Annahmen die Problematik mittelfristig nicht lösen können. Viele Frauen, die derzeit im gebärfähigen Alter sind, bekommen mittlerweile erst spät ihr erstes Kind, womit die potentielle Zahl von neugeborenen Kindern gering bleibt. Gleichzeitig ist derzeit die Zahl von Frauen im gebärfähigen Alter vergleichsweise gering. Selbst bei biologisch möglich maximalen Geburtenzahlen würde es frühestens in 20 bis 30 Jahren zu einer Erhöhung der Bevölkerung im Erwerbsalter kommen, die die Zahl der Beitragszahler erhöht, während gleichzeitig die Zahl der Rentner aber weiterhin steigt. Versuche, durch verbesserte Kinderbetreuung Beruf und Familie besser vereinbaren zu können, gehen in die richtige Richtung, können aber die anderen Kräfte des demografischen Wandels nicht hinreichend ausgleichen. 7

Für die Frage, wie stark sich eine freiwillige Längerbeschäftigung von Professoren auf das realisierte Pensionseintrittsalter auswirkt, gibt der Vergleich mit den Vereinigten Staaten eine wichtige Orientierung. Ausgehend von einem recht hohen Eintritt im Alter von 70 Jahren, zeigte sich dort nach Abschaffung der verpflichtenden Pensionierung eine Verschiebung des Renteneintritts bei 8

[4] S. den *Fuchs/Söhnelein/Weber*, IAB-Kurbericht: Aktuelle Analysen aus dem Institut für Arbeitsmarkt- und Berufsforschung, 2021, S. 4, abrufbar unter https://iab.de/publikationen/publikation/?id=12022810 (Abruf v. 1.7.2023). Der Bericht zeigt auch, dass sich ab 2035 der Altenquotient der Bevölkerung bei einem Wanderungssaldo von 400.000 zunächst stabilisiert, aber langfristig wieder ansteigt. S. sogleich Rn. 15 ff.

Professoren um etwa zwei Jahre.[5] Auch waren im Alter von 72 Jahren nach der Reform 50% der bis zum Alter von 70 Jahren beschäftigten Professoren noch im Amt, während es vor der Reform nur 10% waren.[6] Nehmen wir für Deutschland als Ausgangspunkt den in einigen Jahren regelgemäß vorgesehenen Pensionseintritt mit 67 Jahren, ergibt sich hier rechnerisch ein Potential von bis zu fünf Jahren, um die sich das Pensionsalter nach hinten verschieben könnte. Aber auch unter Professoren sind die mögliche Lebensarbeitszeit und die gewünschte Lebensarbeitszeit sehr heterogen. Daher wäre ein Anstieg um fünf Jahre ein sehr optimistisches Szenario, aber ein um drei Jahre gestiegenes durchschnittliches Pensionsalter nach Lockerung der Bedingungen für eine freiwillige Längerbeschäftigung von Professoren erscheint eine nicht unrealistische Erwartung.[7]

9 Trotz der zweifellos wünschenswerten Auswirkung einer Längerbeschäftigung auf den Haushalt der Rentenversicherung auf die Staatshaushalte wird eine allgemeine Erhöhung des Rentenalters in der deutschen Öffentlichkeit kontrovers diskutiert. Ein Hauptgrund mag sein, dass sie als ungerechte Kürzung von Renten verstanden wird. Diese Sorge erscheint berechtigt, denn die gestiegene Lebenserwartung ist nach Berufs- und Qualifikationsgruppen unterschiedlich verteilt.[8] So liegt die Lebenserwartung von gewerblich beschäftigten Arbeitnehmern im Schnitt niedriger als bei Akademikern. Nochmals größer ist der Unterschied zu verbeamteten Arbeitnehmern. Tatsächlich lässt sich bei Betrachtung der Renditen auf die Rentenbeiträge feststellen, dass höher qualifizierte aufgrund ihrer Lebenserwartung eine überdurchschnittliche Rendite auf ihre geleisteten Rentenbeiträge erhalten.[9] Doch selbst eine Anpassung des Rentensystems an eine aktuarisch faire Auszahlungsstruktur würde das grundsätzliche Ungleichgewicht zwischen der Zahl der Einzahler und der der Zahlungsempfänger nicht wesentlich reduzieren. Gleichwohl sollte diese Dimension der Ungleichbehandlung als Motivation verstanden werden, nach fairen und damit auch politisch akzeptablen Lösungen zur allgemeinen Bewältigung des demografischen Wandels zu suchen.

---

[5] *Ashenfelter/Card*, 92 Am. Econ. Rev. 957, 959 (2002).

[6] S. hierzu ausführlich *Hirsch* (in diesem Band), § 4 Rn. 26 ff.

[7] Für eine detailliertere Analyse der Anreize über das reguläre Pensionsalter hinaus zu arbeiten, s. z.B. *Deller/Pundt*, in: Alcover u.a., Bridge employment: A research handbook, 2014, S. 167.

[8] S. z.B. *Breyer*, ZVersWiss 2010, 569.

[9] Man muss hier anmerken, dass dies fiktive Renditen sind, da das deutsche Rentensystem im Umlageverfahren in der laufenden Periode gezahlte Beiträge unmittelbar an die Bezugsberechtigten auszahlt. Ein Ansparen oder gar Anlage in verzinste Anleihen oder Aktien findet nicht statt.

III. Gesamtwirtschaftliche Betrachtung: demografischer Wandel und die staatlichen Finanzen

In diesem Abschnitt werden verschiedene Aspekte der demografischen Entwicklung und deren Folgen für die Rentensysteme und Staatsfinanzen verdeutlicht. Dies sind die Entwicklung der Altersstruktur der Bevölkerung, die Entwicklung des Altenquotienten, die Geburtenzahlen pro Frau, das Renteneintrittsalter, die Nachhaltigkeitslücke und schließlich der sich aus diesen Faktoren ergebende prognostizierte Schuldenstand.[10] 10

1. Bevölkerungsentwicklung

Ein Blick auf die zeitliche Entwicklung der sogenannten Bevölkerungspyramide Deutschlands in Abbildung 1 verdeutlicht eindringlich, warum die demografische Entwicklung eine so große Herausforderung für das Rentensystem darstellt. Während man vor über 100 Jahren tatsächlich noch von einer Pyramide sprechen konnte, also die Größe einer Kohorte im Zeitablauf stetig abnahm, sodass der Anteil der Bevölkerung über 65 Jahren gering war, stellt sich die vorhergesagte Altersstruktur für das Jahr 2080 grundsätzlich anders dar. Bei den jungen Jahrgängen ist sie sogar schmaler als bei den mittleren Jahrgängen, was darauf hindeutet, dass die Zahl der Transferempfänger noch weiter relativ zu der der Beitragszahler zunehmen wird. Erst ab einem Alter von ungefähr 80 Jahren wird sich im Jahre 2080 die Bevölkerungspyramide zusehends verschmälern. Während 1910 die höchsten erreichten Lebensalter kaum über 80 Jahre hinausgingen, wird im Jahre 2080 ein merklicher Anteil der Bevölkerung ein Alter von über 100 Jahren erreichen.[11] 11

Derzeit, also in der Abbildung 1 um das Jahr 2019, ist bereits ein erheblich größerer Anteil der Bevölkerung als vor 100 Jahren im Ruhestand, also über 65 Jahre alt. Außerdem sieht man in der Altersgruppe der 50 bis 60-Jährigen eine merkliche Verbreiterung der „Alterspyramide“: Dies sind die geburtenstarken Jahrgänge aus den 1960er Jahren, die ab 2030 verstärkt das Pensionsalter erreichen werden. Ab 2032 wird auch das gesetzliche Rentenalter 67 Jahre betragen, nach einer schrittweisen Erhöhung ausgehend von 65 Jahren seit 2012. 12

[10] Die nachfolgenden Abbildungen 1 bis 6 stammen aus Kapitel 6 des Jahresgutachtens 2020/21 des Sachverständigenrats zur Begutachtung der Gesamtwirtschaftlichen Entwicklung.

[11] Man mag hier statt von einer Pyramide annähernd von einem Bevölkerungsobelisken sprechen.

13 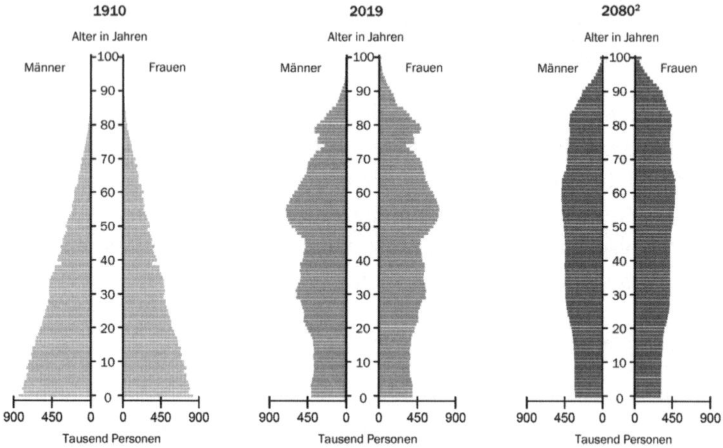

Abbildung 1: Altersverteilung der Gesamtbevölkerung. Stichtag jeweils 31.12. 2-Simulation von Werding gemäß der 14. Koordinierten Bevölkerungsvorausberechnung. Variante G1-L1-W1: Geburtenhäufigkeit 1,4 Kinder je Frau, Lebenserwartung bei Geburt 82, 5 Jahre bei Jungen und 86,4 Jahre bei Mädchen, Rückgang des Wanderungssaldos auf 110500 im Jahr 2030 und danach konstant. Quellen: Statistisches Bundesamt, Werding (2020). © Sachverständigenrat, 20-324. Abbildung 101 des Gutachtens des Sachverständigenrates.

14 Es ist bereits offensichtlich, dass sich das Verhältnis zwischen Erwerbsbevölkerung, die Beiträge in das Rentensystem und Steuern zahlt, und der pensionierten Bevölkerung bis 2019 stark verschoben hat und bis 2080 noch weiter verschieben wird. Dieses Verhältnis wird oft durch den sogenannten Altenquotienten dargestellt.

2. Der Altenquotient

15 Abbildung 2 beleuchtet das Problem des demografischen Wandels aus internationaler Perspektive. Das linke Diagramm zeigt die Fertilitätsrate für ausgewählte OECD-Länder, der Gruppe der Industriestaaten. Das rechte Diagramm zeigt die prognostizierte zeitliche Entwicklung des Altenquotienten in diesen Ländern ab 2020. Die Fertilitätsraten sind in allen gezeigten Ländern weit unter dem Niveau, das nötig ist, um langfristig die Bevölkerung konstant zu halten, was bei etwas über zwei Geburten pro Frau liegt. Im OECD-Durchschnitt liegt der realisierte Wert dieser Kennziffer bei etwa 1,75 und für den Euro-Raum bei knapp unter 1,6. Deutschland liegt exakt bei letzterem Wert, während einige Länder stark darunter liegen, wie hier für Japan und Italien zu sehen ist. Bei konstanten Sterberaten muss dies einen Rückgang der Bevölkerung zur Folge haben.

16 Für die Entwicklung des Rentensystems ist der Altenquotient informativer, definiert als das Verhältnis der 65-Jährigen und Älteren zu den 20 bis 64-Jähri-

gen. Im rechten Diagramm von Abbildung 2 erkennt man zunächst, dass schon vor 2020 ein Anstieg des Quotienten stattfand. Bis zum Jahre 2050 wird ein weiterer Anstieg prognostiziert, der als dramatisch zu bezeichnen ist. Z.B. wird er in Japan von knapp über 50 % auf 80 % steigen. D.h., auf die Finanzierung des Rentensystems übertragen, dass statistisch gesehen statt der bisherigen zwei Personen aus der Gruppe der Jüngeren, die nötig sind, um eine ältere Person zu „finanzieren", diese Last dann von nur 1,25 Personen zu schultern sein wird. Dies bedeutet konkret, dass bei gleichbleibenden Rentenauszahlungen die Beitrags- bzw. Steuerlast pro Person im Erwerbsleben im Schnitt um 60 % steigen müsste. Oder, aus wiederum anderer Perspektive, die Rente pro Person um 37,5 % fallen müsste. In abgeschwächter, aber nicht weniger besorgniserregender Form steht Deutschland vor einer ähnlichen Entwicklung.

17

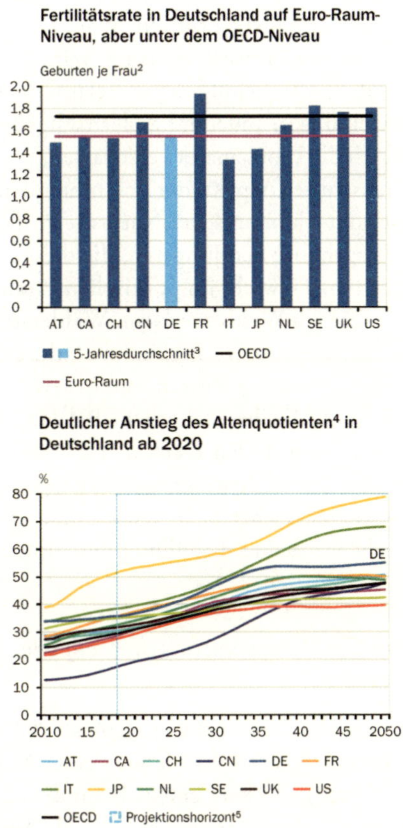

1 - AT-Österreich, CA-Kanada, CH-Schweiz, CN-China, DE-Deutschland, FR-Frankreich, IT-Italien, JP-Japan, NL-Niederlande, SE-Schweden, UK-Vereinigtes Königreich, US-USA. 2 - Basierend auf den zusammengefassten Geburtenziffern. 3 - 2014 bis 2018. 4 - Verhältnis der 65-Jährigen und Älteren zu den 20- bis 64-Jährigen. 5 - Bevölkerungsvorausberechnungen der OECD.

Abbildung 2: Fertilitätsraten und Altersquotienten im internationalen Vergleich

18 Das Problem der zunehmenden Altenquotienten wird viele Gesellschaften auf dem Globus vor Herausforderungen stellen. In Zukunft wird eine große Anzahl von Menschen das Pensionsalter erreichen, und ihr für die Finanzierung des Ruhestands angespartes Vermögen abschmelzen. Für Goodhart und Pradhan (2020) ist daher mittelfristig eine Erhöhung des Realzinsniveaus zu erwarten, da global die Ersparnis fällt. Gesamtwirtschaftlich wird tendenziell „entspart" werden, denn die Zahl der Jungen, die für das Alter spart, geht relativ zurück. Zwar findet diese Entwicklung in Ländern mit staatlichen Rentensystemen im Umlageverfahren nicht buchstäblich statt, aber auch dort setzt eine Abnahme von Beitragszahlern relativ zu den Rentenempfängern die Haushalte von Staaten unter Druck. Sofern die Rentensysteme defizitär sind, werden sie zusätzlich Schulden aufnehmen müssen, um die höheren Ausgaben tragen zu können. Die damit einhergehende Verknappung der ersparten Mittel muss auch auf diesem Wege zu einem Zinsanstieg führen. Wäre Deutschland das einzige Land mit einer demografischen Herausforderung, wäre der Effekt auf die globalen Zinsen gering, und eine Verschuldung zu relativ niedrigen Zinsen möglich. Die parallele Entwicklung in anderen Ländern aufgrund der global fallenden Ersparnis wird jedoch die Problematik verschärfen.

19 Ein weiterer erwähnenswerter Aspekt, der sich hinter dem steigenden Altenquotienten verbirgt, ist polit-ökonomischer Natur: Je größer der Anteil der älteren Transferbezieher gegenüber den Jüngeren, die diese Zahlungen finanzieren, desto größer ist auch ihr Gewicht im politischen Prozess. Es wird zunehmend schwerer für Parteien, im Wettbewerb um Wählerstimmen zu bestehen, wenn sie für die Mehrheit unpopuläre Maßnahmen durchführen wollen. Eigentlich müssten die Jüngeren sich politisch mobilisieren, um eine Erhöhung des Rentenalters zu erreichen, die ihre steuerliche Belastung reduzieren würde. Überraschenderweise zeigt sich in den Demonstrationen 2023 in Frankreich, wo das Renteneintrittsalter vergleichsweise niedrig ist, gerade bei den Jüngeren Widerstand gegen eine aus deutscher Sicht recht milde, und der Problematik nicht hinreichend gerecht werdende, Erhöhung des Eintrittsalters von 62 auf 64 Jahre.

3. Reaktion des tatsächlichen Renteneintrittsalters auf eine Erhöhung des gesetzlichen Rentenalters

20 Das gesetzliche Renteneintrittsalter wurde in Deutschland seit 2012 von einem Alter von 65 Jahren in kleinen Schritten um jeweils einen Monat pro Jahr erhöht (und ab 2024 um zwei Monate) und wird erst 2031 für die im Jahre 1964 geborenen die Altersgrenze von 67 Jahren erreicht haben. Die Entscheidung zu einer schrittweisen Erhöhung dürfte die polit-ökonomische Motivation gehabt haben, den Widerstand gegen die Reform so niedrig wie möglich zu halten. So war für jene, die bei Gesetzesänderung kurz vor der Pensionierung standen, die Än-

derung des Renteneintrittsalters nur gering. Hingegen war für diejenigen, die 2032 in Pension gehen würden, der Anstieg ihres Renteneintrittsalters zwar hoch, aber der Übergang in den Ruhestand zum Zeitpunkt der Reform noch 20 Jahre entfernt.

Die wiederholt vorgebrachte Sorge, dass ein höheres Renteneintrittsalter lediglich zu einer höheren Arbeitslosigkeit vor der Pensionierung führen wird, hat sich nicht bewahrheitet. Abbildung 3 zeigt, dass sich 2018, einige Jahre nach der Reform, das tatsächlich realisierte Durchschnittsalter bei Renteneintritt bereits um zwei Jahre erhöht hatte. Auch ist in dieser Zeit die Erwerbsbeteiligung der Älteren stark gestiegen und die allgemeine Arbeitslosigkeit in Deutschland nach wie vor gering geblieben. Daran lässt sich auch erkennen, dass die Befürchtung, die Alten nähmen den Jungen die Arbeit weg, unberechtigt ist. Die Jugendarbeitslosigkeit ist gerade in Deutschland sehr gering und ist auch während der Phase des steigenden Renteneintrittsalters nicht systematisch gestiegen.[12] Stattdessen wird gerade im Zuge der wirtschaftlichen Erholung nach der Corona-Pandemie Anfang der 2020er über einen Fachkräfte- und Nachwuchsmangel geklagt.[13] 21

22

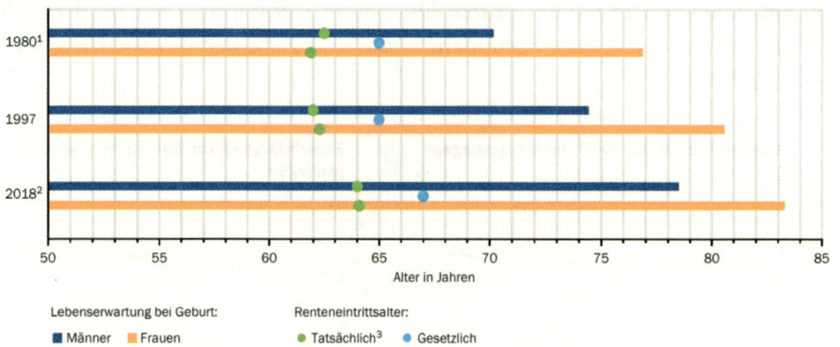

1 – Früheres Bundesgebiet. 2 – Stufenweise Anhebung des gesetzlichen Renteneintrittsalters von 65 auf 67 Jahre seit dem Jahr 2012. Für alle nach 1963 Geborenen gilt die Regelaltersgrenze von 67 Jahren. 3 – Renteneintritt wegen Alters.

Abbildung 3: Lebenserwartung und Renteneintrittsalter in Deutschland. Quellen: Deutsche Rentenversicherung, Statistisches Bundesamt. © Sachverständigenrat.

Anhand von Abbildung 3 lässt sich auch die Untätigkeit der Regierenden vor 2012 erkennen, denn trotz steigender Lebenserwartung und steigendem Altenquotienten wurde das gesetzliche Renteneintrittsalter bis dahin nicht erhöht. Die entstehende Lücke in der Finanzierung des Rentensystems wird durch Zu- 23

[12] Die Frage, ob die Alten den Jungen die Arbeitsplätze wegnehmen, wird in Abschnitt VI. noch einmal aufgegriffen.

[13] S. hierzu auch *N.N.*, Fachkräfte für Deutschland, Bundesministerium für Wirtschaft und Klimaschutz, abrufbar unter https://www.bmwk.de/Redaktion/DE/Dossier/fachkraeftesicherung.html (Abruf v. 1.7.2023).

schüsse aus dem Bundeshaushalt geschlossen, die seit längerem etwa 30 % der Ausgaben der gesetzlichen Rentenversicherung beträgt.[14] Insofern galt zwar, wie der damalige Bundesarbeitsminister Norbert Blüm seit 1986 immer wieder betonte: „Die Rente ist sicher". Dies wird allerdings erst durch den Zuschuss des Bundes möglich, der 2023 gut 112 Milliarden Euro betragen soll, was bei einem vorgesehenen Ausgabenvolumen von 476,29 Milliarden Euro immerhin 23,5 % des Bundeshaushalts sind.

4. Entwicklung der Erwerbstätigkeit

24 Die Erwerbstätigen finanzieren über ihre Steuern und Versicherungsbeiträge die Auszahlungen von staatlichen Renten und Pensionen. Insofern ist die Erwerbsbeteiligung der erwerbsfähigen Bevölkerung eine zentrale Stellgröße, die Tragfähigkeit des Rentensystems und damit auch der Staatsfinanzen zu gewährleisten. Abbildung 4 zeigt die Erwerbstätigenquote, also die Anteile einer bestimmten Bevölkerungsgruppe an einer bestimmten Grundgesamtheit. Die linke Abbildung zeigt die Erwerbstätigenquote von Männern und Frauen in Voll- bzw. Teilzeit im Vergleich zur Bevölkerung im erwerbsfähigen Alter, also jene im Alter von 15 bis 65 Jahren. Die rechte Abbildung zeigt die Erwerbsquoten verschiedener Altersgruppen, relativ zur Zahl der Bevölkerung im jeweiligen Alter.

25

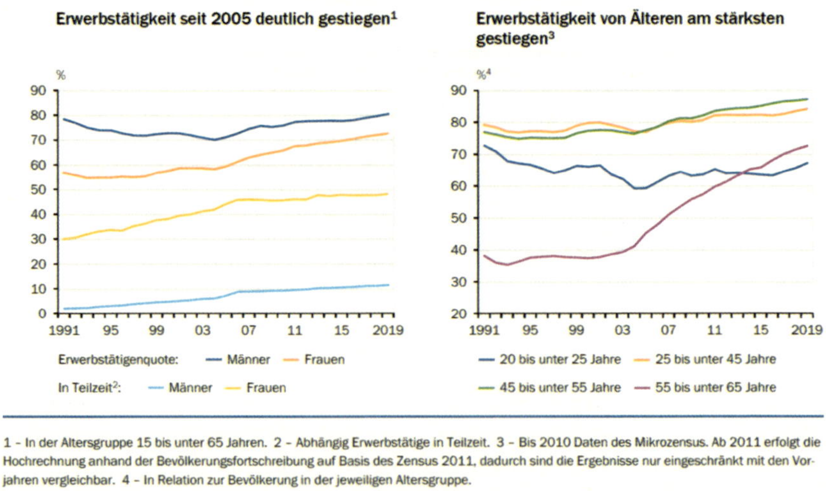

Abbildung 4: Entwicklung der Erwerbstätigkeit in Deutschland. Quelle: Statistisches Bundesamt und Sachverständigenrat. © Sachverständigenrat.

---

[14] S. *N. N.*, Gesetzliche Rentenversicherung, Bundesministerium für Arbeit und Soziales, abrufbar unter https://www.bmas.de/DE/Soziales/Rente-und-Altersvorsorge/Fakten-zur-Rente/Gesetzliche-Rentenversicherung/gesetzliche-rentenversicherung.html (Abruf v. 1.7.2023).

Etwa ab 2005 steigt die Erwerbstätigkeit von Männern und Frauen, nach einem eher fallenden Niveau seit 1991. Der Anteil von Personen in Teilzeit war seit 1991 zunächst stark gestiegen, besonders für Frauen, stagniert allerdings nahezu seit etwa 2005. Da aber die Erwerbstätigenquote für Frauen insgesamt stark gestiegen ist, lässt sich schließen, dass der Anteil der Frauen in Vollzeit stark zugenommen hat. Besonders günstig ist die Entwicklung der Erwerbstätigkeit der Älteren. Auch seit etwa 2005 ist der Anteil der beschäftigten Älteren in ihrer Altersgruppe von knapp 40 % auf über 70 % gestiegen. Dies wird teilweise auf die zunächst angekündigte und später dann auch einsetzende Erhöhung des Renteneintrittsalters zurückzuführen sein, wie auch in Abbildung 3 zu sehen ist. 26

5. *Die Tragfähigkeit der Staatsverschuldung*

Die sich aus den beschriebenen Entwicklungen der Bevölkerungsstruktur ergebende Belastung der staatlichen Haushalte lässt sich auf verschiedene Weisen verdeutlichen. Hier werden zwei Perspektiven angesprochen. Zum einen zeigt die sogenannte Tragfähigkeitslücke, um wieviel der Primärsaldo des Staates steigen müsste, wenn der Schuldenstand relativ zum Bruttoinlandsprodukt (BIP) trotz der prognostizierten Ausgabenanstiege stabil bleiben soll.[15] Anders formuliert gibt die Tragfähigkeitslücke an, wie stark andere Ausgaben fallen müssten, um die prognostizierten Ausgaben für die Altersvorsorge bei gleichbleibenden Einnahmen leisten zu können. Zum anderen lässt sich für gegebene Ausgabenprojektionen berechnen, wie sich der Schuldenstand des Staats relativ zum BIP entwickeln würde. 27

Die berechnete Tragfähigkeitslücke für Ausgaben, die aufgrund des demografischen Wandels ansteigen, liegt 2019 bei 3,9 % des BIP oder 8,8 % der gesamtstaatlichen Primärausgaben.[16] In Abbildung 5 ist zu sehen, dass die beiden größten Kostenfaktoren die Ausgaben für die Gesetzliche Rentenversicherung und die Gesetzliche Krankenversicherung sind. Zusammen mit der Beamtenversorgung (Pensionen und Beihilfe) ergeben sich hier bereits 2,9 % des BIP, also für das hier dargestellte Jahr 2019 eine jährliche Lücke der Staatseinnahmen zu den Staatsausgaben von 134,7 Mrd. Euro. 28

Drei Szenarien für die mögliche Entwicklung des Schuldenstands ab 2020 für den deutschen Gesamtstaat werden im rechten Teil von Abbildung 5 gezeigt. Man erkennt in den Jahren von 2000 bis 2020 den Anstieg der Schuldenquote von gut 60 % des BIP auf fast 80 % im Zuge der Finanzkrise, dann die Konsolidierung bis zur Corona-Pandemie, welche zu einem steilen Anstieg der Verschuldung geführt hat. Während danach zunächst auch eine Konsolidierung 29

[15] Der Primärsaldo des Staates ist der Überschuss der Staatseinnahmen über die Staatsausgaben ohne die zu leistenden Zinszahlungen.

[16] *Werding*, Rentenfinanzen und fiskalische Tragfähigkeit: Aktueller Rechtsstand und Effekte verschiedener Reformen, Arbeitspapier 06/2020 des Sachverständigenrates zur Begutachtung der gesamtwirtschaftlichen Entwicklung, S. 32.

prognostiziert wird, beginnt ab etwa 2035 ein Anstieg des Schuldenstands, dem gegenüber die bisherigen Krisen nahezu vernachlässigbar wirken. Ohne Erhöhung der Beitragssätze und bei gleichbleibendem Pensionsalter würde die Schuldenquote bis 2080 auf 200 % steigen müssen. Mit einer Erhöhung der Beitragssätze um zwei Prozentpunkte auf 22 % könnte der Anstieg auf 170 % begrenzt werden. Den beiden Szenarien liegt ein weiterhin niedriger Realzins zugrunde. Sollte dieser sich bis 2040 wieder auf das langfristige Durchschnittsniveau von 2 % erhöhen, würde der Schuldenstand bis 2080 auf gut 240 % des BIP steigen.[17] Allein die damit einhergehende Zinslast für den Staatshaushalt würde 4,8 % des BIP betragen.

30 Die Dramatik der projizierten Entwicklung des Staatshaushalts kann kaum übertrieben werden. Da demografische Entwicklungen in der Regel sehr gut vorhersehbar sind, weil sich Geburten und Sterberaten nur sehr langsam ändern (von Kriegen und Katastrophen abgesehen), ist die Unsicherheit dieser Prognosen eher gering. Ähnlich wie beim Klimawandel hat man es auch hier mit einer sehr langsamen und von Jahr zu Jahr wenig bemerkbaren Entwicklung zu tun, die aber langfristig ihre Wirkung unweigerlich entfalten wird.

31

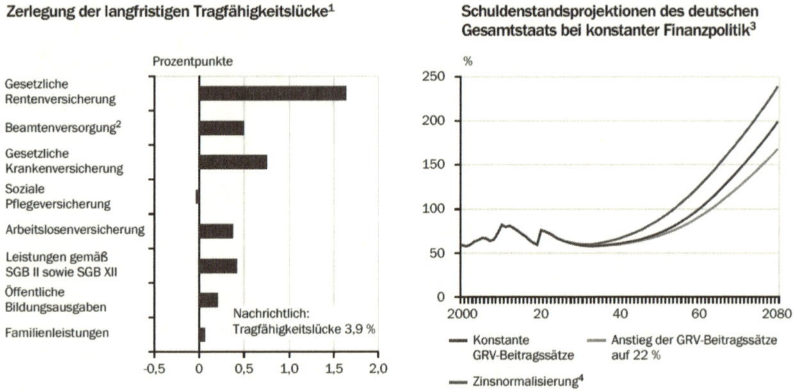

1 – Die Tragfähigkeitslücke gibt die notwendige, dauerhafte Erhöhung des Primärsaldos in Relation zum BIP an, die zur Einhaltung der intertemporalen Budgetbeschränkung notwendig ist. Bei der Berechnung der Tragfähigkeitslücke wird aus Gründen der Einfachheit und der internationalen Vergleichbarkeit stets eine konstante Einnahmequote in Relation zum BIP angenommen. Damit soll eine konstante Finanzpolitik modelliert werden. Das heißt, es wird implizit unterstellt, dass bei steigenden Beiträgen zur GRV eine Steuer- oder Abgabensenkung an anderer Stelle vorgenommen wird, damit die Belastung der Bevölkerung sich nicht ändert. 2 – Einschließlich Beihilfe. 3 – Gesamtstaatlicher Schuldenstand in der Abgrenzung gemäß dem Vertrag von Maastricht. 4 – Der Marktzins für laufende Emissionen von Staatsschuldtiteln steigt bereits bis zum Jahr 2040 auf den langjährigen Durchschnittswert von real 2 % p.a. und bleibt anschließend auf diesem Niveau konstant.

Abbildung 5: Tragfähigkeit und verschiedene Schuldenstandsprojektionen. Quelle: Werding (2020). © Sachverständigenrat.

[17] *Werding*, Rentenfinanzen und fiskalische Tragfähigkeit: Aktueller Rechtsstand und Effekte verschiedener Reformen, Arbeitspapier 06/2020 des Sachverständigenrates zur Begutachtung der gesamtwirtschaftlichen Entwicklung; *Sachverständigenrat zur Begutachtung der gesamtwirtschaftlichen Entwicklung*, Corona-Krise gemeinsam bewältigen, Resilienz und Wachstum stärken, Jahresgutachten 2020/21, Kapitel 6.

IV. Nehmen die Alten den Jungen die Arbeit weg?

Oft wird ein auf den ersten Blick überzeugend wirkendes Argument gegen ein höheres Rentenalter ins Spiel gebracht: Wenn Ältere länger arbeiten, nehmen sie den Jüngeren Beschäftigungsmöglichkeiten. Für die Gültigkeit dieses Arguments auf gesamtwirtschaftlicher Ebene wird implizit angenommen, dass die Arbeitsmenge konstant ist. D. h., bei fester Arbeitszeit pro Kopf fände eine steigende Anzahl von Arbeitskräften nicht auf der vorgegebenen Zahl von Arbeitsplätzen „Platz", muss also arbeitslos bleiben. Häufig wird daraus auch geschlossen, dass es einer Verkürzung der pro Kopf gearbeiteten Arbeitsstunden bedarf, um eine steigende Zahl von Arbeitskräften unterzubringen. In anderen Worten, Arbeit solle dann „geteilt" werden. Dies ist die sogenannte „Lump of Labor Fallacy", der Trugschluss des festen Arbeitsvolumens. 32

Wenn dieses Argument gelten würde, müsste man in den Daten einen positiven Zusammenhang zwischen der Erwerbsbeteiligung der Älteren und Jugendarbeitslosigkeit beobachten. Dies ist eindeutig nicht der Fall, wie die folgende Abbildung 6 zeigt. Es sind gerade jene Länder, in denen die Erwerbsbeteiligung jener im Alter von 55 bis 64 Jahren prozentual am höchsten ist, die eine niedrige Arbeitslosenquote unter den Jüngeren im Alter von 15 bis 24 Jahren aufweisen. Konsistent hiermit, und wie zuvor in Abschnitt III.3. erwähnt, lässt sich zumindest für Deutschland nicht beobachten, dass mit der Zunahme der Erwerbstätigkeit Älterer eine Zunahme der Jugendarbeitslosigkeit einhergegangen ist. 33

34

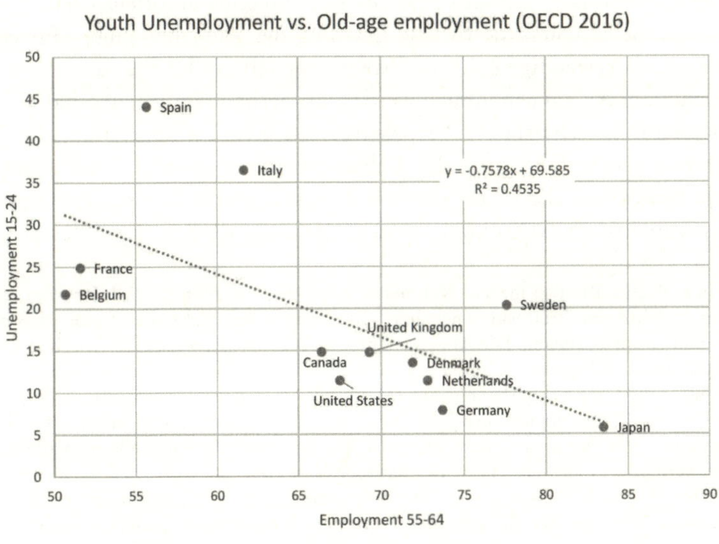

Abbildung 6: Vorruhestand und Jungendarbeitslosigkeit in OECD-Ländern. Quelle: Vorschläge für eine Reform der gesetzlichen Rentenversicherung, Gutachten des wissenschaftlichen Beirats des Ministeriums für Wirtschaft und Energie, 2021, S. 49.

35 Auf den Professorenberuf übertragen, bedeutet das Argument der festen Arbeitsmenge, dass eine höhere Lebensarbeitszeit von Professoren, durch deren späteren Abgang, Nachwuchswissenschaftlern Karrierewege verschließt. Dies stimmt in der Tat zum Teil auf der mikroökonomischen Ebene einer Fakultät. Zum einen kurzfristig, wenn z. B. ein Professor nicht heute, sondern erst in drei Jahren in den Ruhestand wechselt. Bis dahin wird niemand auf seinen Posten nachrücken können. Zum anderen verringert sich die Nachfrage nach Nachwuchswissenschaftlern langfristig, allerdings in weit geringerem Ausmaß. Denn wenn erstmal eine gleichmäßige Altersstruktur einer Fakultät erreicht ist, wird die Abgangsrate von Älteren nur leicht zu fallen haben, wenn jemand typischerweise statt 25 z. B. 27 Jahre im Beruf ist. Damit geht auch die Zugangsrate von Jüngeren nur leicht zurück, sofern die Größe einer Fakultät gleich bleiben soll.[18]

36 Diese mikroökonomischen Effekte einer Erhöhung des Eintrittsalters in den Ruhestand gäben gesellschaftlich nur dann Anlass zur Sorge, wenn dem potentiellen akademischen Nachwuchs nicht Alternativen zur Verfügung stünden und wenn ihre Zahl fest vorbestimmt wäre. Die entscheidende Frage ist jedoch, mit wie vielen Personen der akademische Betrieb gewährleistet ist. Wenn die Zahl der im Wissenschaftsbetrieb benötigten Personen fällt, ist der Bedarf an Nachwuchs geringer. Potentielle Nachwuchswissenschaftler müssen entweder von vorneherein andere Karrieren wählen und sich in anderen Bereichen qualifizieren. Oder, wenn sie eine wissenschaftliche Ausbildung erlangt haben, nach ihrer Promotion in die Privatwirtschaft oder zu anderen öffentlichen Arbeitgebern wechseln. Wenn die für die Leistung der Aufgaben einer Universität oder Fakultät notwendige Zahl von Professoren fällt, sollte dies für sich genommen nicht zum Anlass genommen werden, zusätzliche Stellen zu schaffen.[19]

37 Aus gesamtwirtschaftlicher Perspektive müssen für die Beurteilung der Sinnhaftigkeit einer Verlängerung der Lebensarbeitszeit weitere Punkte bedacht werden. Der öffentliche Sektor steht im Arbeitsmarkt in Konkurrenz zum privaten Sektor, in dem die Einkommen erwirtschaftet werden, deren Besteuerung

[18] Ein einfaches Beispiel hierzu. Nehmen wir an, eine Fakultät hat 25 Mitglieder, die jeweils für 25 Jahre eine Professur innehaben. Dann würde jedes Jahr eine Person pensioniert werden und eine nachrücken. Die Abgangsrate wäre 1/25 = 0,04, was bei 25 Mitgliedern 0,04 mal 25 gleich eine Person pro Jahr wäre. Erhöht sich das Eintrittsalter in den Ruhestand um zwei Jahre, auf 27, wäre die Abgangsrate 1/27 = 0.037. Bei gleicher Professorenzahl würden rechnerisch nur 0,926 Personen pro Jahr in den Ruhestand gehen und entsprechend nachrücken können. Einfacher ausgedrückt: Statt alle 12 Monate würde eine Stelle etwa alle 13 Monate frei werden, was schwerlich eine dramatische Änderung ist.

[19] Es mag gut sein, dass eine eher alte Professorenschaft weniger produktiv ist als eine Jüngere, was nahelegen würde, dass das Durchschnittsalter nicht beliebig erhöht werden kann, bzw. die Zahl jüngerer Mitglieder weniger stark fallen sollte. Die Frage, welche Altersstruktur für die Erfüllung der Aufgaben in Forschung, Lehre, und Transfer optimal ist, wird sich von Fakultät zu Fakultät unterscheiden und lässt sich in diesem Kapitel nicht beantworten.

den öffentlichen Sektor finanziert. Ein Entziehen von Arbeitskräften aus der Privatwirtschaft reduziert gleichzeitig das Steuervolumen und erhöht die staatlichen Ausgaben für deren Einkommen. Die Fähigkeit des Privatsektors, Wohlstand zu schaffen, leidet unter hohen Steuerlasten, insbesondere wenn diese nicht in öffentliche Dienstleistungen fließen, die die Produktivität der privaten Wirtschaftstätigkeit erhöhen. Sicherlich hat ein Bildungssystem diesen positiven Effekt auf die gesamtwirtschaftliche Produktivität. Es darf zuletzt nicht verkannt werden, dass eine Marktwirtschaft ein atmendes System ist und dort Jobs schafft, wo sie benötigt werden. Entsprechend wird eine leicht geringere Nachfrage der Universitäten nach Nachwuchswissenschaftlern zu keiner höheren Arbeitslosigkeit führen, und nicht rechtfertigen, auf die Entlastung des Renten- und Pensionssystems durch eine freiwillige Längerbeschäftigung von Professoren zu verzichten.

V. Mikro- und makroökonomische Anreize für den Eintritt in den Ruhestand

Um den freiwilligen Eintritt in den Ruhestand von Professoren zu bewerten, ist 38
es hilfreich, zunächst allgemeine Aspekte der Renteneintrittsentscheidung herauszuarbeiten, um dann zu diskutieren, welche speziellen Faktoren für Professoren relevant sind. Hier kommt es auf die Besonderheiten des akademischen Arbeitsmarkts an. Das genaue gesetzliche Renteneintrittsalter ist im Prinzip willkürlich gewählt, bewegt sich jedoch international auf ähnlichem Niveau. Der Deutsche Reichstag verabschiedete am 22. Juni 1889 das „Gesetz, betreffend die Invaliditäts- und Altersversicherung", in dem er die Altersgrenze auf 70 Jahre festlegte.[20] Erst nach dem ersten Weltkrieg wurde das Renteneintrittsalter auf 65 Jahre herabgesenkt. Das durchschnittliche Renteneintrittsalter lag 2021 bei einem Alter von 64,1 Jahren.

In einem ökonomisch perfekt funktionierenden Arbeitsmarkt, also einem 39
Markt ohne Unvollkommenheiten wie Suchfriktionen oder Marktmacht von Arbeitgebern, hängt die Entscheidung, in den Ruhestand zu gehen, allein von

---

[20] Das Bundesministerium für Arbeit und Soziales führt auf seiner Internetseite zur Geschichte der Deutschen Rentenversicherung aus: Eine Rente wurde allerdings primär im Falle einer Arbeitsinvalidität ausgezahlt. Altersrente wurde als „Sicherheitszuschuss zum Lebensunterhalt" erst ab Vollendung des *70. Lebensjahres* gezahlt, was weit über der durchschnittlichen Lebenserwartung der Arbeiter zu dieser Zeit lag (Durchschnittliche Lebenserwartung von Männern im Jahr 1910: *45 Jahre*; von Frauen: *48 Jahre*). Der Beitragssatz für diese Rente lag bei lediglich *1,7 %* und wurde je zur Hälfte von den Arbeitern und den Arbeitgebern getragen, vgl. *N. N.*, Geschichte der Gesetzlichen Rentenversicherung, Bundesministerium für Arbeit und Soziales, abrufbar unter https://www.bmas.de/DE/Soziales/Rente-und-Altersvorsorge/Gesetzliche-Rentenversicherung/Geschichte-Gesetzliche-Rentenversicherung/geschichte-der-gesetzlichen-rentenversicherung.html (Abruf v. 1.7.2023).

der Arbeitnehmerseite ab. Arbeitskräfte in solch einem Markt werden nach ihrer sogenannten Grenz-Produktivität entlohnt. Fällt diese mit zunehmenden Alter, wird es einen Zeitpunkt geben, an dem ein zusätzlich gearbeitetes Jahr wegen des gleichzeitig gefallenen Lohnes weniger Nutzen stiftet, als in den Ruhestand zu gehen. Wie stark die Anreize sind, aus dem Arbeitsleben auszuscheiden, hängt auch von den institutionellen Rahmenbedingungen ab. In den meisten Ländern wird ein Renteneintrittsalter festgelegt, mit Ausnahmen, die eine frühere Verrentung möglich machen. Ein staatliches Rentensystem, in dem die Rentenhöhe an das zuletzt erzielte Einkommen geknüpft ist, hat dabei andere Auswirkungen auf die Anreize in Pension zu gehen, als ein System, in dem die Rentenhöhe von der Summe der zuvor geleisteten Beiträge abhängt. Vertragliche Regelungen zwischen Firmen und Beschäftigten verschieben die Anreize weiter. Hier kann tatsächlich eine vorab festgelegte Altersgrenze sogar ökonomisch optimal sein.[21]

40 Welche Rahmenbedingungen den Beschäftigten gesetzt werden, hängt also sowohl von Arbeitgebern als auch Gesetzgebern ab, und ist damit wiederum von deren Entscheidungskalkülen geleitet. Für die Arbeitsnachfrageseite, also für Firmen, steht die Abwägung zwischen Produktivität und Entlohnung im Vordergrund. Fällt erstere unter letztere, ist eine Pensionierung der betreffenden Arbeitskraft optimal. Da Firmen nicht direkt für die Zahlung der Rente aufkommen, berücksichtigen die Entlassungsentscheidungen nicht die Kosten, die dadurch bei einem gesetzlichen Rentensystem für die Gesellschaft entstehen. Gesetzgeber wiederum sollten den Renten- oder Pensionseintritt so regeln, dass die Finanzierung des Rentensystems aus den Beiträgen und Steuern der Beschäftigten gewährleistet ist.

41 Aufgrund der Heterogenität der Eigenschaften und Präferenzen in der Bevölkerung unterscheidet sich das persönlich erstrebenswerte Renteneintrittsalter vom gesetzlich vorgeschriebenen. Für viele liegt es darüber, für viele darunter. Im Falle der Professorenschaft scheint die Annahme berechtigt, dass ihr persönlich optimales Pensionseintrittsalter höher ist als im Durchschnitt der Bevölkerung und entsprechend auch über dem gesetzlichen Renteneintrittsalter von bald 67 Jahren. Daraus ergibt sich das Potential, durch Lockerung der Bedingungen für eine Längerbeschäftigung auch tatsächlich eine Erhöhung des durchschnittlichen Rentenalters zu erreichen, mit den zuvor beschriebenen Vorteilen für die Staatsfinanzen: Einer Abnahme der Anzahl der Pensionsempfänger zugunsten einer Zunahme der Anzahl derer, die Steuern zahlen.

42 Letztendlich wird von den Universitäten bzw. ihren Fakultäten entschieden, ob sie einem Professor eine Längerbeschäftigung gewähren, im Rahmen der vom jeweiligen Bundesland gesetzten Regeln und Anreize. Das mikroökono-

---

[21] Eine berühmte Arbeit zu verpflichtender Pensionierung stammt von *Lazear*, 87 JPE 1261 (1979).

mische Kalkül der Universität ist von den Auswirkungen bestimmt, die eine spätere Pensionierung auf ihren Haushalt und, sofern messbar, auf die Produktivität der Fakultät hat.

Betrachten wir zunächst den Effekt einer Längerbeschäftigung auf den Haushalt der Universität. Solange das den Jüngeren gezahlte Einkommen unter jenem der Älteren nahe dem Pensionsalter liegt, wird sich ein späterer Pensionseintritt eines älteren Fakultätsmitglieds negativ auf den universitären Haushalt auswirken müssen. Denn eine frühere Pensionierung hätte eine Ersparnis entsprechend der Differenz der Einkommen ergeben. Nur wenn keine Einkommensdifferenz vorliegt, ist die Universität zwischen einer Weiterbeschäftigung oder Pensionierung indifferent.[22] Die Ersparnis der Universität wäre noch größer, wenn neben den Gehaltszahlungen zusätzliche Kosten mit einer Pensionierung entfallen, wie eine aus früheren Berufungszusagen stammende großzügige Ausstattung des Lehrstuhls, und bei Jüngeren nicht erneut anfallen. 43

In der folgenden Abbildung wird die Simulation einer Erhöhung des durchschnittlichen Pensionsalters um bis zu fünf Jahre in einem einfachen Modell dargestellt. Angenommen wurde eine Fakultät, die aus fünf „alten" Mitgliedern über 60 Jahre besteht, von denen regelmäßig eines mit 65 Jahren in Pension geht. Daneben gibt es „junge Mitglieder", von denen jeweils eines mit 40 Jahren eine langfristige Professur erhalten hat.[23] Durch die Altersstruktur ergibt sich zwangsläufig eine Aufteilung der Fakultät in 20 junge und fünf alte Mitglieder. Mit jedem Abgang in den Ruhestand muss es einen Zugang in die Fakultät geben, um die Größe der Professorenschaft konstant zu halten. Es wird zudem zur Illustration angenommen, dass jüngere Professoren 70 % des Einkommens eines älteren Professors erhalten. Das Renteneinkommen beträgt im Beispiel auch 70 % des Einkommens der älteren Professoren. 44

Abbildung 7 zeigt den typischen Effekt einer späteren Pensionierung auf die Haushalte von Universität und einem Bundesland, das sowohl die Universität als auch die Ruheständler finanzieren muss. Während die Ausgaben der Universität steigen, fällt die Belastung für den öffentlichen Haushalt. Die Ausgaben der Universität blieben wie gesagt nur dann konstant, wenn junge und alte Mitglieder der Fakultät das gleiche Einkommen haben. Die Ausgaben der öffentlichen Hand würden dagegen nur dann nicht steigen, wenn die Einkommen der jungen Fakultätsmitglieder extrem niedrig sind und auch die Pensionen recht niedrig ausfallen. Beide Fälle sind unrealistisch. In der gezeigten Simulation würden bei einer Erhöhung des Renteneintrittsalters um fünf Jahre die Perso- 45

---

[22] Wie bereits zuvor angesprochen, ignorieren wir hier eine vom Alter abhängige Produktivität.

[23] *N. N.*, Bundesbericht Wissenschaftlicher Nachwuchs 2021, Bundesministerium für Bildung und Forschung, S. 91, abrufbar unter https://www.buwin.de/dateien/buwin-2021.pdf (Abruf v. 1.7.2023). Hier wird bei Erstberufung ein durchschnittliches Alter von 41,7 Jahren angegeben.

nalausgaben der Universität um 5,26 % jährlich steigen, während sie für das betreffende Bundesland durch die gesparten Rentenzahlungen um 12,88 % fallen würden. Es wird daher deutlich, dass die Anreize eine Erhöhung des Renteneintrittsalters von Professoren für eine Universität negativ sind, während sie für den öffentlichen Sektor als Ganzes positiv sind, da der Staat weniger Ausgaben für den Nachwuchs und die Pensionierten leisten muss.

46 Für die Simulation wurde angenommen, dass die Größe der Professorenschaft konstant bleibt, unter der impliziten Annahme, dass auch die Produktivität der Fakultät unabhängig von ihrer Altersstruktur ist. Da mehr ältere Mitglieder in der Fakultät sind, muss der Anteil der jüngeren notwendigerweise fallen. Durch die spätere Pensionierung fällt der „Strom" der Älteren aus der Fakultät, womit auch der Zustrom der Jüngeren in die Fakultät fallen muss. Bei einer Erhöhung des Pensionsalters um fünf Jahre, würde ein neues Mitglied statt jedes Jahr nun etwa alle 14 Monate in die Fakultät aufgenommen werden müssen, um die Anzahl der Professuren konstant zu halten. Bei einer Erhöhung des Eintrittsalters um zwei Jahre würde die Dauer zwischen Abgängen und Neubesetzungen nur etwa 13 Monate betragen.[24]

47

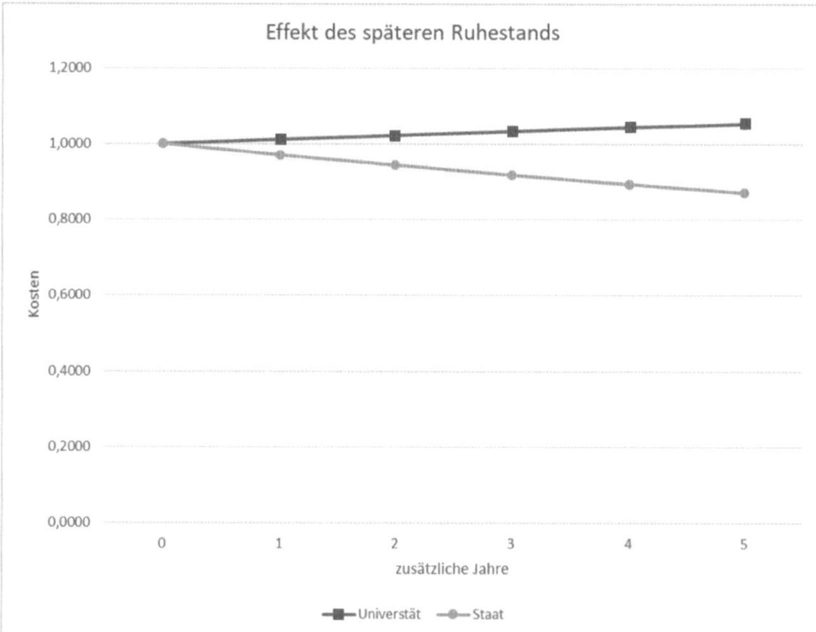

Abbildung 7: Effekte auf die staatlichen und universitären Haushalte einer Erhöhung des durchschnittlichen Eintrittsalters in die Pension um bis zu 5 Jahre.

---

[24] S. auch das Beispiel in Fußnote 13.

Wie in Abschnitt II. bereits angesprochen, hat eine Aufhebung der Beschränkungen für die Längerbeschäftigung von Professoren in den USA zu einem späteren realisierten Eintritt in den Ruhestand geführt. Es besteht a priori kein Grund zu der Annahme, dass dies in Deutschland nicht auch in ähnlicher Weise geschehen sollte. Für Universitäten zeigt die Simulation, dass jedoch rein buchhalterisch die Anreize, eine Längerbeschäftigung zu gewähren, negativ sind, solange die Einkommen und sonstigen Kosten für Nachwuchskräfte niedriger sind. Wie in den anderen Beiträgen in diesem Tagungsband dargestellt, wird in einigen Bundesländern die Verlängerung der Lebensarbeitszeit sehr restriktiv gehandhabt, während sie in anderen bereitwillig gewährt wird.[25] 48

Die Auswirkungen der Längerbeschäftigung für den gesamtstaatlichen Haushalt sind eindeutig positiv, und damit auch für die Steuern und Beiträge zahlende Bevölkerung, die Pensionen und Renten finanziert. Um diese Effekte zu erhöhen, müsste der Staat die Anreize auf universitärer Ebene so verstärken, dass Universitäten im gesamtgesellschaftlichen Interesse handeln. Das hieße konkret, dass die Universitäten stärker an den positiven Effekten auf den Staatshaushalt teilhaben sollten, um ihr Verhalten in die gesamtgesellschaftlich wünschenswerte Richtung zu lenken. 49

Die Universitäten und ihre Fakultäten tragen durch ihre drei Aufgaben Forschung, Lehre und Transfer zum gesellschaftlichen Wohlstand und Wohlsein bei und ermöglichen damit auch die sie finanzierende gesamtwirtschaftliche Produktion. Die drei Aufgaben sind in vielerlei Hinsicht miteinander verknüpft und befruchten sich gegenseitig. Professoren entwickeln in ihrem Lebenszyklus unterschiedliche Stärken und Spezialisierungen. Während einige in der Forschung höchst produktiv bleiben, treten andere in der Lehre hervor, während wiederum andere zunehmend Transferaufgaben übernehmen. Auch bringen sich andere verstärkt in Gremien oder in die Universitätsleitung ein. Manche Aufgaben können und sollten Nachwuchswissenschaftler am Anfang ihrer Karriere noch nicht übernehmen, sondern ihre Forschung vorantreiben. Auf der einen Seite verfügen ältere Fakultätsmitglieder über mehr Erfahrung und Kenntnisse der universitären Abläufe. Auf der anderen Seite bringen Nachwuchswissenschaftler eine hohe individuelle Leistungs- und Lernfähigkeit und Expertise in den neuesten Methoden mit, die sie weiter vermitteln. Dies befruchtet die Lehre und die Forschung. Die für den Transfer nötige Erfahrung und Vernetzung wiederum ist beim Nachwuchs vermutlich eher noch geringer ausgeprägt. 50

Eine Universität oder ihre Fakultäten müssen diese verschiedenen Aspekte in der Praxis gegeneinander abwägen und auch bei späterem durchschnittlichen Eintritt ihrer Professoren in den Ruhestand berücksichtigen. Dies wird gege- 51

---

[25] S. eingehend *Benecke* (in diesem Band), § 1 Rn. 23 f., 25 ff.; *Möllers* (in diesem Band), § 7 Rn. 6 ff., 23 f.

benenfalls zu neuen Ausgestaltungen der Weiterbeschäftigung von Professuren führen. So ist vorstellbar, dass eine Schwerpunktsetzung auf einen der Bereiche Forschung, Lehre oder Transfer stattfindet, je nach individueller Leistung und Präferenz. Es gibt Professoren, die auch noch bis über ein Alter von 70 Jahren hinaus größere Drittmittelprojekte leiten und neues Wissen schaffen.

VI. Zusammenfassung und Fazit

52 Eine längere Lebensarbeitszeit ist in Deutschland allgemein für alle Berufsgruppen geboten, da der demografische Wandel die Pensionssysteme bereits stark belastet und in Zukunft aufgrund der Verrentung der geburtenstarken Jahrgänge noch weiter belasten wird. Das Renteneintrittsalter ist die zentrale Stellgröße, da es die relative Zahl von Beitragszahlern zu Pensionsempfängern steuert. Jüngste Lösungsvorschläge, z.B. des Wissenschaftlichen Beirats des Wirtschaftsministeriums, regen eine Koppelung des Rentenalters an die Lebenserwartung an. Hier gibt es Gegenstimmen, die mit belastenden Bedingungen für einzelne Berufsgruppen begründet werden.

53 Berufe unterscheiden sich in der Tat hinsichtlich der physischen und psychischen Belastungen und ihre typischen Mitglieder unterscheiden sich daher auch hinsichtlich der Lebenserwartung. Man muss diese Faktoren bei einer Erhöhung des Rentenalters berücksichtigen. Für einige Berufsgruppen könnte eine solche Erhöhung effektiv auf eine überproportionale Verringerung der Rentenbezugsdauer hinauslaufen, wenn die Lebenserwartung ihrer Mitglieder gering ist.

54 Die Professorenschaft bietet sich als eine sehr interessante Fallstudie an, da sie typischerweise eine überdurchschnittlich hohe Lebenserwartung aufweist und zumindest die physische Belastung ihres Berufs gering ist. Empirische Studien aus den USA deuten auch darauf hin, dass die Bereitschaft, länger zu arbeiten, bei Professoren ausgeprägt ist, wie am Anfang des Kapitels dargestellt. Die gesetzliche Abschaffung der Zwangspensionierung („mandatory retirement"), die als Altersdiskriminierung interpretiert wurde, hat zu einer Verschiebung des Pensionseintritts von zwei Jahren geführt, ausgehend von einem erreichten Alter im Beruf von 70 Jahren.

55 Auf Deutschland übertragen würde eine entsprechende Lockerung des regelmäßigen Pensionsalters für Professoren von 67 Jahren zu einem potentiellen Anstieg der Beschäftigung von bis zu fünf Jahren führen können. Die tatsächlichen Effekte wären wahrscheinlich geringer, da nur ein Anteil der Professorenschaft eine Präferenz zu längerer Arbeit haben dürfte und manche weiterhin vorher in den Ruhestand gehen wollen, und manche sicherlich auch sollten, weil ihre Produktivität oder Motivation niedrig ist. Sie würden von einer Lockerung der Bedingungen für eine freiwillige Längerbeschäftigung auch nicht betroffen sein.

Die Auswirkungen einer gegebenen Zunahme des Pensionseintrittsalters auf das Budget von Universitäten und Bundesländern hängen von Annahmen an die Personalpolitik ab. Eine Verlängerung der Beschäftigungsdauer Älterer bei gleichbleibender Zahl von Einstellungen junger Professoren würde eine Fakultät vergrößern und damit die Personalkosten auf Universitätsebene stark erhöhen. Auch wäre für den Landeshaushalt wenig gewonnen, da die Pensionen typischerweise geringer sind als das letzte Einkommen vor dem Ruhestand. Der realistischere Fall einer konstant gehaltenen Größe der Fakultät würde bedeuten, dass auf Ebene eines Bundeslands Personalkosten gespart werden würden, während für Universitäten die Kosten steigen, da sie die höheren Einkommen der älteren Professoren erst später durch niedrigere der nachrückenden jüngeren Professoren ersetzen können. Der Anteil Jüngerer an der Fakultät müsste dabei aber leicht fallen. 56

Für eine Beurteilung der einzelwirtschaftlichen Auswirkungen einer längeren Beschäftigung von Professoren muss auch die Produktivität der Professoren selbst und die Zusammensetzung von Fakultäten berücksichtigt werden. Die Produktivität in den relevanten Aufgaben Forschung, Lehre und Transfer entwickelt sich im Laufe der professoralen Karriere unterschiedlich. Zwischen jungen und alten Fakultätsmitgliedern bestehen in der Erfüllung von Aufgaben teilweise Komplementaritäten und teilweise Substituierbarkeit, sie werden also im Allgemeinen beide benötigt. Zumindest in der Volkswirtschaftslehre bringen junge Professoren neue Methoden in die Fakultät und damit wiederum in die Doktorandenausbildung, weisen eine hohe Produktivität auf, sind aber noch weniger im Transfer von Wissenschaft engagiert oder einsetzbar. Berufseinsteiger sind in manchen Bereichen noch in einem Lernprozess, bei dem von älteren Professoren profitiert werden kann. Diese Aspekte müssen für die Erstellung von Richtlinien für die freiwillige Längerbeschäftigung berücksichtigt werden. 57

Einzelwirtschaftlich mag es plausibel erscheinen, dass ein späterer Pensionseintritt Älterer den Jüngeren „die Arbeitsplätze“ wegnimmt. Dieses Argument wäre gültig, wenn die Zahl der Arbeitsplätze in einer Wirtschaft fest vorgegeben ist. Dies ist nicht der Fall. Tatsächlich ist die Zahl der Arbeitsplätze flexibel und passt sich mittelfristig dem Arbeitsangebot an. Vielmehr konkurriert der öffentliche Sektor mit dem privaten Sektor um die klügsten Köpfe, auch im Bildungsbereich. Ein geringerer Bedarf an Personen im öffentlichen Bereich Bildung führt zu einem höheren Angebot von Arbeitskräften im privaten Sektor, die dort, vorausgesetzt, Marktkräfte dürfen wirken, auch Arbeit finden werden. Zahlreiche empirische Studien haben entsprechend gezeigt, dass Arbeitszeitverkürzungen keine zusätzlichen Arbeitsplätze schaffen.[26] 58

[26] Zur internationalen empirischen Forschung zu diesem Thema, s. z. B. die Zusammenfassungen in *Boeri/van Ours*, The Economics of Imperfect Labor Markets, 2021, Abschnitt 5.3, und in *Cahuc/Zylberberg*, The Natural Survival of Work: Job Creation and Job Destruction in a Growing Economy, 2006.

59 Man muss für eine Beurteilung der gesamtwirtschaftlichen Effekte von einer freiwilligen Längerbeschäftigung auch berücksichtigen, dass die Wertschöpfung in der Privatwirtschaft stattfindet, deren Besteuerung wiederum die Bereitstellung von Bildung finanziert. Durch einen späteren Eintritt in den Ruhestand werden die Steuereinnahmen steigen, da die Erwerbsbevölkerung entsprechend größer bleibt. Die Einsparung von Ausgaben zur Versorgung von Beamten im Ruhestand würde gleichzeitig die erforderlichen Steuereinnahmen reduzieren und daher über tendenziell niedrigere Steuer- und Abgabensätze Verzerrungen im Arbeitsangebot reduzieren, und somit das wirtschaftliche Wachstum fördern bzw. die gesamtwirtschaftliche Produktion auf einem höheren Niveau halten. Angesichts des fortschreitenden demografischen Wandels sollte daher auf diese Maßnahmen zur Erhöhung der im Erwerbsleben aktiven Bevölkerung nicht verzichtet werden.

§ 7 Methodische Rechtsfragen zur sinnvollen Präzisierung der Regelungen zur Dienstzeitverlängerung bei Universitätsprofessoren[1]

Thomas M. J. Möllers

I. Dienstzeitverlängerung und dienstliches Interesse

1 Eine Umschau über die Universitätslandschaft der Bundesländer zeigt, dass die Möglichkeiten, als Universitätsprofessor länger zu arbeiten, sich deutlich unterscheiden: Während einige Universitäten einem Antrag auf Dienstzeitverlängerung (bis zu dreimal) unproblematisch zustimmen und sogar mit einer zehnprozentigen Gehaltserhöhung prämieren, gibt es andere Universitäten, die einen solchen Anspruch regelmäßig ausschließen.[2] Die Möglichkeit, noch als Seniorprofessor weiter an der Universität tätig zu sein, fördern einige Universitäten mit Nachdruck; bei anderen Universitäten fehlen hierzu jegliche Regelungen. Der vorliegende Beitrag will die Ursachen hierfür benennen und Lösungsvorschläge unterbreiten. Es zeigt sich, dass schon die einschlägigen beamtenrechtlichen Vorschriften der Länder sich trotz gemeinsamer Wurzeln unterscheiden. Ausgangspunkt ist jeweils eine Vorschrift im Beamtenrecht,[3] die für eine freiwillige Dienstzeitverlängerung verlangt, dass ein dienstliches Interesse vorliegt oder aber einer Verlängerung nicht entgegensteht. Dabei ist der Begriff des „dienstlichen Interesses" wenig geklärt.

2 Trotz gemeinsamer Wurzeln entwickelt sich der Rechtszustand heterogen: Während ein dienstliches Interesse zum Teil positiv begründet werden muss, reicht es bei anderen Bundesländern, dass einer Dienstzeitverlängerung ein dienstliches Interesse negativ nicht entgegensteht (I.). Um den Begriff des dienstlichen Interesses methodisch zu konkretisieren, hilft eine Rückbesinnung auf den Regelungszweck und Willen des Gesetzgebers. Die hochschulrechtlichen Besonderheiten sowie ökonomische Überlegungen sind folgenorientiert

---

[1] Der Beitrag verwendet das generische Maskulinum – es sind alle denkbaren Geschlechter gemeint.

[2] Mir gegenüber wurde etwa von der bisherigen großzügigen Praxis an den Universitäten in Kiel, Freiburg oder Heidelberg berichtet. Zu den engen Voraussetzungen s. etwa Augsburg (Rn. 24) oder die Universität Frankfurt (*Wolff* (in diesem Band), § 5 Rn. 4). S. auch den Beitrag von *Benecke* (in diesem Band), § 1 Rn. 15.

[3] Weitere Modifikationen finden sich dann etwa im Hochschulrecht in Gesetzen oder Richtlinien der Universitäten. Darauf wird zurückzukommen sein.

zu berücksichtigen (II.). Um den gesetzgeberischen Zweck der Verlängerungsregeln nicht zu unterlaufen, sind alle sachlichen Kriterien zu sammeln und abzuwägen (III.). Neben den inhaltlichen Voraussetzungen sind dann die formalen Voraussetzungen wie Fristen, Beteiligungsrechte und Darlegungslasten gegenüber dem bisherigen Recht zu verbessern (IV.). Die Studie endet mit einem Ausblick, in welchem die jeweiligen Landesgesetzgeber und Universitäten die Voraussetzungen einer freiwilligen Dienstzeitverlängerung zur Steigerung der Rechtssicherheit weiter konkretisieren sollten (V.).

1. Die mehrfache Änderung des gesetzlichen Rahmenwerkes auf Bundesebene

a) 1989: Sicherung der Versorgungshaushalte als Regelungszweck und Rechtsanspruch durch die negative Feststellung

3 Bevor man tiefer in die methodische Diskussion einsteigt, erscheint es sinnvoll, sich mit der Intention, dem sog. Willen des Gesetzgebers auseinanderzusetzen, als er die Regelungen zur freiwilligen Dienstzeitverlängerung einführte. Bei der Einführung der neuen Regeln 1989 wollte der Bundesgesetzgeber den Eintritt in den Ruhestand flexibilisieren. Ausdrücklich zur Regelung der freiwilligen Dienstzeitverlängerung finden sich folgende Erwägungen in den Bundestagsdrucksachen: „Die zu erwartende *demografische Entwicklung* und insbesondere die abnehmende Quote der erwerbsfähigen Bevölkerung, auf der anderen Seite eine steigende Lebenserwartung und die zunehmende Bereitschaft, auch im vorgerückten Alter einer beruflichen Tätigkeit nachzugehen, wirken sich auch im Beamtenbereich aus."[4] Ausdrücklich wollte er damit dem Beamten die Möglichkeit eröffnen, „freiwillig weiter im aktiven Dienst zu bleiben."[5] Die Möglichkeit sollte trotz der hohen physischen und psychischen Belastungen auch für Polizeivollzugs-, Feuerwehr- und Strafvollzugsbeamte gelten. Ziel der Reform war es, aufgrund der demografischen Entwicklung eine *„adäquate Kostensenkung der Versorgungshaushalte der aus Steuermitteln finanzierten Alterssicherungssysteme"* zu erreichen.[6] Dabei sollten „die Lasten der demografischen Entwicklung gleichmäßig innerhalb des Systems der Beamtenversorgung auf alle Betroffenen verteilt werden."[7] Diese Überlegungen beziehen sich auf alle Maßnahmen wie die Anhebung und die Flexibilisierung der Altersgrenze.

4 In der Fassung von 1989 war diese Altersflexibilisierung mit der gesetzlichen Formulierung verbunden, dass dem Antrag des Beamten „dienstliche Belange nicht *entgegenstehen*". Bei dieser *negativen* Feststellung war grundsätzlich dem Antrag des Beamten stattzugeben; es bestand ein *Rechtsanspruch* auf Dienst-

---

[4] Ausdrücklich zur Regelung der freiwilligen Dienstzeitverlängerung s. BT-Drucks. 11/5372, S. 33, gleichlautend BT-Drucks. 11/5136, S. 32.

[5] BT-Drucks. 11/5372, S. 33, gleichlautend BT-Drucks. 11/5136, S. 32.

[6] BT-Drucks. 11/5372, S. 2, 22, gleichlautend BT-Drucks. 11/5136, S. 2, 22.

[7] BT-Drucks. 11/5372, S. 2, 22, gleichlautend BT-Drucks. 11/5136, S. 2, 22.

zeitverlängerung. Diesen Rechtsanspruch gab es ursprünglich mit dem Gesetz zur Änderung des Beamtenversorgungsgesetzes vom 18.12.1989 für die Beamten des Bundes. Nur ausnahmsweise galt dies nicht, wenn der Dienstherr darlegte, dass dienstliche Interessen einer Verlängerung entgegenstehen. Gleichzeitig wurde den Bundesländern die Möglichkeit gegeben, das Pensionsalter ihrer Beamten zu regeln.[8] Folglich finden sich in allen Bundesländern vergleichbare Regelungen für die Dienstzeitverlängerung.

b) 1991: Einführung der positiven Feststellung des dienstlichen Interesses

Allerdings wurde schon zwei Jahre später, nämlich 1991, dieser Rechtsanspruch wieder eingeschränkt, indem nun der Antragsteller die Darlegungslast hat, das dienstliche Interesse für eine *Dienstzeitverlängerung positiv zu begründen*. Ausdrücklich heißt es: „Diese Regelung ist änderungsbedürftig, da die Darlegungs- und Beweislast ausschließlich bei der Verwaltung liegt. Im Interesse einer effektiven Personalwirtschaft erscheint es daher geboten, die einschlägigen Vorschriften des BeamtVGÄndG so zu ändern, daß die Worte „soweit dienstliche Belange nicht entgegenstehen" durch die Worte „wenn es im dienstlichen Interesse liegt" ersetzt werden.[9] Gleichzeitig wurde betont: „*Hierdurch würden die Möglichkeiten zur Verlängerung nicht eingeschränkt*, eine sachgemäße Berücksichtigung der Interessen der öffentlichen Verwaltung jedoch sichergestellt."[10] 5

2. Die unterschiedliche und wenig geklärte Rechtslage in den Bundesländern

a) Umfassender Rechtsanspruch auf Dienstzeitverlängerung in norddeutschen Bundesländern

Die drei Bundesländer Schleswig-Holstein, Niedersachsen und Thüringen haben es bei der ursprünglichen Rechtslage des Bundes von 1989 belassen, wonach einer Dienstzeitverlängerung *dienstliche Interessen nicht entgegenstehen dürfen* (negative Feststellung).[11] Damit hat der Beamte grundsätzlich einen Rechtsanspruch auf Weiterbeschäftigung. Zwar wird anerkannt, dass die Personal- und Organisationshoheit beim Dienstherrn läge.[12] Ihn treffen aber umfangreiche 6

---

[8] BT-Drucks. 16/4027.

[9] BT-Drucks. 12/1455, S. 28. S. nun § 53 Abs. 1 Nr. 1 BBG.

[10] BT-Drucks. 12/1455, S. 61 f.

[11] § 35 Abs. 4 SchlHLBG, § 25 Abs. 7 ThürBG; als einzige Vorschrift der Beamtengesetze der Bundesländer ist § 36 Abs. 1 S. 1 NBG für das erste Jahr der Dienstzeitverlängerung als gebundene Entscheidung formuliert („ist [...] hinauszuschieben"), für die folgenden zwei Jahre besteht gem. § 36 Abs. 1 S. 2 NBG ein Ermessen.

[12] *Spitzlei*, in: Franke/Weiß, GKÖD, 3. Lfg. 2019, L § 53 Rn. 13; OVG Münster, Beschl. v. 12.9.2013 – 6 B 1065/13, BeckRS 2013, 56113; *Günther*, NWVBl. 2014, 325, 326; VG Augsburg, Urt. v. 17.12.2020 – Au 2 K 20.1433, BeckRS 2020, 48789, Rn. 23 – Lehrstuhlneuausrichtung (Buhl); OVG Greifswald, Beschl. v. 19.8.2008 – 2 M 91/08, NVwZ-RR 2009, 23 – Förderung des wissenschaftlichen Nachwuchses als dienstliches Interesse.

Nachweispflichten, wenn er deshalb einen Antrag ablehnen möchte.[13] Eine Abstufung nach Eignung und Leistung des Beamten fände nicht statt.[14] Besonders herausragende Qualifikationen seien nicht erforderlich.[15] Zudem könnten als entgegenstehendes dienstliches Interesse nur solche Umstände vorgetragen werden, die „mit dem Hinausschieben des Eintritts in den Ruhestand nicht stets oder regelmäßig verbunden sind."[16] Die generelle Intention des Dienstherrn, jungen Nachwuchskräften die Chance zu geben, eine Führungsposition zu übernehmen, sei etwa kein dienstliches Interesse, weil der Gesetzgeber diese typische Folge gerade in Kauf genommen habe.[17]

7 Prozessual träfe den *Dienstherrn* die *Darlegungs- und Beweislast*, wenn er den Anspruch ablehnen möchte.[18] Nur ausnahmsweise kann ein Antrag vom Dienstherrn abgelehnt werden, sodass auch im zweiten oder dritten Jahr ein *äußerst geringer Spielraum für eine ablehnende Ermessensentscheidung* bestünde.[19] Im Ergebnis führt ein solcher Regelanspruch zu einer weitgehenden Unbeachtlichkeit des dienstlichen Interesses.

b) Die Dienstzeitverlängerung bei positiver Feststellung des dienstlichen Interesses

8 Die meisten Bundesländer folgen dagegen dem Beispiel des Bundes, dass dem Antrag auf Dienstzeitverlängerung entsprochen wird, wenn *„dies im dienstlichen Interesse"* liegt (positive Feststellung)[20] oder die „Fortführung im dienst-

[13] S. genauer unten Rn. 57f.

[14] VG Freiburg, Urt. v. 10.7.2012 – 5 K 751/12, BWGZ 2012, 834 = Juris – Sonderschuldirektor.

[15] OVG Münster, Beschl. v. 31.7.2012 – 6 B 872/12, Rn. 17 (Juris) – Polizeihauptkommissar.

[16] VGH Mannheim, Beschl. v. 31.3.2015 – 4 S 630/15, VBlBW 2015, 469, 471 = BeckRS 2015, 54462, Rn. 7 – Tenure Track Stellen m.w.Nachw.; VGH Mannheim, Beschl. v. 28.6.2018 – 4 S 1359/18, BeckRS 2018, 14359, Rn. 6 – Badisches Staatstheater; *Weichbrodt*, in: Brinktrine/Neuhäuser, BeckOK Beamtenrecht Niedersachsen, 24. Ed. 1.11.2022, § 36 NBG Rn. 19 m.w.Nachw.; OVG Münster, Beschl. v. 31.7.2012 – 6 B 872/12, Rn. 13 (Juris) – Polizeihauptkommissar.

[17] OVG Hamburg, Beschl. v. 5.6.2012 – 1 Bs 98/12, ZBR 2013, 54–56 = BeckRS 2012, 535223 – Oberstaatsanwältin; *Baßlsperger*, in: Weiß u.a., Beamtenrecht in Bayern, 188. Akt. Dez. 2014, Art. 63 BayBG Rn. 11.

[18] VGH Mannheim, Beschl. v. 15.1.2013 – 4 S 1519/12, Die Justiz 308, 311 = BeckRS 2013, 46506 – Sonderschuldirektor; VGH Mannheim, Beschl. v. 31.3.2015 – 4 S 630/15, VBlBW 2015, 469, 470 = BeckRS 2015, 54462, Rn. 5 – Tenure Track Stellen; *Weichbrodt*, in: Brinktrine/Neuhäuser, BeckOK Beamtenrecht Niedersachsen, 24. Ed. 1.11.2022, § 36 NBG Rn. 27 m.w.Nachw.; OVG Münster, Beschl. v. 31.7.2012 – 6 B 872/12, Rn. 13 (Juris) – Polizeihauptkommissar; OVG Lüneburg, Beschl. v. 31.7.2019 – 5 ME 127/19, BeckRS 2019, 18588, Rn. 4.

[19] OVG Münster, Beschl. v. 31.7.2012 – 6 B 872/12, Rn. 22 (Juris) – Polizeihauptkommissar; *Weichbrodt*, in: Brinktrine/Neuhäuser, BeckOK Beamtenrecht Niedersachsen, 24. Ed. 1.11.2022, § 36 NBG Rn. 22.

[20] So etwa Art. 63 Abs. 2 BayBG, § 53 BBG, § 39 BWLBG, § 38 Abs. 2 BlnLBG, § 35 Abs. 4 BremBG, § 35 Abs. 4 HmbBG, § 34 Abs. 1 HBG, § 35 Abs. 3 LBG M-V, § 32 LBG NRW, § 38 Abs. 1 RhPfLBG, § 43 Abs. 3 SaarlBG, § 47 SächsBG, § 39 Abs. 4 LBG LSA. Eine Übersicht

lichen Interesse liegt"[21] bzw. ein „besonderes dienstliches Interesse an der *Fortführung der Dienstgeschäfte* besteht."[22] Zum Teil gibt es Universitäten, die weiterhin das dienstliche Interesse unschwer bejahen und eine Regelverlängerung vornehmen;[23] zum Teil gibt es aber auch Universitäten, die eher von einer engen Ausnahme sprechen.[24] Gerichte und die Rechtsliteratur schränken die freiwillige Dienstzeitverlängerung zum Teil ein, wenn die positive Bejahung des dienstlichen Interesses als *begründungsbedürftige Ausnahme* bezeichnet wird.[25] Prozessual träfe den Beamten die *Darlegungs- und Beweislast*, den Anspruch zu begründen.[26] In der Vergangenheit wurden von verschiedenen Verwaltungsgerichten immer wieder Interessen ausgeschlossen, weil sie keine „dienstlichen Interessen" darstellen sollen.[27] Persönliche Interessen des Beamten seien beispielsweise irrelevant.[28]

Im Einzelnen ist zwischen dem Beurteilungsspielraum auf der Tatbestandsseite und der Ermessensausübung auf der Rechtsfolgenseite zu unterscheiden.[29] Eine Ermessensausübung käme somit überhaupt erst in Frage, wenn zuvor ein dienstliches Interesse auf Tatbestandsebene der Norm bejaht werden konnte.[30] Als Rechtsfolge der Ermessensentscheidung wird betont, dass der Beamte grundsätzlich keinen Anspruch auf Dienstzeitverlängerung habe, anders wäre es nur bei einer Ermessensreduktion auf Null.[31] Andere gehen noch wei- 9

über die wichtigsten beamten- und hochschulrechtlichen Vorschriften des Bundes und der Länder findet sich mit Angabe der genauen Fundstelle sowie Gesetzesbezeichnung und -abkürzung im Anhang I.

[21] Art. 63 Abs. 2 S. 1 BayBG.

[22] § 45 Abs. 3 S. 1 BbgLGB.

[23] Das sind alle, bei denen das öffentliche Interesse vermutet wird (Fn. 11) sowie Fn. 2.

[24] Richtlinien der Universität Augsburg zum Hinausschieben des Eintritts in den Ruhestand von Professorinnen und Professoren v. 26.10.2022, Ziff. 2.2.: „ausnahmsweise" und Ziff. 3.2., abgedruckt als Anhang III.

[25] VGH Mannheim, Beschl. v. 27.4.2020 – 4 S 1042/20, BeckRS 2020, 8304, Rn. 8 – Staatsanwalt; *Hug*, in: Brinktrine/Hug, BeckOK Beamtenrecht Baden-Württemberg, 24. Ed. 1.11.2022, § 39 BWLBG Rn. 62; VG Frankfurt a. M., Beschl. v. 28.5.2015 – 9 L 930/15.F, BeckRS 2015, 48282, Rn. 4: „Die Fassung des Tatbestandes in § 34 Abs. 1 S. 1 HBG macht deutlich, dass die Annahme eines dienstlichen Interesses im Sinne dieser Regelung eher den Ausnahme- denn den Regelfall darstellt."

[26] VGH München, Beschl. v. 4.11.2016 – 3 ZB 15.543, BeckRS 2016, 54944, Rn. 12 – Lehrer.

[27] VG München, Beschl. v. 28.7.2011 – M 5 E 11.2506, Rn. 25 ff. (Juris) – Studiendirektor; OVG Münster, Beschl. v. 28.10.2013 – 6 B 1181/13, Rn. 7 ff. (Juris) – Steueramtsrätin; VG Augsburg, Urt. v. 17.12.2020 – Au 2 K 20.1433, BeckRS 2020, 48789, Rn. 21 – Lehrstuhlneuausrichtung (Buhl). S. *Baßlsperger*, in: Weiß u. a., Beamtenrecht in Bayern, 188. Akt. Dez. 2014, Art. 63 BayBG Rn. 18; OVG Münster, Beschl. v. 9.10.2019 – 1 B 1058/19, BeckRS 2019, 25476.

[28] *Weißgerber/Maier*, in: Brinktrine/Voitl, BeckOK Beamtenrecht Bayern, 27. Ed. 1.4. 2022, Art. 63 BayBG Rn. 6; *Baßlsperger*, in: Weiß u. a., Beamtenrecht in Bayern, 188. Akt. Dez. 2014, Art. 63 BayBG Rn. 18.

[29] *Geis* (in diesem Band), § 2 Rn. 19.

[30] *Brinktrine*, in: Brinktrine/Schollendorf, BeckOK Beamtenrecht Bund, 28. Ed. 1.2.2022, § 53 BBG Rn. 14, 19.2.

[31] VG Würzburg, Beschl. v. 7.2.2014 – W 1 E 14.38, Rn. 23 (Juris) – Oberstudienrat; *Brink-*

ter: Der Beamte solle nicht einmal einen Anspruch auf eine fehlerfreie Ermessensentscheidung haben.[32] Die Vorschrift führe nur zu einem Rechtsreflex, weil sie allein dem öffentlichen Interesse zu dienen bestimmt sei.[33] Im Zweifel würde der Antrag des Beamten scheitern.[34] Das dienstliche Interesse eng zu definieren, gerät im Ergebnis zum Nachteil des Beamten, weil der Anspruch scheitert.

3. Die gegenläufige Rechtslage

10 Im Ergebnis ist die Differenzierung zwischen der positiven oder negativen Feststellung nicht unerheblich. Die bisherige Praxis zeigt sogar, dass die Möglichkeit einer Dienstzeitverlängerung auch von den Universitäten innerhalb eines Bundeslandes höchst unterschiedlich gehandhabt wird, von einer Regelverlängerung bis hin zu einem (faktischen) Ausschluss.[35] Diese Rechtslage ist unbefriedigend. Der Gesetzgeber wollte unzweifelhaft die Arbeitszeit der Beamten flexibilisieren. Während einige Universitäten davon regen Gebrauch machen, schließen es andere vollständig aus oder verlangen für eine Dienstzeitverlängerung nobelpreisverdächtige Voraussetzungen. Ist dies alles zulässig, wenn der Begriff des „dienstlichen Interesses" dem Dienstherrn bereits auf Tatbestandsebene einen unbegrenzten Beurteilungsspielraum und anschließend noch ein unbegrenztes Ermessen gibt oder gibt es nicht Grenzen? Haben Rechtsdogmatik und Methodenlehre[36] diese Thematik bisher nur unterkomplex aufgearbeitet?

---

trine, in: Brinktrine/Schollendorf, BeckOK Beamtenrecht Bund, 28. Ed. 1.2.2022, § 53 BBG Rn. 19; *Di Prato*, in: Brinktrine/Masuch, BeckOK Beamtenrecht Hessen, 21. Ed. 1.11.2022, § 34 HBG Rn. 23.

[32] VGH München, Beschl. v. 8.2.1993 – 3 CE 93.204, VGHE BY 46, 39, 40 = BeckRS 1993, 120775 – Regierungsdirektor; *Weißgerber/Maier*, in: Brinktrine/Voitl, BeckOK Beamtenrecht Bayern, 27. Ed. 1.4.2022, Art. 63 BayBG Rn. 19. A. A. *Spitzlei*, in: Franke/Weiß, GKÖD, 3. Lfg. 2019, L § 53 Rn. 15; VG Ansbach, Urt. v. 12.7.2018 – AN 1 K 17.01359, BeckRS 2018, 22372, Rn. 33 ff. – Verwaltungshauptsekretär; Richtlinien der Universität Augsburg (Fn. 24), Ziff. 2.4.

[33] *Weißgerber/Maier*, in: Brinktrine/Voitl, BeckOK Beamtenrecht Bayern, 27. Ed. 1.4.2022, Art. 63 BayBG Rn. 19.

[34] *Günther*, NWVBl. 2014, 325, 326.

[35] *Benecke* (in diesem Band), § 1 Rn. 15.

[36] Zum Verhältnis von Rechtsdogmatik und Juristischer Methodenlehre, s. *Möllers*, Juristische Methodenlehre, 5. Aufl. 2023, § 9 Rn. 10 ff.

II. Die Konkretisierung der Voraussetzung der freiwilligen Dienstzeitverlängerung am Tatbestandsmerkmal des dienstlichen Interesses

1. Zur Aufgabe der Juristischen Methodenlehre

Unbestimmte Rechtsbegriffe und Generalklauseln beeinträchtigen die Rechtssicherheit.[37] Schon 1933 hat *Hedemann* vor der „Flucht in die Generalklauseln" gewarnt.[38] Unbestimmte Rechtsbegriffe verfügen zwar über einen Begriffskern, der dann aber mit methodischen Hilfsmitteln noch zu präzisieren ist. Im Öffentlichen Recht hat sich der Begriff der Konkretisierung herausgebildet.[39] Bei der Konkretisierung wird dem Interpreten eine „größere Spezifizierungsleistung"[40] abverlangt, weil der Wortlaut eine Subsumtion nicht unmittelbar zulässt. Hier kommt die Juristische Methodenlehre ins Spiel: Sie will die subjektiven Präferenzen des Rechtsanwenders begrenzen; die Rechtsgewinnung soll mithin verobjektiviert werden und eine verfassungsgemäße, *rational kontrollierte und kontrollierbare Anwendung* des Rechts sicherstellen. Rationales Begründen verlangt, alle Argumente auf den Tisch zu legen, also nicht im Sinne von Rosinenpicken nur die genehmen zu nennen und zu gewichten.[41] Die Juristische Methodenlehre dient damit der Transparenz und fördert die Rechtssicherheit. Methodisch wird man vor allem auf Regelungszweck und historischen Willen des Gesetzgebers und die Folgen abzustellen haben. 11

2. Wille des Gesetzgebers, Systematik und Regelungszweck einer Norm

a) Der Wille des Gesetzgebers: Dienstzeitverlängerung als Antwort auf die demografische Herausforderung

Die teleologische Auslegung sucht bekanntermaßen nach der ratio legis, also dem Sinn und Zweck eines Gesetzes. Was will der Gesetzgeber mit der Regelung erreichen? Welche Rechtsgüter oder Interessen wollte er schützen? Die Norm will einem vernünftig gehaltenen Zweck dienen; damit sind völlig irrationale Ziele ausgeschlossen und ein Rationalitätsmaßstab etabliert.[42] Die teleologische Auslegung ist zweistufig, weil zunächst die Prämisse, die Zweckbehauptung mit Argumenten verteidigt werden muss, um dann die Konsequenzen 12

---

[37] Nach *Bydlinski*, in: Behrends/Dießelhorst/R. Dreier, Rechtsdogmatik und praktische Vernunft, 1990, S. 189 enthält die Generalklausel damit nicht weniger als die Probleme der Juristischen Methodenlehre überhaupt.

[38] *Hedemann*, Die Flucht in die Generalklauseln, 1933.

[39] *Möllers*, Juristische Methodenlehre, 5. Aufl. 2023, § 7 Rn. 3.

[40] *Morlok*, in: Gabriel/Gröschner, Subsumtion, 2012, S. 179, 206.

[41] Zur Verpflichtung zum kumulativen Methodeneinsatz als Teil einer Juristischen Metamethodik, s. *Möllers*, Juristische Methodenlehre, 5. Aufl. 2023, § 14 Rn. 70.

[42] Zum Folgenden *Morlok*, in: Gabriel/Gröschner, Subsumtion, 2012, S. 179, 202 f.

für die Interpretation zu entwickeln.[43] Sie ist im Zweifel mit weiteren Argumenten der Methodenlehre zu stützen. Wichtig sind logische, interessengerechte[44] und folgenorientierte Argumente.

13 Der historische Wille des Bundesgesetzgebers sei nochmals wiederholt: Einerseits sollte unstrittig die Flexibilisierung der Arbeitszeit für Beamte dazu dienen, die Versorgungslasten der Beamten zu reduzieren und damit auch die Versorgungssicherheit der Pensionen für die nächsten Jahrzehnte sicherstellen.[45] Andererseits sollte dem Dienstherrn ein gewisser Beurteilungsspielraum für seine Personal- und Organisationspolitik erhalten bleiben und der Bund wollte nicht, dass der Beamte die Dienstzeitverlängerung mit einem weitgehenden Rechtsanspruch durchsetzen kann.[46] Diese Regelungszwecke beinhalten zwar eine Spannung, führen aber nicht zu einer unauflösbaren Komplexität. Denn trotz der einengenden Voraussetzung bei der nun relevanten positiven Feststellung des dienstlichen Interesses sollten, so der Wille des Bundesgesetzgebers, die *„Möglichkeiten zur Verlängerung nicht eingeschränkt"* werden.[47]

b) Objektive Auslegung und die Aktualität der demografischen Entwicklung

14 In der Juristischen Methodenlehre gibt es einen mehr als 100 Jahre alten Streit, ob der Wille des Gesetzgebers, wenn er heute nicht mehr aktuell ist, beiseitegeschoben werden kann, frei nach dem Motto, das Gesetz ist schlauer als sein Gesetzgeber.[48] Dieses Problem ist aber nicht einschlägig, wenn nachgewiesen werden kann, dass die demografischen Herausforderungen weiterhin bestehen. Die demografische Entwicklung, die 1989 als Grund für die Erhöhung der Altersgrenzen und der Flexibilisierung der Alterszeit vorgetragen worden sind, gilt weiterhin. Dafür sprechen drei gewichtige Überlegungen:

15 Der Wille des Bundes zur Dienstzeitverlängerung ist klar erkennbar und gilt auch weiterhin. Die Option einer Dienstzeitverlängerung als Antwort auf die demografische Entwicklung wurde in der Zwischenzeit von *mehreren Bundesländern in ihrem jeweiligen Gesetzgebungsverfahren* bestätigt. Bundesländer, die

---

[43] *Morlok*, in: Gabriel/Gröschner, Subsumtion, 2012, S. 179, 204. Eine Folgerung ist die Rechtsfortbildung durch Analogie oder teleologische Reduktion, um den Normzweck zu verwirklichen.

[44] Ebenso *E. Ott*, Juristische Methode in der Sackgasse?, 2006, S. 62 ff.

[45] Ausführlich oben BT-Drucks. 11/5372, S. 33, gleichlautend BT-Drucks. 11/5136, S. 32 (Fn. 4 ff.) sowie VGH Mannheim, Beschl. v. 20.12.2017 – 4 S 2759/17, BeckRS 2017, 139487, Rn. 7 – Polizeivollzugsbeamter; OVG Lüneburg, Beschl. v. 17.9.2019 – 5 ME 155/19, BeckRS 2019, 22391, Rn. 4 – Zollbetriebsinspektor.

[46] S. oben Rn. 4.

[47] BT-Drucks. 12/1455, S. 61 f. (s. oben Fn. 10).

[48] *von Bülow*, Gesetz und Richteramt, 1885, S. 37: „das Gesetz ist oft klüger als sein Urheber, das Gesetzbuch weiser als der Gesetzgeber!"; *Kohler*, GrünhutsZ 13 (1886), 1, 40 m. w. Nachw.: „dass das Gesetzbuch weitblickender sein kann als seine Verfasser"; *Radbruch*, Rechtsphilosophie, 8. Aufl. 1973, S. 207. Ausführlich *Möllers*, Juristische Methodenlehre, 5. Aufl. 2023, § 6 Rn. 61 ff.

dem Beamten einen Anspruch auf Dienstzeitverlängerung geben, betonen, dass der Beamte flexibel über seine Lebensarbeitszeit entscheiden solle.[49] Aber auch die Bundesländer, welche die Darlegungslast für das dienstliche Interesse beim Beamten sehen, haben das Interesse, Versorgungslasten einzusparen, mehrfach betont[50] und gleichzeitig Versorgungsrücklagen eingeführt.[51] Baden-Württemberg zielt mit der Erhöhung der *regulären* Pensionierungsgrenze für seine Beamten ausdrücklich darauf ab, die Belastung des Landeshaushalts zu reduzieren; zudem wird von einer „Offensive für freiwillige längere Arbeitszeit" gesprochen.[52] Damit sollen naheliegenderweise mit beiden Maßnahmen die Versorgungslasten reduziert werden. Der Freistaat Bayern hebt die Belastung durch die demografische Entwicklung besonders hervor: „Das Ziel dieser Dienstrechtsreform ist auch die Reduzierung der Versorgungslasten. Die Zahl der bayerischen Versorgungsempfänger wird bis zum Jahr 2030 im Vergleich zu 1992 etwa um 117 % zunehmen. Das bedeutet, daß sich die Ausgaben für die Versorgung im Jahr 2030 gegenüber 1992 real etwas mehr als verdoppeln werden. Der bayerische Staatshaushalt muß daher entlastet werden. In Anbetracht einer Personalkostenquote von ca. 43 % müssen *alle Einsparungspotentiale* genutzt werden."[53] Selbst wenn diese Formulierung nicht ausdrücklich auf die freiwillige Längerarbeit bezogen ist, sollen „alle Einsparpotentiale" genutzt werden, um die Versorgungslasten zu reduzieren, mithin auch die freiwillige Längerarbeit.

Wenn man unterstellt, dass durch die Einführung der positiven Feststellung 16
eines dienstlichen Interesses die dienstlichen Belange stärker gewichtet werden sollen,[54] ist doch davon auszugehen, dass die Dienstzeitverlängerung für Beamte weiterhin unschwer möglich sein sollte. In den Worten des Gesetzgebers von Baden-Württemberg: Insgesamt sollen die Voraussetzungen für das Hinausschieben der Altersgrenze *„erleichtert und attraktiv gemacht werden."*[55] Bei anderen Landesgesetzgebern fehlen zum Teil Ausführungen. Bei einem Schweigen des Landesgesetzgebers ist aber davon auszugehen, dass sich der Landesgesetzgeber die Überlegungen des Bundesgesetzgebers zu eigen gemacht hat – man spricht von der Kontinuität des Rechts, dem Gedanken des *droit constant*.[56] Die-

[49] Für Hamburg s. etwa OVG Hamburg, Beschl. v. 5.6.2012 – 1 Bs 98/12, ZBR 2013, 54–56 = BeckRS 2012, 53522 – Oberstaatsanwältin; für Nordrhein-Westfalen s. *Günther*, NWVBl. 2014, 325, 326.

[50] Für Baden-Württemberg, s. LT-Drucks. 14/6694, S. 2, 375, 387 ff.: ausführliche Tabelle für das Einsparpotential; *Battis*, Bundesbeamtengesetz, 4. Aufl. 2009, § 53 Rn. 2; *Hug*, in: Brinktrine/Hug, BeckOK Beamtenrecht Baden-Württemberg, 24. Ed. 1.11.2022, § 39 BWLBG Rn. 51.

[51] S. etwa § 17 BWLBG.

[52] Für Baden-Württemberg, LT-Drucks. 14/6694, S. 3, 383, 681 f.

[53] Für Bayern, LT-Drucks. 13/4222, S. 2.

[54] So für Nordrhein-Westfalen, s. LT-Drucks. 16/1625, S. 83.

[55] Ausdrücklich für Baden-Württemberg, s. LT-Drucks. 14/6694, S. 376.

[56] *Baßlsperger*, in Weiß u. a., Beamtenrecht in Bayern, 188. Akt. Dez. 2014, Art. 63 BayBG Rn. 11.

sem Argument liegt die Überlegung zugrunde, dass zwischen aktueller und Vorgängernorm eine Kontinuität vermutet werden kann.[57] Wer die Ansicht vertreten möchte, dass die Überlegungen zur Finanzierung der beamtenrechtlichen Altersversorgung aufgrund neuerer Überlegungen des Landesgesetzgebers keine Relevanz mehr haben, muss dies substantiiert vortragen. Er trägt hierfür die Darlegungslast.[58] Dass etwa in Bayern oder Baden-Württemberg der Landesgesetzgeber eine neue, andere Auffassung vertritt, ist dem Autor nicht bekannt.

17 Und schließlich: Vor mehr als 30 Jahren wollte der Gesetzgeber die finanzielle Belastung der demografischen Entwicklung in Deutschland durch die Möglichkeit der freiwilligen Längerarbeit auffangen. Diese Entwicklung ist 2023 aktueller denn je: Die einschlägigen ökonomischen Experten warnen heute immer nachdrücklicher, dass die fallende Zahl von berufstätigen Arbeitnehmern (und Beamten) die Renten und Pensionen künftig nicht mehr zahlen können wird. Die Deutsche Bundesbank und der Sachverständigenrat zur Begutachtung der gesamtwirtschaftlichen Entwicklung mahnen regelmäßig eine zwingende Längerbeschäftigung zur Bewältigung des demografischen Wandels an.[59] Dann wäre die freiwillige Längerbeschäftigung erst recht sinnvoll. Der Streit zwischen sog. subjektiver versus objektiver Auslegung ist hier damit gerade nicht relevant, weil sich kein Unterschied feststellen lässt.

c) Systematische Überlegungen und die fehlende Überzeugungskraft des Arguments, dass Ausnahmen eng auszulegen sind

18 Bei Bundesländern, die die positive Feststellung des dienstlichen Interesses verlangen, wird immer wieder der Ausnahmecharakter der entsprechenden beamtenrechtlichen Vorschriften betont.[60] Ausnahmevorschriften sind Rechtssätze, die einen geschriebenen oder ungeschriebenen Rechtsgrundsatz für besonders geartete Fälle durchbrechen.[61] In der Juristischen Methodenlehre ist der Grundsatz berühmt, dass Ausnahmen eng auszulegen sind.[62]

---

[57] Zur Rechtsfigur des *droit constant* s. etwa *Möllers*, Juristische Methodenlehre, 5. Aufl. 2023, § 4 Rn. 156 ff.

[58] *Möllers*, Juristische Methodenlehre, 5. Aufl. 2013, § 6 Rn. 80, § 14 Rn. 92.

[59] *Deutsche Bundesbank*, Langfristige Perspektiven der gesetzlichen Rentenversicherung, Monatsbericht Oktober 2019, S. 55–82; *dies.*, Rentenversicherung: Langfristszenarien und Reformoptionen, Monatsbericht Juni 2022, S. 49–63; *Sachverständigenrat zur Begutachtung der gesamtwirtschaftlichen Entwicklung*, Corona-Krise gemeinsam bewältigen, Resilienz und Wachstum stärken, Jahresgutachten 2020/ 2021, 10. November 2021, Rn. 649–719. S. auch *Die Bundesregierung*, Länger arbeiten, 2. Aufl. 2018. Ausführlich *Krause* (in diesem Band), § 6 Rn. 1 ff.

[60] S. gerade § 7 Rn. 8 Fn. 23 ff.

[61] Enneccerus/*Nipperdey*, Allgemeiner Teil des Bürgerlichen Rechts, 15. Aufl. 1959, S. 295 f.

[62] Diese Regel hat ihren Ursprung im römischen Recht (Paul. D. 1,3,14) und findet sich heute noch in zahlreichen Kodifikationen des romanischen Rechtskreises, vertiefend s. *Möllers*, Juristische Methodenlehre, 5. Aufl. 2023, § 4 Rn. 127 ff.

Allerdings ist ebenso anerkannt, dass der Grundsatz, Ausnahmen sind eng auszulegen, formal angewandt, nur bedingt überzeugend ist und schnell zum Zirkelschluss geraten kann. Als Formalargument[63] ist es nämlich teleologischen Überlegungen nachrangig. Damit sind letztlich Fragen nach dem Zweck und den Wertungen des Rechts entscheidend für die Frage, ob die Ausnahme eine solche ist und damit eng oder weit ausgelegt werden kann.[64] Gerade wurde aber gezeigt, dass der *gesetzgeberische Wille* und *das Telos* für einen weiten Anwendungsbereich der Norm sprechen. Trotz der geänderten Darlegungslast wollten Bundes- und Landesgesetzgeber weiterhin eine freiwillige Längerarbeit des Beamten unschwer ermöglichen, diese also nur ausnahmsweise verhindern. 19

Das zeigt auch der Umstand, dass der Bundesgesetzgeber eine weitere Änderung 2013 vornahm, als er mit dem Gesetz zur Familienpflegezeit und zum flexibleren Eintritt in den Ruhestand für Beamte des Bundes für familienbedingte Teilzeit- und Urlaubszeiten wieder einen Rechtsanspruch auf Anpassung und Verlängerung der Dienstzeiten einführte. Auch hier betonte er, dass einem Anspruch auf Dienstzeitverlängerung negativ nur ausnahmsweise ein dienstliches Interesse dem Anspruch auf flexibleren Eintritt des Beamten in den Ruhestand entgegenstehe.[65] In einer Art Ping-Pong führte er also wieder einen Rechtsanspruch auf Dienstzeitverlängerung ein, wollte ihn aber auf familienbedingte Situationen beschränkt wissen. 20

Hinzu kommt ggf. *höherrangiges* Recht. Zum Teil wird betont, dass der Ausnahmecharakter der Dienstzeitverlängerung gegen den Grundsatz der Altersdiskriminierung verstoße.[66] Als Folge wäre die Ausnahmevorschrift weit auszulegen und damit der Grundsatz, Ausnahmen eng auszulegen, relativiert. 21

3. Konsequenzen für den Begriff des dienstlichen Interesses

a) Die folgenorientierte Auslegung

Bei der Konkretisierung des Rechts sollten die Folgen eines Ergebnisses bedacht werden, denn Rechtssätze sind oft Sollensnormen; sie bestehen aus Geboten und Verboten, die befolgt werden sollen.[67] Der Gesetzgeber ist zur Gesetzesfolgenabschätzung verpflichtet, wobei auch ökonomische Überlegungen 22

---

[63] *Säcker*, in: MüKo-BGB, 9. Aufl. 2021, Einl. BGB Rn. 117: „Formalargumente"; ähnlich *MacCormick*, 6 Ratio Juris 16, 22 (1993): „formalistic" or „legalistic".

[64] *Möllers*, Juristische Methodenlehre, 5. Aufl. 2023, § 6 Rn. 35; ähnlich *Kramer*, Juristische Methodenlehre, 6. Aufl. 2019, S. 243 f. A. A. *Rütter*, Archiv PT 1993, 283, der die Regel als „schlichtweg falsch" und als „Pseudointerpretationsinstrument" bezeichnet.

[65] Vgl. § 53 Abs. 1a Nr. 4 BBG. Hierzu *Spitzlei*, in: Franke/Weiß, GKÖD, 3. Lfg. 2019, L § 53 Rn. 18.

[66] S. sogleich § 7 Rn. 28.

[67] *Austin*, Lectures on Jurisprudence or the Philosophy of Positive Law, Vol. I, 5th ed. 1885, S. 90, 94; *Thon*, Rechtsnorm und subjektives Recht, 1878, S. 8; *Kelsen*, Reine Rechtslehre, 2. Aufl. 1960, S. 4 f., 25 f., 45. Zum Streit, dass Rechtsnormen darüber hinaus Ordnungsregeln darstellen, s. *Möllers*, Juristische Methodenlehre, 5. Aufl. 2023, § 2 Rn. 9 ff. und § 5 Rn. 58 ff.

anzustellen sind.[68] Naheliegend ist die Überlegung, dass auch die Verwaltung[69] und der Richter die Folgen ihrer Entscheidungen berücksichtigen müssen.[70] Danach sind am Ende des Auslegungsprozesses die Folgen der Auslegung zu ermitteln, abzuwägen und das Ergebnis ist notfalls zu korrigieren.[71] Im Folgenden kann die folgenorientierte Auslegung unzulässige Ergebnisse negativ ausschließen, aber auch umgekehrt zusätzliche Überlegungen positiv in einen argumentativen Abwägungsprozess mit einbeziehen.

b) „Der Anwendungsbereich einer Norm darf nicht Leerlaufen" am Beispiel einiger Universitätsrichtlinien

23 Ein folgenorientiertes Argument der Juristischen Methodenlehre lautet, dass Normen so auszulegen sind, dass ihr Anwendungsbereich *nicht leerläuft*.[72] Erstaunlicherweise haben sich bisher nur einige wenige Universitäten *konkretisierende Richtlinien* zur Möglichkeit einer Dienstzeitverlängerung gegeben.[73] Die Richtlinien versuchen keine Legaldefinition des dienstlichen Interesses vorzugeben, sondern arbeiten mit einer Liste von positiven bzw. negativen Beispielen. Erfreulicherweise sind die Beispiele der Augsburger Richtlinien als Regelbeispiele formuliert.[74] *Negativ* gesehen, soll etwa *kein dienstliches Interesse* bei der Betreuung von Promotions- und Habilitationsvorhaben gegeben sein oder um eine lückenlose Aufgabenerfüllung sicherzustellen.[75] Zudem wird das dienstliche Interesse auch *positiv beschrieben*. Danach erlaubt etwa ein „bedeutendes Forschungsprojekt (z.B. Exzellenzcluster, SFB, ERC-Grant oder vergleichbar)" eine Dienstzeitverlängerung für das erste Jahr, wenn für dessen Erfolg *Kontinuität* gewährleistet sein muss.[76]

---

[68] *Blum*, 65. DJT, 2004, I 51 f.; Pflicht zur Gesetzesfolgenabschätzung auf Bundesebene s. § 43 Abs. 1 Nr. 5 i.V.m. § 44 GGO, § 42 Abs. 1 i.V.m. Anlage 3 GGO; hierzu *Seckelmann*, ZRP 2010, 213.

[69] *Hermes*, in: Schmidt-Aßmann/Hoffmann-Riem, Methoden der Verwaltungsrechtswissenschaft, 2004, S. 359 ff.

[70] Prägnant *Wacke*, Mélanges Sturm, Bd. I, 1999, 547, 565: „Da konsequentes Schlußfolgern Voraussetzung für wissenschaftliches Denken ist, ist die Folgenbetrachtungslehre so alt wie die Jurisprudenz."

[71] *Hassemer*, JZ 2008, 1, 7; *Freund*, JZ 1992, 993 ff.

[72] Hierzu *Möllers*, Juristische Methodenlehre, 5. Aufl. 2023, § 5 Rn. 54.

[73] S. etwa Richtlinie der Universität Würzburg v. 21.3.2022; Richtlinien der Universität Augsburg (s. Fn. 24), s. unten Anhang I., aber auch die weiteren Nachweise bei *Benecke* (in diesem Band), § 1 Rn. 15.

[74] Richtlinien der Universität Augsburg (s. Fn. 24), Ziff. 3.1.: „insbesondere". A. A. aber die Richtlinien der Universität Würzburg (s. Fn. 73). Zu Regelbeispielen als Gesetzestechnik s. *Möllers*, Juristische Methodenlehre, 5. Aufl. 2023, § 7 Rn. 21.

[75] Richtlinien der Universität Augsburg (s. Fn. 24), Ziff. 3.3; ebenso OVG Münster, Beschl. v. 26.7.2005 – 6 B 1172/05, BeckRS 2005, 28750, Rn. 9 – Neuausrichtung medizinische Fakultät. Hierzu unten § 7 Rn. 23 f.

[76] Richtlinien der Universität Würzburg (s. Fn. 73), Ziff. I.2.; Richtlinien der Universität Augsburg (s. Fn. 24), Ziff. 3.1.a).

24 Die universitären Richtlinien definieren den Standard des dienstlichen Interesses damit sehr hoch. Viele Fakultäten bzw. Universitätsprofessoren haben nie eines der obigen Forschungsprojekte, Exzellenzcluster oder Sonderforschungsbereiche eingeworben. Wenn aber schon die Verlängerung für das allererste Jahr nur für eine äußerst geringe Zahl von Professoren Anwendung findet, dann läuft der Anwendungsbereich nach diesen Richtlinien für das zweite oder dritte Jahr *vollständig leer*, weil sie einen noch höheren Standard verlangen.[77] Um ein *argumentum ad absurdum*[78] anzufügen: Wenn Juristen schon im ersten Jahr den *Nobelpreis* nicht erhalten können, dann erst recht nicht im zweiten oder dritten Jahr. Mit diesen Vorgaben werden die Anforderungen an das dienstliche Interesse so hochgeschraubt, dass die Möglichkeit einer freiwilligen Längerarbeit vollständig leerläuft und damit der Regelungszweck unterlaufen wird. Die Dienstzeitverlängerung wird zu einer theoretischen Ausnahme und nicht zu der gewünschten Regel. Die Anforderungen an das dienstliche Interesse dürfen nicht überzogen werden, weil andernfalls kein Raum für einen praktischen Anwendungsbereich bliebe.[79] Will der Dienstherr grundsätzlich die Verlängerung ablehnen, müsse er sich – wie in der Rechtsliteratur nur folgerichtig betont wird – um eine Gesetzesänderung bemühen.[80]

c) Das Paradoxon des eng verstandenen dienstlichen Interesses

25 Fasst man nochmals die Rechtslage in Deutschland zusammen, so besteht weiterhin der Gegensatz zwischen Bundesländern mit Rechtsanspruch und umgekehrt der Darlegungspflicht des Beamten bei einer positiven Feststellung des dienstlichen Interesses. Ursprünglich wurde das *dienstliche Interesse eng definiert*, um dem Beamten einen weiten Anspruch auf Dienstzeitverlängerung zu geben. Das war positiv für den Beamten, engte den Handlungsspielraum des Dienstherrn aber stark ein. Diese Spruchpraxis war wohl der Grund, warum dann der Bund und die meisten Bundesländer vom Regelanspruch zur Darlegungslast des Beamten wechselten. Eine solche Änderung der Darlegungslast des dienstlichen Interesses führt zu der *paradoxen Situation*, dass nun die enge Auslegung des dienstlichen Interesses *voll zulasten des antragstellenden Beamten geht*. Während früher dem Antrag auf Dienstzeitverlängerung grundsätzlich stattzugeben war, gerät

---

[77] S. die Formulierung der Richtlinie der Universität Augsburg (s. Fn. 24), Ziff. 3.2.: „...ist ein strenger Maßstab anzulegen... Bei einer mehrmaligen Antragstellung ist ein zunehmend enger Maßstab anzulegen."

[78] Hierzu *Möllers*, Juristische Methodenlehre, 5. Aufl. 2013, § 6 Rn. 64 ff.

[79] So deutlich für Art. 63 Abs. 2 BayBG, s. *Baßlsperger*, in: Weiß u.a., Beamtenrecht in Bayern, 188. Akt. Dez. 2014, Art. 63 BayBG Rn. 18a; für § 32 LBG NRW s. auch *Günther*, NWVBl. 2014, 325, 326; *Schrapper/Günther*, NWVBl. 2013, 349, 352; Schrapper/Günther/*Schrapper/Günther*, Landesbeamtengesetz Nordrhein-Westfalen, 3. Aufl. 2021, § 32 LBG NRW Rn. 2. Ebenso *Geis* (in diesem Band), § 2 Rn. 25.

[80] So ausdrücklich *Baßlsperger*, in: Weiß, Beamtenrecht in Bayern, 188. Akt. Dez. 2014, Art. 63 BayBG Rn. 18a.

die Verlängerung nun zur seltenen, engen Ausnahme, weil etwa zahlreiche Umstände nicht mehr unter den Begriff des dienstlichen Interesses fallen sollen.[81] Während die enge Definition des dienstlichen Interesses bei einem grundsätzlichen Anspruch möglicherweise die Interessen des Dienstherrn zu wenig berücksichtigte, führt umgekehrt die enge Definition bei einer Darlegungslast des Beamten dazu, dass im Zweifel ein solcher Nachweis scheitert.

26 Der Gesetzgeber hat mit der Änderung des Gesetzeswortlautes die Darlegungslast vom Dienstherrn auf den Beamten übertragen. Wenn er damit die Möglichkeiten einer Dienstzeitverlängerung nicht einschränken wollte, war dies vielleicht doch etwas zu optimistisch gedacht. Allerdings wollte er ganz sicher nicht die Norm leerlaufen lassen. Das Paradoxon lässt sich, wie zu zeigen ist, aber auflösen.[82]

4. Die zwingende Abstimmung mit anderen Rechtsgebieten und Berücksichtigung ökonomischer Erwägungen

a) Berücksichtigung hochschulrechtlicher Besonderheiten

27 Die Vorgaben des Beamtenrechts sind überdies unzureichend, weil sie den Bedürfnissen der Universitäten nicht passgenau gerecht werden. Das dienstliche Interesse ist an einer Universität ein ganz anderes als in einer Behörde.[83] Das gilt zum einen für die klassischen Universitätsaufgaben Forschung, Lehre, Selbstverwaltung, „Third Mission"[84] und die damit verbundenen Umstände. Zum anderen passen auch formal die kurzen Antrags- und Verlängerungsfristen nicht, wenn man an die mehrjährigen Berufungsverfahren für die Nachfolge denkt. Naheliegenderweise hätte man auch Regelungen über die Beteiligung der Fakultät erwartet.[85] Und schließlich haben bisher nur wenige beamtenrechtliche Landesgesetze etwa die Möglichkeit, eine Seniorprofessur einzurichten, eingeführt.[86]

b) Berücksichtigung der europarechtlichen Altersdiskriminierung

28 In der Rechtsliteratur wird nach einer Ansicht überdies betont, dass die jetzigen Regelungen unzureichend sind, weil sie gegen den europäischen Tatbestand der Altersdiskriminierung verstoßen.[87] Schon vor mehr als 10 Jahren hatte der

---

[81] S. oben Fn. 25 ff. und Fn. 75.

[82] S. sogleich unter Rn. 33 ff.

[83] S. sogleich unter Rn. 37 ff.

[84] Die „Third Mission" bezeichnet den Auftrag der Universität, Wissen für die Gesellschaft verfügbar und für die Wirtschaft verwertbar zu machen. Für Nordrhein-Westfalen s. etwa § 3 Abs. 3 HG NRW.

[85] S. ausführlich unten Rn. 53 ff.

[86] S. hierzu etwa Rn. 45 ff. und Anhang. I.

[87] *Roetteken*, in: von Roetteken/Rothländer, BSG, 22. EL. 1.10.2012, § 25 Rn. 51 ff.;

EuGH festgestellt, dass der Mitgliedstaat begründen müsse, warum eine nationale Vorschrift ausnahmsweise nicht gegen das Verbot der Altersdiskriminierung verstoße und dies mit hohen Anforderungen verbunden.[88] Eine Regelung, die dagegen dem Beamten die Darlegungslast auferlegt, verstößt gegen die Vorgaben des EuGH.[89] Die unionsrechtskonforme Auslegung des nationalen Rechts verlangt, dass gegenteiliges nationales Recht nicht zur Anwendung kommt;[90] folglich ist die Ausnahmevorschrift zugunsten des Professors weit auszulegen. Die Beweislast für die Rechtfertigung der Ungleichbehandlung träfe dann den Mitgliedstaat.[91]

c) Die Finanzierung der Altersversorgungssysteme als ökonomischer Regelungszweck

Während die traditionelle Rechtswissenschaft vorrangig prüft, ob eine Handlung rechtskonform ist, befasst sich die Wirtschaftswissenschaft mit den Kosten und Nutzen einer Handlung.[92] Sie wird auch als „besonders geschärftes Folgenkonzept" bezeichnet.[93] Die ökonomische Analyse des Rechts fragt, ob die rechtliche Regelung effizient ist und das Wohl der Gesamtheit am besten fördert (Allokationseffizienz).[94] Nach dem Kaldor-Hicks-Kriterium ist eine Regel effizient, wenn die Gewinne der Begünstigten die Verluste der Benachteiligten übersteigen und die Benachteiligungen durch die Begünstigungen kompensiert werden können.[95] 29

Burkardt, Höchstaltersgrenzen im Beamtenrecht, 2016, S. 277; VG Freiburg, Urt. v. 10.7.2012 – 5 K 751/12, BWGZ 2012, 834 = Juris – Sonderschuldirektor.

[88] EuGH, Urt. v. 5.3.2009 – C-388/07, EU:C:2009:128, Rn. 67 – Age Concern England; EuGH, Urt. v. 21.7.2011 – C-159/10, 160/10, EU:C:2011:508, Rn. 78 – Fuchs und Köhler: „Der Gerichtshof hat in Randnr. 67 dieses Urteils auch darauf hingewiesen, dass Art. 6 Abs. 1 der Richtlinie 2000/78 den Mitgliedstaaten die Beweislast dafür auferlegt, dass das zur Rechtfertigung angeführte Ziel rechtmäßig ist, und an diesen Beweis hohe Anforderungen stellt."

[89] Ausführlich *Schmahl* (in diesem Band), § 3 Rn. 59 ff.

[90] Zu den komplexen Fragen der primärrechtskonformen Auslegung s. *Möllers*, Juristische Methodenlehre, 5. Aufl. 2023, § 12 Rn. 19 ff.

[91] VG Freiburg, Urt. v. 10.7.2012 – 5 K 751/12, BWGZ 2012, 834 = Juris – Sonderschuldirektor.

[92] *Schmidtchen*, in: Schmidtchen/Weth, Der Effizienz auf der Spur, 1999, S. 9, 14. Zum Folgenden *Möllers*, Juristische Methodenlehre, 5. Aufl. 2023, § 5 Rn. 123 ff.

[93] *Hassemer*, FS für Helmut Coing, Bd. I, 1982, S. 493, 503.

[94] *Calabresi*, 70 Yale L.J. 499, 500 ff. (1961). Eine Regel ist dann Pareto-optimal und somit vorzugswürdig, wenn kein Individuum besser gestellt werden kann, ohne dass gleichzeitig ein anderes Individuum schlechter gestellt wird, s. *Pareto*, Manual of Political Economy, 1906.

[95] Nach den Ökonomen *Kaldor* und *Hicks* benannt, s. *Kaldor*, 49 Econ. J. 549 (1939); *Hicks*, 49 Econ. J. 696 (1939). Ob die Nachwuchswissenschaftler potentiell Benachteiligte sind, wird weiter unten zu klären sein, s. Rn. 42.

30 Wenn der Gesetzgeber ökonomische Überlegungen im Rahmen des Gesetzgebungsverfahrens anstellt, sind diese auch zu berücksichtigen.[96] Eingangs wurde aber betont, dass der Gesetzgeber die Finanzierung der aus Steuermitteln finanzierten Alterssicherungssysteme sicherstellen wollte.[97] Deshalb überrascht, dass sich die Kommentarliteratur, aber auch die Rechtsprechung kaum mit dem gesetzgeberischen Zweck des sparsamen Haushaltens und der Versorgungssicherheit auseinandersetzen.[98]

III. Sachliche Interessen als Teil des dienstlichen Interesses

1. Der Begriff des dienstlichen Interesses

a) Dienstliches Interesse in Abhängigkeit von der jeweiligen Interessenlage

31 Die erste Bilanz zeigt, dass das Recht bisher die Lebenswirklichkeit nicht abbildet, kurz unterkomplex ist, weil es zahlreiche Belange und Interessen ausspart. Eine enge Begriffsdefinition läuft der beabsichtigten freiwilligen Längerarbeit zuwider.[99] Der Gesetzgeber hat bisher nur für den Sonderfall der Dienstzeitverlängerung wegen familienbedingter Teilzeit- und Urlaubszeiten versucht, das dienstliche Interesse mit *Regelbeispielen* zu konkretisieren und geregelt, wann (negativ) von entgegenstehenden dienstlichen Interessen auszugehen ist.[100] Oft heißt es, das dienstliche Interesse läge in der Optimierung des Personaleinsatzes und des Geschäftsablaufes der Verwaltung.[101] Allgemeiner formuliert etwa das Bundesland Berlin, dass zu den dienstlichen Interessen auch organisatorische, personelle und fiskalische Interessen gehören.[102] Das ist sicherlich nicht falsch, erinnert aber an die Versuche der Rechtsprechung, die Leerformel „der guten Sitten" durch das „Anstandsgefühl aller billig und gerecht Denkenden" zu er-

---

[96] Zu einzelnen Beispielen s. etwa *Möllers*, Juristische Methodenlehre, 5. Aufl. 2023, § 5 Rn. 137 ff.

[97] S. oben § 7 Rn. 3 und § 7 Fn. 6.

[98] In der Kommentarliteratur fehlen jeweils ökonomische Überlegungen; eine Ausnahme bilden aber die knappen Ausführungen bei *Spitzlei*, in: Franke/Weiß, GKÖD, 3. Lfg. 2019, L § 53 Rn. 12; VG Bayreuth, Urt. v. 26.7.2022 – B 5 K 21.1273, BeckRS 2022, 43476, Rn. 26 geht auf die fiskalischen Erwägungen des Gesetzgebers ein und folgert daraus, dass als dienstliches Interesse nur öffentliche Interessen, nicht aber Individualinteressen des Beamten zu berücksichtigen seien.

[99] S. gerade Rn. 13–26.

[100] Zu § 53 Abs. 1b) BBG s. oben Rn. 20.

[101] *Baßlsperger*, in: Weiß, Beamtenrecht in Bayern, 188. Akt. Dez. 2014, Art. 63 BayBG Rn. 16; ihm folgend etwa VG München, Urt. v. 23.6.2020 – M 5 K 19.2836, BeckRS 2020, 18810, Rn. 59 – Professor und Altershöchstgrenze. S. auch *Günther*, NWVBl. 2014, 325, 326.

[102] § 38 Abs. 2 S. 2 BlnLBG.

setzen.[103] Beides klingt doch sehr allgemein und wird den Interessen der Universität nur unzureichend gerecht.

Bedauerlicherweise fehlt es schon an der erforderlichen Konkretisierungstiefe durch den Gesetzgeber in einzelnen Rechtsgebieten wie dem Hochschulrecht. Ehrlicher ist der VGH Mannheim, der betont, dass der Begriff des dienstlichen Interesses keinen allgemeingültigen Inhalt habe, sondern in den einzelnen Gesetzen nach der jeweils zu Grunde liegenden Interessenlage zu konkretisieren sei.[104] Naheliegenderweise sind die Interessen in einem Bundesministerium andere als in der Lehrerschaft und diese wiederum andere als an Universitäten. 32

b) Sammeln und Gewichten aller sachlichen Gesichtspunkte

Stimmen in der Rechtsliteratur und Rechtsprechung betonen, dass mit der Möglichkeit, einen Antrag auf Dienstverlängerung zu stellen, die persönlichen Interessen des Beamten dominieren;[105] entscheidend sei ein dienstliches Interesse aus der *Perspektive des antragstellenden Beamten*.[106] Deshalb gesteht eine starke Rechtsansicht dem Beamten einen Anspruch auf ermessensfehlerfreie Entscheidung zu.[107] Zudem wird vom Gesetzgeber und Gerichten gelegentlich von einer angemessenen *Interessenabwägung zwischen den Interessen des Antragstellers und des Dienstherrn*[108] gesprochen. Im Gegensatz dazu wird zum Teil das dienstliche Interesse eng definiert,[109] von den sog. persönlichen, nicht relevanten Interessen abgegrenzt[110] und jegliche weitere Interessenabwägung 33

[103] Zu § 138 BGB s. kritisch *Heldrich*, AcP 186 (1986), 74, 94; Grüneberg/*Ellenberger*, BGB, 81. Aufl. 2022, § 138 Rn. 2: „trägt zur inhaltlichen Präzisierung wenig bei"; *Möllers*, Juristische Methodenlehre, 5. Aufl. 2023, § 7 Rn. 16.

[104] VGH Mannheim, Beschl. v. 15.1.2013 – 4 S 1519/12, Die Justiz 2013, 308–311 = BeckRS 2013, 46506 – Sonderschuldirektor; VGH Mannheim, Beschl. v. 31.3.2015 – 4 S 630/15, VBlBW 2015, 469, 470 = BeckRS 2015, 54462, Rn. 5 – Tenure Track Stellen.

[105] So noch *Battis*, Bundesbeamtengesetz, 4. Aufl. 2009, § 53 Rn. 2.

[106] *Baßlsperger*, in: Weiß, Beamtenrecht in Bayern, 188. Akt. Dez. 2014, Art. 63 BayBG Rn. 15.

[107] *Brinktrine*, in: Brinktrine/Schollendorf, BeckOK Beamtenrecht Bund, 28. Ed. 1.2. 2022, § 53 BBG Rn. 20 m.w.Nachw.; *Hug*, in: Brinktrine/Hug, BeckOK Beamtenrecht Baden-Württemberg, 24. Ed. 1.11.2022, BWLBG, § 39 Rn. 80; *Di Prato*, in: Brinktrine/Masuch, BeckOK Beamtenrecht Hessen, 21. Ed. 1.11.2022, § 34 HBG Rn. 33. A. A. s. oben die Nachweise in Fn. 31.

[108] Für Baden-Württemberg, LT-Drucks. 14/6694, S. 742: „bringt die Interessen des Antragstellers mit denjenigen des Dienstherrn in einen ausgewogenen Kompromiss"; VGH Mannheim, Beschl. v. 31.3.2015 – 4 S 630/15, VBlBW 2015, 469, 470 = BeckRS 2015, 54462, Rn. 6 – Tenure Track Stellen; VG Karlsruhe, Beschl. v. 23.9.2020 – 11 K 3767/20, BeckRS 2020, 31129, Rn. 19 – Musikprofessor.

[109] S. etwa oben Rn. 8, Fn. 24 ff.

[110] Diese Interessen werden zum Teil als höchstpersönliche bezeichnet, die nicht zu den dienstlichen Interessen gehören sollen, s. OVG Münster, Beschl. v. 26.7.2005 – 6 B 1172/05, BeckRS 2005, 28750, Rn. 10 – Neuausrichtung medizinische Fakultät; *Weißberger/Maier*, in: Brinktrine/Voitl, BeckOK Beamtenrecht Bayern, 27. Ed. 1.4.2022, Art. 63 BayBG Rn. 6.

abgelehnt, solange das Tatbestandsmerkmal des dienstlichen Interesses nicht positiv festgestellt wurde.[111]

34 Das obige Paradoxon, dass ein enges Verständnis des dienstlichen Interesses bei negativer Feststellung dem Beamten zu viel gibt und bei positiver Feststellung die freiwillige Längerbeschäftigung aber oft leerlaufen lässt, lässt sich auflösen: Einem ungehinderten Rechtsanspruch des Anspruchsstellers (negative Prüfung) könnte man begegnen, indem man es bei der positiven Feststellung beließe. Dann müsste man aber das dienstliche Interesse weiter präzisieren und sicherstellen, dass eine zu engherzige Auslegung den Regelungszweck nicht konterkariert. Die hier vertretene Ansicht stellt sich bewusst gegen zahlreiche Entscheidungen von Verwaltungsgerichten, wonach der unbestimmte Rechtsbegriff des dienstlichen Interesses maßgebend von organisatorischen und personellen, also verwaltungspolitischen und daher gerichtlich nur eingeschränkt überprüfbaren Entscheidungen des Dienstherrn geprägt werde.[112] Denn damit wird das dienstliche Interesse mit dem Organisationsermessen des Dienstherrn nahezu gleichgesetzt und diesem im Grunde ein Blankoscheck erteilt. Das widerspricht aber Telos, Gesetzesgeschichte und Systematik der freiwilligen Längerarbeit des Beamten.[113] Nur formal auf den vermeintlichen Ausnahmecharakter abzustellen, überzeugt nicht. Wollen sie eine freiwillige Längerarbeit grundsätzlich verhindern, müssten der Dienstherr (und dann das zuständige Verwaltungsgericht) inhaltlich nachweisen, dass die Probleme der demografischen Entwicklung und die damit verbundene Altersversorgung gelöst sind, was m. E. nur schwer gelingen wird.[114]

35 Denkbar wäre es etwa, in einem *ersten Schritt alle sachlichen Interessen zu sammeln*. Man würde damit die Interessen von Professor und Dienstherr nicht gegeneinander ausspielen, sondern beide in den Abwägungsprozess mit einfließen lassen. In einem *zweiten Schritt* würden die Interessen *gewichtet*. Dies ist für Abwägungsentscheidungen bekannt. Im Sinne einer *Abwägungsvollständigkeit*[115] sind alle einschlägigen Belange zu sammeln, die für die Beteiligten erheblich und nach dem Schutzzweck abwägungsrelevant sind. Die Auswahl der abwägungsrelevanten Gesichtspunkte darf damit nicht willkürlich, sachfremd oder diskriminierend sein.[116] In einem ersten Schritt der Abwägung sind

---

[111] VGH München, Beschl. v. 9.8.2010 – 3 CE 10.927, BeckRS 2011, 45860, Rn. 53 – Neuausrichtung medizinische Fakultät.

[112] VG Frankfurt a. M., Beschl. v. 28.5.2015 – 9 L 930/15.F, BeckRS 2015, 48282, Rn. 3; OVG Lüneburg, Beschl. v. 17.9.2019 – 5 ME 155/19, BeckRS 2019, 22391, Rn. 4 – Zollbetriebsinspektor m. w. Nachw.; OVG Lüneburg, Beschl. v. 23.2.2021 – 5 ME 20/21, DVBl 2021, 1436, 1437 f. = BeckRS 2021, 2442, Rn. 12; s. auch Battis/*Hebeler*, Bundesbeamtengesetz, 6. Aufl. 2022, § 53 Rn. 10.

[113] S. gerade § 7 Rn. 12 ff.

[114] S. den Beitrag von *Krause* (in diesem Band), § 6 Rn. 6 ff.

[115] *Vogel*, Juristische Methodik, 1998, S. 153.

[116] *Riehm*, Abwägungsentscheidungen in der praktischen Rechtsanwendung, 2006, S. 57, 59.

die sich auf Eingriffs- und Rechtfertigungsseite gegenüberstehenden Werte abstrakt zu gewichten. In einem zweiten Schritt prüft man dann die Intensität des Eingriffs im konkreten Fall. Für diese situationsbezogene konkrete Gewichtung hat zudem eine Folgenbewertung stattzufinden. Der eigentliche Abwägungsvorgang findet in einem dritten Schritt statt, in welchem die Abwägungsgesichtspunkte gegenüberzustellen sind. Auch Kollege *Geis* erweitert in seinem Beitrag den Begriff des dienstlichen Interesses um zahlreiche Gesichtspunkte.[117]

c) Angemessener Mittelweg gegenüber Alles- oder Nichts-Prinzip

In der Juristischen Methodenlehre ist die Rechtsfigur einer vermittelnden 36 Rechtsansicht wohlbekannt.[118] Betrachtet man die Folgen, werden oft Mittelmeinungen gewählt.[119] Die Suche nach dem Mittelweg findet ihr Pendant im konfuzianischen Denken der Mäßigung, die beiden Seiten erlaubt, ihr Gesicht zu wahren.[120] Oft erhöht sie die Akzeptanz. Eine solche Ansicht wird sich vor allem dann durchsetzen, wenn der Anspruch nicht eindeutig besteht, sondern das Gesetz offen ist, etwa wegen eines unbestimmten Rechtsbegriffs oder einer Generalklausel, die weiter konkretisiert werden müssen. Die Lösung bietet sich an, wenn der Gesetzgeber keine Wertungen vorgibt oder die Wertungen im Gesetz gleich stark sind. Es überrascht, dass die meisten Kommentare sowie die Rechtsprechung oft nur punktuell ein Beispiel für ein dienstliches Interesse herausgreifen und damit regelmäßig auch zu gegenteiligen Resultaten kommen. Das starre Alles-oder-Nichts-Ergebnis bei einer negativen oder positiven Feststellungslast des dienstlichen Interesses lässt sich durch ein Sammeln aller sachlichen Interessen vermeiden. Mit dem vorgeschlagenen Mittelweg könnte man das obige starre Alles-oder-Nichts-Prinzip verhindern.

2. Fiskalische Interessen

Professoren sind regelmäßig öffentlich-rechtlich als Beamte und selten als An- 37 gestellte an der Universität beschäftigt. Sie werden damit aus den Haushalten der Bundesländer, sprich: aus Steuergeldern bezahlt. Wie oben gezeigt, stellt der Gesetzgeber ausdrücklich auf die finanzielle Belastung der Altersversorgungssysteme ab. Naheliegenderweise sind diese Mittel sparsam einzusetzen. Dieser Regelungszweck konnte dem Gesetzgeber nachgewiesen werden.[121] Insoweit überrascht, dass fiskalische Interessen in den Kommentierungen und Gerichts-

[117] *Geis* (in diesem Band), § 2 Rn. 23.

[118] *Möllers*, Juristische Methodenlehre, 5. Aufl. 2023, § 5 Rn. 107.

[119] *Bydlinski,* AcP 204 (2004), 309, 313 ff.

[120] Zur Lehre vom Goldenen Mittelweg, s. *Yutang*, Mein Land und mein Volk, 1935, S. 142 ff.; *Fiss*, 93 Yale L.J. 1073, 1081 (1984).

[121] S. oben unter Rn. 3, Fn. 4 ff. Zu den Folgerungen s. *Krause* (in diesem Band), § 6 Rn. 35 ff.

entscheidungen selten auftauchen. Gelegentlich werden fiskalische Interessen als Gesichtspunkt anerkannt.[122]

38 In einem Urteil wird darauf hingewiesen, dass ein Verstoß gegen das Wirtschaftlichkeitsgebot nach den Haushaltsgrundsätzen nicht vorläge, wenn der Dienstherr bei Versetzung in den Ruhestand für den Beamten die Ruhebezüge und parallel die Kosten für den Nachfolger zu tragen habe.[123] Selbst wenn hier die Grenze des rechtlich Zulässigen („Verstoß") noch nicht überschritten ist, sollte der wirtschaftlich denkende Dienstherr weitergehende Überlegungen anstellen. Denn entweder spart die Universität oder aber das Bundesland Geld, wenn der Beamte bzw. Universitätsprofessor seine Dienstzeit verlängert. Die Bezüge des wissenschaftlichen Nachwuchses mögen zwar geringer und finanziell günstiger sein als die Bezüge des älteren Kollegen. Die Doppelbelastung aus Pension des pensionierten Professors und Bezügen des jüngeren Kollegen wird im Ergebnis aber deutlich teurer sein als die Differenz zwischen Pension und vollem Gehalt, die bei einer Weiterbeschäftigung entstünde.[124] Konsequent ist die Lösung der Bundesländer Baden-Württemberg und Hessen, den Professoren einen finanziellen Anreiz in Höhe von 10 % des aktuellen Gehalts für die freiwillige Längerarbeit zu gewähren.[125]

3. Organisationshoheit und Strukturpolitik

39 In der Rechtsliteratur und Rechtsprechung wird dem Dienstherrn ausdrücklich das Recht auf Organisationshoheit zugestanden.[126] Für die Universität bedeutet dies, dass sie die Strukturen vorgibt. Die Hochschulleitung kann ggf. auch eine Neuausrichtung von Fakultäten, Instituten und Lehrstühlen vornehmen, die einer Weiterbeschäftigung entgegenstehen. In mehreren Entscheidungen wurde eine solche Neuausrichtung von den Gerichten akzeptiert.[127] An der Universi-

[122] *Spitzlei*, in: Franke/Weiß, GKÖD, 3. Lfg. 2019, L § 53 Rn. 12.

[123] Hierzu VG München, Urt. v. 23.6.2020 – M 5 K 19.2836, BeckRS 2020, 18810, Rn. 66 – Professor und Altershöchstgrenze.

[124] So auch *Spitzlei*, in: Franke/Weiß, GKÖD, 3. Lfg. 2009, L § 53 Rn. 12. S. *Krause* (in diesem Band), § 6 Rn. 45.

[125] S. § 73 Landesbesoldungsgesetz Baden-Württemberg (LBesG BW) v. 9.11.2010, GVBl. 2010, S. 793, 826 und etwa Rundschreiben der Ruprecht-Karls-Universität Heidelberg vom 31.3.2011; s. auch *Wolff* (in diesem Band), § 5 Rn. 3, Fn. 4. Allerdings ist es kontraproduktiv, wenn die Universität oder die jeweilige Fakultät nicht entlastet wird, sondern diese Mehrkosten zu tragen hat, so aber für die Goethe Universität Frankfurt *Wolff* (in diesem Band), § 5 Rn. 4 und *Krause* (in diesem Band), § 6 Rn. 45.

[126] S. oben Fn. 12.

[127] OVG Münster, Beschl. v. 26.7.2005 – 6 B 1172/05, BeckRS 2005, 28750, Rn. 9 f. – Neuausrichtung medizinische Fakultät; VGH München, Beschl. v. 9.8.2010 – 3 CE 10.927, BeckRS 2011, 45860, Rn. 50 f. – Neuausrichtung medizinische Fakultät; OVG Koblenz, Urt. v. 25.2.2011 – 2 A 11201/10, NJOZ 2012, 791, 793 = BeckRS 2011, 48522 – Ingenieurprofessor und beabsichtigte Umstrukturierung; VG Karlsruhe, Beschl. v. 23.9.2020 – 11 K 3767/20, BeckRS 2020, 31129, Rn. 28 – Musikprofessor; VG Augsburg, Urt. v. 17.12.2020 – Au 2 K 20.1433, BeckRS 2020, 48789, Rn. 23 ff. – Lehrstuhlneuausrichtung (Buhl).

tät Augsburg wurde 2020 etwa ein neues Zentrum für Klimaresilienz eingerichtet. Alternativ kann die Hochschulleitung bestehende Einheiten stärken, etwa durch die Einrichtung von Seniorprofessuren.

4. Kriterien einer klugen Personalpolitik

a) Breite Professorenschaft

Fakt ist, dass die Karrierechancen des wissenschaftlichen Nachwuchses an Universitäten andere sind als in anderen Bereichen. Aufstiegschancen als Regierungsrat sind in Ministerien höher als die eines Studienrates an einem Gymnasium.[128] Für Nachwuchswissenschaftler hat die frühere Bildungsministerin Buhlmann durch die Einführung von Juniorprofessuren geholfen, von denen es inzwischen mehr als 1.500 in Deutschland gibt. Dadurch wurde die Professorenschaft um promovierte Nachwuchswissenschaftler, die sog. Post-Docs, nach unten erweitert. Auch vom Lebensalter her sind Juniorprofessoren deutlich jünger als der traditionelle Professor bei seiner Ersternennung. Das hat Vor- und Nachteile: Vorteilhaft ist sicherlich, dass die Juniorprofessur unabhängig von anderen Professuren und über sechs Jahre abgesichert ist. Nachteilhaft für die Fakultät ist dagegen, wenn Juniorprofessoren durch Elternzeiten ausfallen. Solche Fehlzeiten ließen sich durch ältere Kollegen kompensieren. Eine breite Professorenschaft hilft die jeweiligen Vor- und Nachteile auszugleichen. Die Erweiterung der Professorenschaft um eine längere Dienstzeit ist damit auch Ausdruck von kluger Personalpolitik. 40

b) Die Interessen des Professors, insbesondere Betreuung des wissenschaftlichen Nachwuchses

Regelmäßig hat der Professor ein Interesse weiterhin zu forschen. Dieses Interesse ist durch die Wissenschaftsfreiheit des Art. 5 Abs. 3 GG geschützt. In der Rechtsprechung wird regelmäßig vorgetragen, das Forschungsinteresse würde durch den „Zwangsruhestand" nicht tangiert, dürfe er diesem doch weiterhin nachgehen.[129] Seine Position würde sich auch hinsichtlich seiner Lehrfreiheit nicht verschlechtern, da ihm diese rechtlich auch nach seiner Pensionierung zustehen würde.[130] Zum Teil wird behauptet, die Betreuung des wissenschaftli- 41

---

[128] In Bayern sind die Beförderungen vom Regierungsrat zum Oberregierungsrat und dann Regierungsdirektor Regelbeförderungen, während vergleichbare Positionen vom Studienrat zum Oberstudienrat und dann Studiendirektor üblicherweise eine Leitungsposition in der Schule voraussetzen. Die meisten Studienräte werden deshalb keine Studiendirektoren.

[129] VG München, Urt. v. 23.6.2020 – M 5 K 19.2836, BeckRS 2020, 18810, Rn. 64 – Professor und Altershöchstgrenze.

[130] OVG Greifswald, Beschl. v. 19.8.2008 – 2 M 91/08, NVwZ-RR 2009, 23 f. = NordÖR 2008, 499, 500 – Förderung des wissenschaftlichen Nachwuchses als dienstliches Interesse.

chen Nachwuchses, wie Doktoranden und Habilitanden, würde nicht zu den dienstlichen Interessen gehören.[131]

42 Unstrittig gehört die Betreuung des wissenschaftlichen Nachwuchses zu den ureigenen Aufgaben der Forschungstätigkeiten des Professors. Zwar ist es zutreffend, dass der Hochschullehrer auch nach der Pensionierung weiter forschen und regelmäßig auch weiterhin den wissenschaftlichen Nachwuchs betreuen kann. Unzweifelhaft sind aber die Arbeitsbedingungen für den Professor und den wissenschaftlichen Nachwuchs ungleich besser, wenn der Lehrstuhlinhaber in einem Team arbeitet, das es ihm ermöglicht, auch umfangreichere Forschungsprojekte zu realisieren. Damit gelingt auch die Nachwuchsförderung, also die Betreuung von Doktoranden und Habilitanden am Lehrstuhl, viel besser als im „Zwangsruhestand". Vor allem sollten Fakultät und die Hochschulleitung als Dienstherr ein unmittelbares Interesse an der Förderung des eigenen (!) wissenschaftlichen Nachwuchses haben. Die Betreuung des wissenschaftlichen Nachwuchses als „höchstpersönliches Interesse" des Professors abzutun,[132] ist folglich nicht überzeugend. Das gilt umso mehr, wenn man auch die persönliche Lebensplanung als sachliches Interesse akzeptiert.[133]

c) Die Relevanz der Nachwuchsförderung

43 Zum Teil wird die Nachwuchsförderung ausdrücklich als dienstliches Interesse anerkannt, um dann eine Dienstzeitverlängerung abzulehnen.[134] Das kann dann nicht den gerade beschriebenen eigenen Nachwuchs betreffen, sondern nur die externen Kandidaten, die sich auf die Nachfolge eines Lehrstuhls bewerben.[135] Die Gegenansicht betont dagegen, dass es unzulässig ist, die Nachwuchsförderung als Teil des dienstlichen Interesses zu berücksichtigen, denn der Gesetzgeber hätte bewusst in Kauf genommen, dass der Nachwuchs auf die Stelle entsprechend der Verlängerung warten müsse. Diesen Gesetzeszweck dürfe man nicht unterlaufen, sodass das Interesse potentieller Nachfolger an der Stelle nicht berücksichtigt werden dürfe.[136] Aber selbst wenn man die Interessen

---

[131] Richtlinien der Universität Augsburg (s. Fn. 24), Ziff. 3.3.c) und oben Fn. 75.

[132] Diese Interessen werden zum Teil als höchstpersönliche bezeichnet, die nicht zu den dienstlichen Interessen gehören sollen, s. OVG Münster, Beschl. v. 26.7.2005 – 6 B 1172/05, BeckRS 2005, 28750, Rn. 10 – Neuausrichtung medizinische Fakultät; generell eine Interessensabwägung ablehnend VGH München, Beschl. v. 9.8.2010 – 3 CE 10.927, BeckRS 2011, 45860, Rn. 53 – Neuausrichtung medizinische Fakultät.

[133] S. die Nachweise in Fn. 105 f.

[134] So OVG Greifswald, Beschl. v. 19.8.2008 – 2 M 91/08, NVwZ-RR 2009, 23 f. = NordÖR 2008, 499, 500 f. – Förderung des wissenschaftlichen Nachwuchses als dienstliches Interesse, ohne Auseinandersetzung mit der Gegenansicht.

[135] An deutschen Universitäten sind sog. Hausberufungen von Nachwuchswissenschaftlern der eigenen Universität grundsätzlich unzulässig, vgl. z. B. § 48 Abs. 2 S. 4 BWLHG, § 63 Abs. 4 HessHG, § 101 Abs. 5 S. 1 BerlHG.

[136] *Potguntke*, DÖV 2011, 561, 564; OVG Hamburg, Beschl. v. 5.6.2012 – 1 Bs 98/12, ZBR 2013, 54–56 = BeckRS 2012, 53522 unter II.2.a) – Oberstaatsanwältin; *Baßlsperger*, in: Weiß,

der jüngeren Kollegen berücksichtigt, müsste auch der potentielle Lehrstuhlnachfolger ein grundsätzliches Interesse soliden Staatshaushaltens haben.[137] Wenn zum Teil behauptet wird, der Beamte handele „egoistisch", wenn er zulasten der Karrierechancen jüngerer Kollegen länger arbeite,[138] verfehlt dies den Punkt: Denn gerade umgekehrt könnte man behaupten, dass derjenige der *nicht länger* arbeite, egoistisch zulasten der künftigen Generation handele, weil er mit seiner Pension den Staatshaushalt belaste. Hinzu kommt: In verschiedenen Disziplinen, wie etwa den Theologischen Fakultäten, wird der wissenschaftliche Nachwuchs händeringend gesucht.[139]

d) Leistungsstarke Professorenschaft

Je älter man wird, desto unterschiedlicher entwickelt sich die individuelle Ar- 44
beitsfähigkeit, d.h. desto stärker weicht die kognitive Leistungsfähigkeit voneinander ab.[140] Der Leistungsgedanke ist dem Beamtentum,[141] aber auch der Wissenschaft immanent. Professoren nehmen Führungspositionen wahr. Zwar werden Professoren, anders als Beamte oder Richter, nicht beurteilt. Es findet gleichwohl ein Wettbewerb zwischen den Professoren und zwischen den Universitäten statt. Der Gesetzgeber hat dem mit der W-Besoldung und der Möglichkeit von Leistungszulagen Rechnung getragen. In regelmäßigen Abständen können Professoren, die Leistungszulagen beantragen, sich diesem Wettbewerb stellen.[142] Unschwer könnte hier der Dienstherr bei seiner Entscheidung über die Dienstzeitverlängerung an die Kriterien für Leistungszulagen anknüpfen.[143]

Beamtenrecht in Bayern, 188. Akt. Dez. 2014, Art. 63 BayBG Rn. 18b; ihm folgend VG München, Urt. v. 23.6.2020 – M 5 K 19.2836, BeckRS 2020, 18810, Rn. 61 f. – Professor und Altershöchstgrenze.

[137] Die Pensionslasten des Staates reduziert sich durch die freiwillige Längerarbeit des älteren Kollegen. Im Ergebnis muss nur ein Professor und nicht zwei Professoren bezahlt werden, hierzu *Krause* (in diesem Band), § 6 Rn. 45.

[138] So *Summer*, PersV 2009, 164, 166: Antragsteller als ausgesprochener Egoist.

[139] S. oben *Benecke* (in diesem Band), § 1 Rn. 5. Ähnlich schwierig und bisher ungelöst ist zur Zeit die Personalnot bei Lehrern. Die Bereitschaft zur freiwilligen Dienstzeitverlängerung ist wegen zahlreicher belastender Momente aber ausgesprochen gering; zu Lösungsvorschlägen s. SWK der Kultusministerkonferenz, Empfehlungen zum Umgang mit dem akuten Lehrkräftemangel, abrufbar online; s. auch *N. N.*, Trotz Personalnot arbeiten immer mehr Lehrer Teilzeit, FAZ v. 14.2.2023, S. 15.

[140] *Hertzog et al.*, 9 Psychological Science in the Public Interest 1, 5 (2008); *Ilmarinen*, Towards a Longer Worklife, Finnish Institute of Occupational Health, 2005, S. 136 (speziell für Finnland).

[141] Zum Gedanken der Bestenauslese, s. Art. 33 Abs. 2 GG; Dreier/*Brosius-Gersdorf*, GG, 3. Aufl. 2015, Art. 33 Rn. 73, 89; *Badura*, in: Dürig/Herzog/Scholz, GG, 99. EL. 2022, Art. 33 Rn. 26.

[142] Allerdings herrscht auch hier ein Wildwuchs, weil einige Universitäten diese nicht vergeben. Positiv aber § 8 S. 2 BayHLeistBV i.V.m. den Grundsätzen der Universität Augsburg für die Vergabe von Leistungsbezügen vom 7.8.2012, zuletzt geändert am 9.10.2019, P-011-GS-2-003 GS_Leistungsb.

[143] Vgl. etwa § 4 Grundsätze für die Vergabe von Leistungsbezügen (s. Fn. 142).

Selbst wenn diese das frühere Tun beurteilen, lassen die bisherigen Leistungen auch eine gewisse Prognose für die Zukunft zu. Auf die Leistungsparameter der Leistungszulagenverordnung abzustellen, hätte auch den Vorteil, dass der Professor die Einordnung und Differenzierung an seiner Person schon kennengelernt hat.

e) Vermeidung des Anscheins einer Altersdiskriminierung

45 Zu einer klugen Personalpolitik wird schließlich auch der Umstand zählen, dass man gegenüber bestimmten Gruppen schon den Anschein einer Diskriminierung vermeidet. Das gebietet nicht nur § 1 AGG, sondern auch Art. 15 GRC. Damit entschärft man die Frage, ob die Altersbegrenzung gegen das Verbot der Altersdiskriminierung verstößt oder nicht.[144] Aus rechtsvergleichender Perspektive erlaubt das US-amerikanische Recht, dass Professoren mit „tenure" solange arbeiten können, wie sie wollen.[145] Und in Italien liegt die Altersgrenze von Professoren und Richtern bei 70 Jahren.[146]

5. Die Einrichtung des Seniorprofessors nach erfolgter Pensionierung

46 Einige Universitätsprofessoren stechen schon in ihrer Dienstzeit besonders hervor, in der Regel durch bahnbrechende oder exzellente Forschungsergebnisse, die dann oft auch mit besonderen Auszeichnungen und Ehrungen gewürdigt werden. Es wäre unklug, auf dieses Know-how wegen einer starren Altersgrenze zu verzichten.[147] Für die Fakultät und gerade auch für jüngere Kollegen drängt es sich geradezu auf, den Sachverstand, die Erfahrung und das „standing" des Kollegen auch über das 70. Lebensjahr nach der Dienstzeitverlängerung und erfolgter Pensionierung weitere drei bis fünf Jahre zu nutzen.[148] Die TU München vergibt den Titel „Emeriti of Excellence" sogar lebenslänglich.[149] Aber auch für die Universität wäre es ein Gewinn, mit dem Kollegen das Renommee der Universität zu steigern und etwa einen Wissensverlust durch die Abwanderung ins Ausland zu vermeiden[150]. Es entspricht deshalb kluger Perso-

---

[144] S. oben § 7 Rn. 28 und § 7 Fn. 87 sowie *Schmahl* (in diesem Band), § 3 Rn. 59 ff.

[145] S. ausführlich *Hirsch* (in diesem Band), § 4 Rn. 4 ff.

[146] Vertiefend etwa *Hohnerlein*, in: Becker/Köhler/Körtek, Die Alterssicherung von Beamten und ihre Reformen im Rechtsvergleich, 2010, S. 87, 102.

[147] Als leuchtende Beispiele von mit über 90 Jahren noch aktiven Professoren zu nennen sind etwa Prof. *Stefan Riesenfeld* (University of California in Berkeley) oder Professor Dr. *Fikret Eren* (Başkent Universität in Ankara). Zur Regelung an der TU München s. sogleich Fn. 149.

[148] A. A. VG Frankfurt, Beschl. vom 28.5.15 – 9 L 930/15.F, BeckRS 2015, 48282, Rn. 9 mit der These, dies sei nicht zu berücksichtigen.

[149] *Molls et al.*, 1 Proceedings of the European Academy of Sciences & Arts 1 (2022).

[150] Solche Fälle des „Brain Drain" sind vor allem aus den Naturwissenschaften bekannt, s. etwa die Fälle *Theodor Hänsch, Bert Hölldobler, Klaus Rajewsky, Ernst Ulrich von Weizäcker.* Hierzu etwa *Mohr*, Die Vertreibung der Weisen, Spiegel v. 16.1.2007; *Leßmann/Krieger*, Drei

nalpolitik, die Professorenschaft breit aufzustellen und um diese Kollegen nochmals zu erweitern.

Der Universitätsprofessor verliert derzeit zwingend drei Jahre nach der Verlängerung seinen Lehrstuhl, weil die Höchstaltersgrenze eine starre Frist darstellt und er somit pensioniert wird.[151] Weil die Stelle wieder „frei" wird, treten Konflikte mit gegenläufigen Interessen erst einmal nicht mehr auf. Deshalb haben einige Bundesländer[152] und Universitäten[153] reagiert und Seniorprofessoren eingerichtet, die zum Teil auch Emeriti of excellence,[154] Distinguished Professor[155] oder Senior Fellowship[156] genannt werden. Die HU Berlin differenziert nochmals zwischen Senior Professor, Senior Researcher und Senior Advisor.[157] Die HU Berlin möchte dabei ausdrücklich auch Personen erreichen, die bisher noch nicht an der HU Berlin tätig waren.[158] 47

Die Einrichtung von solchen Positionen erscheint sinnvoll, weil man die obigen Vorteile damit absichert und hervorragende Wissenschaftler weiter an der hiesigen Universität hält.[159] Auch hier bietet es sich an, dass nicht nur die Hochschulen, sondern auch der Gesetzgeber zumindest einen Rechtsrahmen schafft. Einige Bundesländer haben dies bereits getan.[160] So erlaubt etwa § 65 Abs. 3 SchlHLHSG den Hochschulen in Schleswig-Holstein die Beschäftigung von Seniorprofessoren inklusive der Option einer Vergütung.[161] Interessanterweise hat der Gesetzgeber dort aber ganz bewusst darauf verzichtet, den Maßstab dafür zu hoch anzusetzen. Im Gegensatz dazu sind die Voraussetzungen für Seniorprofessoren der Universität Würzburg sehr hoch: Verlangt wird eine herausragende wissenschaftliche Produktivität oder ein aussichtsreiches laufendes Drittmittelprojekt, aus denen auch der Seniorprofessor finanziert werden 48

Jahre? Nichts wie weg!, FAZ v. 21.3.2023, S. 9; kritisch auch *Sieg/Barz*, NZA 2021, 901, 908 sowie der Beitrag von *Schmahl* (in diesem Band), § 3 Rn. 61.

151 *Battis*, Bundesbeamtengesetz, 4. Aufl. 2009, § 53 Rn. 2: eine Verlängerung über die Höchstgrenze ist nichtig; *Hug*, in: Brinktrine/Hug, BeckOK Beamtenrecht Baden-Württemberg, 24. Ed. 1.11.2022, § 39 BWLBG Rn. 69; *Hupperts*, in: Brinktrine/Heid, BeckOK Beamtenrecht Nordrhein-Westfalen, 22. Ed. 1.5.2022, § 32 LBG NRW Rn. 6.

152 S. etwa § 55 Abs. 3 BWLHG; § 61 Abs. 8 LHG M-V; § 38 Abs. 7 HSG LSA; § 65 Abs. 3 SchlHLHSG; § 94 Abs. 2 ThürHG.

153 So etwa die Universitäten HU Berlin, Kiel, Mannheim, Würzburg etc. S. ausführlich Anhang I.

154 Z. B. TU München. S. https://www.emeriti-of-excellence.tum.de/eoe/startseite/ (Abruf v. 1.7.2023).

155 Universität Frankfurt, etwa Kollege *Siekmann* vom IMFS.

156 Z. B. die Universitäten Erlangen, Mainz s. Anhang I.

157 Rundschreiben des Präsidenten der HU Berlin v. 9.9.2015, s. Anhang I.

158 Rundschreiben des Präsidenten der HU Berlin (s. Fn. 157).

159 Solche Beispiele gibt es auch an der Universität Augsburg, etwa die Kollegen *Loidl, Hängii* und *Horn* vom Institut für Physik.

160 § 55 Abs. 3 BWLHG; § 65 Abs. 3 SchlHLHSG; § 61 Abs. 8 LHG M-V, § 38 Abs. 7 HSG LSA, § 94 Abs. 2 ThürHG.

161 § 65 Abs. 3 SchlHLHSG.

muss.[162] Ressourcen der Fakultät dürfen ausdrücklich nicht genutzt werden – so verschreckt man die Professoren.

IV. Formale Verbesserung des Antragsverfahrens für den Universitätsprofessor

49 Die bisherigen Überlegungen können abschließend durch weitere Vorschläge ergänzt werden, welche die formalen Voraussetzungen (1.) und Darlegungslasten (2.) zu einer Dienstzeitverlängerung betreffen.

1. Formale Voraussetzungen

a) Ausdehnung der Frist für die Antragstellung des Universitätsprofessors auf zwei Jahre

50 Die Regelungen in den meisten Beamtengesetzen sehen vor, dass der Antrag sechs Monate vor Ausscheiden gestellt werden soll.[163] Hochschulrechtliche Regelungen wie etwa das BayHIG[164] erweitern die Antragsfrist auf ein Jahr, um die Stellenbesetzung für den Nachfolger zu ermöglichen. Allerdings ist auch diese Vorschrift nur als Sollvorschrift formuliert; für den zweiten und dritten Antrag gilt entsprechendes.[165] Mit der Fristverlängerung wollte man der Dauer von Berufungsverfahren Rechnung tragen.[166]

51 Dieser Gesetzeszweck *wird in der Praxis nicht erreicht*, weil eine Neubesetzung regelmäßig länger, nämlich mehr als 12 Monate, oft zwei bis drei Jahre dauert. Überzeugend betonen die Richtlinien der Universität Augsburg, dass das Verfahren zur Ausschreibung von Professorenstellen in der Regel zwei Jahre dauert und empfehlen, „den Antrag entsprechend früher zu stellen".[167] Das mag beim erstmaligen Antrag auf Dienstzeitverlängerung noch funktionieren. Spätestens beim zweiten Antrag werden der Fakultät dann aber für eine Neuausschreibung keine zwei Jahre mehr zur Verfügung stehen. Umgekehrt wird die Universität wohl so lange keine Stelle ausschreiben (können), wie dem Universitätsprofessor die Möglichkeit offensteht, einen zweiten oder dritten Antrag auf Dienstzeitverlängerung zu stellen. Konsequent wäre es, die Antragsfrist zwingend auf zwei Jahre festzulegen, um potentielle Wiederbesetzungen nicht zu gefährden.

---

[162] Richtlinien der Universität Würzburg (s. Fn. 73), Ziff. II.3.

[163] Vgl. Art. 63 Abs. 2 S. 1 BayBG; § 32 LBG NRW, § 34 Abs. 2 HBG.

[164] Das BayHIG hat zum 1.1.2023 das BayHSchG sowie das BayHSchPG abgelöst.

[165] Art. 60 Abs. 4 BayHIG.

[166] So die Begr. der Bayerischen Staatsregierung zum Gesetzentwurf LT-Drucks. 13/9713, S. 30; *Schmid,* in: von Coelln/Lindner, BeckOK Hochschulrecht Bayern, 26. Ed. 1.2.2022, Art. 10 BayHSchPG Rn. 23.

[167] Richtlinien der Universität Augsburg (s. Fn. 24), Ziff. 4.1. Uabs. 2.

b) Die einmalige Entscheidung über die bis zu dreijährige Dienstzeitverlängerung

52 Die beamtenrechtlichen Vorschriften einiger Bundesländer erlauben nur eine einjährige Verlängerung der Dienstzeit, die bis zu dreimal wiederholt werden kann.[168] Diese Grenze wird als zwingend definiert, ohne dass von ihr abgewichen werden darf.[169] Eine solche starre Ein-Jahresfrist hat gleich mehrere Nachteile: Umfangreichere Forschungsprojekte, sind mit der kurzen, einjährigen Dienstzeitverlängerung nicht realisierbar. Dasselbe gilt für die Betreuung des wissenschaftlichen Nachwuchses.[170] Die Vorschrift ist überdies *wenig effizient,* weil alle Beteiligten dreimal mit dem Vorgang der Dienstzeitverlängerung beschäftigt werden. Die Regelung ist also nicht nur unpraktikabel, sondern löst die Spannung zwischen Neubesetzung und Verlängerung auch nicht in einer angemessenen Zeitspanne auf. Deshalb sollte vorab *nur einmal über die bis zu dreijährige Dienstzeitverlängerung* entschieden werden.

53 Die obigen Gesetze der Bundesländer erlauben hiervon keine Ausnahmen. Wegen des zwingenden Rechts sind die Universitäten an die unpraktikable Verlängerungszeit de jure gebunden. Gleich in zweierlei Hinsicht ist das Hochschulrecht in Baden-Württemberg flexibler: Zum einen kann die Antragsfrist auf zwei Jahre ausgedehnt werden, sodass schon frühzeitig über die Verlängerung entschieden werden kann.[171] Noch gewichtiger wird der Antrag nicht auf eine einjährige Verlängerungsoption beschränkt.[172] Auch der Bund und weitere Bundesländer erlauben es dem Beamten, den Antrag auf Dienstzeitverlängerung *gleich auf die gesamte Dreijahresspanne* zu erstrecken.[173] Mit seinen beiden Regelungen vermeidet das Hochschulrecht in Baden-Württemberg die obigen Nachteile. Es drängt sich deshalb auf, die Vorschrift als Blaupause auf die

---

[168] Vgl. Art. 63 Abs. 2 S. 1 BayBG; § 38 Abs. 1 RhPfLBG; § 43 Abs. 3 SaarlBG, § 47 SächsBG; § 25 Abs. 7 ThürBG. S. zu den abweichenden Regelungen in den anderen Bundesländern Fn. 152, 153.

[169] Etwa Richtlinien der Universität Würzburg (Fn. 73), Ziff. I.1. *Hug*, in: Brinktrine/Hug, BeckOK Beamtenrecht Baden-Württemberg, 24. Ed. 1.11.2022, § 39 BWLBG Rn. 72 (s. aber sogleich Fn. 172).

[170] S. hierzu oben Rn. 40f.

[171] § 45 Abs. 2 S. 3 BWLHG: Der Antrag soll spätestens ein Jahr vor dem Erreichen der Altersgrenze gestellt werden. Die Hochschulen können in begründeten Fällen eine Frist von bis zu zwei Jahren vorsehen; hierüber ist die betroffene Professorin oder der betroffene Professor rechtzeitig zu informieren.

[172] § 45 Abs. 2 S. 2 BWLHG: § 39 LBG gilt für Professorinnen und Professoren mit der Maßgabe, dass der Eintritt in den Ruhestand wegen Erreichens der Altersgrenze bis zum Ablauf des Semesters, in dem die Professorin oder der Professor das 70. Lebensjahr vollendet, jeweils auch für länger als ein Jahr, hinausgeschoben werden kann. Angesprochen bei *Hug*, in: Brinktrine/Hug, BeckOK Beamtenrecht Baden-Württemberg, 24. Ed. 1.11.2022, § 39 BWLBG Rn. 119ff.

[173] Etwa § 53 Abs. 1 S. 1 BBG; § 45 Abs. 3 S. 1 BbgLGB; § 25 Abs. 4 HmbBG; § 32 Abs. 1 LBG NRW, § 35 Abs. 3 LBG M-V; § 35 Abs. 4 SchlHLBG. Positiv auch *Spitzlei*, in: Franke/Weiß, GKÖD, 3. Lfg. 2019, L § 59 Rn. 14.

anderen Bundesländer zu übertragen. Die Hochschulleitungen sollten in ihren Bundesländern de lege ferenda auf eine entsprechende Änderung des Hochschulrechts hinwirken.

c) Mitwirkungsrecht der Fakultät

54 Ungeklärt ist auch, in welchem Umfang Dritte in das Verfahren einzubeziehen sind. Der Gesetzgeber schweigt, es finden sich keine Regelung in den Vorschriften des Beamten- oder Hochschulrechts, etwa im BayBG und im BayHIG über das Mitwirkungsrecht der Fakultät und das aus gutem Grund: Über eine Dienstzeitverlängerung des antragstellenden Professors würden dann nämlich seine Kollegen entscheiden. Einerseits erscheint es sinnvoll, dass die Hochschulleitung vor ihrer Entscheidung eine *Stellungnahme der Fakultät* einholt. Denn der Professor hat jahrelang in der Fakultät gewirkt, sodass die Tätigkeit des Professors und seine Arbeit in Forschung, Lehre und Verwaltung dort gut bekannt ist. Es gehört damit zu einer fundierten Ermessensentscheidung, wenn der Dienstherr eine Stellungnahme der Fakultät einholt.

55 Andererseits bleibt die Entscheidung über die Verlängerung der Dienstzeit des Professors, wie das Gesetz eindeutig formuliert, eine Entscheidung des Dienstherrn, also der Hochschulleitung der Universität.[174] Die Augsburger Richtlinien fordern, dass der Fakultätsrat zum Antrag des Universitätsprofessors Stellung nehmen, und dabei ausführlich begründen und darlegen muss, ob er den Antrag befürwortet oder nicht.[175] Vorab werden zahlreichen Gründe genannt, die gegen ein dienstliches Interesse sprechen.[176] Im Ergebnis wird damit suggeriert, dass neben dem Dienstherrn dem Fakultätsrat das Entscheidungsrecht zukäme, das Vorliegen des dienstlichen Interesses umfassend zu prüfen.

56 Eine solche Ansicht ist aus mehreren Gründen abzulehnen: Schon vom Wortlaut her sehen weder das BayBG noch das BayHIG ein solches Recht des Fakultätsrates vor. Würde man dem Fakultätsrat ein Entscheidungsrecht zukommen lassen, müssten konsequenterweise dann auch für Beamte aus anderen Bereichen die Kollegen gefragt werden. Zudem gehören zum Fakultätsrat etwa auch die studentischen Vertreter, welche die konkreten Forschungsleistungen des Universitätsprofessors wohl kaum angemessen beurteilen können. Aus gutem Grund werden etwa in Augsburg auch die Leistungszulagen nicht von der Fakultät, sondern ausschließlich von der Präsidentin bewertet; ausschließlich der Dekan hat Stellung zu nehmen.[177] Schließlich kann auch nur der Dienstherr und nicht die jeweilige Fakultät die Strukturinteressen der gesamten Universität beurteilen.

---

[174] S. oben *Geis* (in diesem Band), § 2 Rn. 26.

[175] Richtlinie der Universität Augsburg (s. Fn. 24), Ziff. 4.2.

[176] Richtlinie der Universität Augsburg (s. Fn. 24), Ziff. 3.3. und oben Fn. 75.

[177] Ebenso etwa die Situation an den Universitäten Bremen, vgl. Leistungsbezügeordnung der Universität Bremen v. 16.7.2014, § 4.

Belässt man es bei einer Pflicht zur Stellungnahme seitens des Fakultätsrates,[178] kann dieser auch nur prüfen, ob dienstliche Gründe einer Verlängerung *entgegenstehen*, nicht aber positiv sämtliche dienstlichen Interessen abwägen. Denn auch hier gilt: Den eigentlichen Abwägungsvorgang kann nicht die Fakultät, sondern nur der Dienstherr vornehmen. Nur er kennt alle sachlichen Belange, vor allem auch diejenigen, die über die Fakultät hinausgehen. Auch hier gibt es Vergleichsfälle: Bei der Antragstellung für ein Forschungssemester wird üblicherweise auch nur verlangt, dass die Lehre gesichert sein muss.[179] Es entscheidet ausschließlich der Dienstherr, der dem Professor auch mehrere Forschungssemester in dichter Folge gewähren kann, etwa bei einem auswärtigen Ruf im Rahmen der Bleibeverhandlungen. Kollegen, die darüber entscheiden müssten, hätten naheliegenderweise einen Interessenkonflikt und sind daher von der Entscheidungsfindung ausgeschlossen. 57

2. Darlegungslasten

a) Darlegungslast sachlicher Interessen des antragstellenden Professors

Die obigen verschiedenen Regelungen zur Dienstzeitverlängerung sind teilweise zu weit und teilweise zu eng. Prozessual sollte der Universitätsprofessor verpflichtet sein, seinen *Antrag substantiiert zu begründen*. Dass der Professor Anträge zu begründen hat, ist an sich für ihn nichts Ungewöhnliches. Eine Begründungspflicht gibt es etwa, um ein Forschungssemester zu beantragen[180] oder sich für Leistungszulagen[181] zu bewerben. Eine solche *Begründungspflicht* des Professors ist erst einmal deckungsgleich mit der Darlegungslast in denjenigen Bundesländern, in welchen das dienstliche Interesse positiv festzustellen ist. Die Begründung dient der Rationalität einer These. Erst die Begründung schafft das notwendige Maß an Überzeugungskraft.[182] 58

Im Unterschied zu einer engen Rechtsansicht[183] sind die dienstlichen Interessen allerdings erst einmal weit zu definieren: Sie umfassen damit auch die obigen Interessen der Allgemeinheit sowie die ureigenen Interessen des Professors.[184] Für den Antrag dürften *alle sachlichen Interessen* genannt werden, die dann aber ausreichend zu konkretisieren und zu gewichten wären. Damit wird 59

---

[178] Hierzu *Geis* (in diesem Band), § 2 Rn. 18 f.

[179] Nämlich dass das Lehrangebot gesichert ist, so für die Universität Augsburg etwa Art. 61 Abs. 1, 3 S. 1 BayHIG und entsprechende Antragsformulare zur Beantragung eines Forschungssemesters der Universitäten Augsburg oder Regensburg. An der Universität Augsburg muss allerdings der Fakultätsrat zustimmen.

[180] Antragsformular zur Beantragung eines Forschungssemesters (s. Fn. 179).

[181] Für Augsburg s. etwa Fn. 142 f.

[182] Im Ergebnis ebenso *Geis* (in diesem Band), § 2 Rn. 26. S. allgemein *Möllers*, Juristische Methodenlehre, 5. Aufl. 2023, § 1 Rn. 94 ff.

[183] S. oben Rn. 8 f.

[184] Ausführlich gerade Rn. 40 f.

sichergestellt, dass keine Interessen vergessen werden. Naheliegenderweise werden sie umso erfolgreicher sein, je mehr sie Substanz und Gewicht haben. Über die konkrete Gewichtung der Interessen im Einzelfall ist damit noch nichts gesagt.

b) Erhöhte Substantiierungspflicht des Dienstherrn bei der Ablehnung der freiwilligen Dienstzeitverlängerung

60 Verlangt man von dem Antragsteller in einem ersten Schritt die substantiierte Begründung eines Antrages, kennt schon das Prozessrecht den Grundsatz, dass dann die Gegenseite nicht mehr nur einfach bestreiten kann; vielmehr sie dann substantiiert bestreiten muss.[185] Es bedarf einer *qualifizierten Ablehnung*.[186] In der Literatur spricht man vom substantiierten Vorbringen und dem Verbot, willkürlich zu handeln.[187] In concreto müsste dann die Hochschulleitung ausführlich dartun, warum einem Antrag nicht stattgegeben werden kann. Der Dienstherr wäre zu einer substantiierten Ablehnung verpflichtet, welche die Entscheidung nachvollziehbar macht. Dies stimmt überein mit einer Ansicht, die qualifizierte Gründe[188] für eine Ablehnung verlangt, etwa einen konkreten Plan für die Neuausrichtung eines Lehrstuhls oder Instituts.[189] Diese Vorgaben kannte man bisher bei der Rechtslage, in welcher ein Rechtsanspruch grundsätzlich besteht, es sei denn, dass negativ dienstliche Interessen einer Verlängerung entgegenstehen.[190]

61 Im Einzelnen lässt sich dies in dreierlei Hinsicht konkretisieren: Grundsätzlich ist der Dienstherr frei, wie er sich organisiert. Strukturentscheidungen wer-

[185] BAG, Urt. v. 20.11.2003 – 8 AZR 580/02, NJW 2004, 2848, 2851; BGH, Urt. v. 11.3. 2010 – IX ZR 104/08, NJW 2010, 1357, Rn. 16; BGH, Urt. v. 4.4.2014 – V ZR 275/12, BGHZ 200, 350, Rn. 11 f. = NJW 2015, 468, 469; BGH, Urt. v. 31.5.2017 – VIII ZR 181/16, NJW-RR 2017, 842, Rn. 13; MüKo-ZPO/*Frietsche*, 6. Aufl. 2020, § 138 Rn. 23; *Greger*, in: Zöller, ZPO, 34. Aufl. 2022, § 138 Rn. 8a.

[186] *Baßlsperger*, in: Weiß, Beamtenrecht in Bayern, 188. Akt. Dez. 2014, Art. 63 BayBG Rn. 18c. Ebenso *Geis* (in diesem Band), § 2 Rn. 26.

[187] *Baßlsperger*, in: Weiß, Beamtenrecht in Bayern, 188. Akt. Dez. 2014, Art. 63 BayBG Rn. 18b.

[188] VGH München, Beschl. v. 4.11.2016 – 3 ZB 15.543, BeckRS 2016, 54944, Rn. 12 – Lehrer; *Baßlsperger*, in: Weiß, Beamtenrecht in Bayern, 188. Akt. Dez. 2014, Art. 63 BayBG Rn. 12; VG Ansbach, Urt. v. 12.7.2018 – AN 1 K 17.01359, BeckRS 2018, 22372, Rn. 33 – Verwaltungshauptsekretär.

[189] *Pogountke*, DÖV 2011, 561, 565 und die Rechtsprechung oben Fn. 127.

[190] Bei einem Rechtsanspruch lag die Darlegungslast für entgegenstehende dienstliche Gründe gleich beim Dienstherrn s. oben Rn. 7 Fn. 18. So auch VG Schleswig, Beschl. v. 11.2. 2020 – 12 B 82/19, BeckRS 2020, 2063, Rn. 43: „Dies erfordert eine entsprechende Konkretisierung, Festlegung und Dokumentation. Bloße Absichtserklärungen und eine ungefähre Personal- und Stellenplanung genügen hingegen nicht. Angesichts des Grundsatzes der Effektivität des Rechtsschutzes (Art. 19 Absatz 4 GG) ist es erforderlich, dass auf Seiten des Dienstherrn eine verfestigte, organisatorische und personelle Entscheidung vorliegt, die hinreichend von diesem dokumentiert und überprüfbar vorgelegt wird."

den deshalb nur rechtlich eingeschränkt überprüft.[191] Einzelne Entscheidungen haben dabei auch vagere Formulierungen für eine Umstrukturierung akzeptiert.[192] Das ist wenig überzeugend, weil so die Verlängerungsmöglichkeit des Beamten umgangen werden kann und das Gesetz wiederum leerlaufen würde. Allgemeine Absichtserklärungen für eine Umstrukturierung reichen damit nicht aus. Vielmehr muss erstens der Dienstherr nachweisen, dass die *Pläne konkret* und damit ausreichend verbindlich sind.[193] Zweitens können *nicht einfach bestimmte Interessen als nicht relevant wegdefiniert* werden, etwa die Betreuung von Promotions- und Habilitationsvorhaben.[194] Und drittens sind alle sachlichen Interessen zu berücksichtigen und das dienstliche Interesse nicht auf nobelpreisverdächtige Kollegen zu beschränken.[195] Denn bei einer zu engen Definition des dienstlichen Interesses würde der gesetzgeberische Zweck, die Beschäftigungszeit durch einen flexibleren Ruhestand zu optimieren, konterkariert.[196]

c) Zur konkreten Abwägung im Einzelfall

In einem letzten Schritt kommt es zu einer Abwägung im konkreten Einzelfall. 62
Trägt der Professor Überlegungen vor, die seine Leistung in den Bereichen Forschung, Lehre oder Verwaltung nachweisen, so spricht dies für die Verlängerung. So kann etwa die weitere Betreuung von Doktoranden und Habilitanden eine Dienstzeitverlängerung nahelegen. Im Zweifel kann diesem Interesse aber die Neuausrichtung des Lehrstuhls vorgehen, selbst wenn der Professor bisher außergewöhnlich beeindruckende Leistungen in der Forschung aufweisen kann.[197] Denkbar und vielleicht auch hilfreich wären in diesem Fall Kompromisse, die beiden Seiten gesichtswahrende Optionen eröffnen,[198] wie das

---

[191] OVG Koblenz, Urt. v. 25.2.2011 – 2 A 11201/10, NJOZ 2012, 791, 793 = BeckRS 2011, 48522 – Ingenieurprofessor und beabsichtigte Umstrukturierung; VG Karlsruhe, Beschl. v. 23.9.2020 – 11 K 3767/20, BeckRS 2020, 31129, Rn. 28 – Musikprofessor sowie oben Rn. 38.

[192] OVG Koblenz, Urt. v. 25.2.2011 – 2 A 11201/10, NJOZ 2012, 791, 793 = BeckRS 2011, 48522 – Ingenieurprofessor und beabsichtigte Umstrukturierung: „beabsichtigte Umstrukturierung".

[193] VGH Mannheim, Beschl. v. 31.3.2015 – 4 S 630/15, VBlBW 2015, 469, 472 = BeckRS 2015, 54462, Rn. 17 ff. – Tenure Track Stellen; VGH Mannheim, Beschl. v. 28.6.2018 – 4 S 1359/18, BeckRS 2018, 14359, Rn. 14 f. – Badisches Staatstheater; *Hug,* in: Brinktrine/Hug, BeckOK Beamtenrecht Baden-Württemberg, 24. Ed. 1.11.2022, § 39 BWLBG Rn. 98; *Weichbrodt*, in: Brinktrine/Neuhäuser, BeckOK Beamtenrecht Niedersachsen, 24. Ed. 1.11.2022, § 36 NBG Rn. 19 m. w. Nachw.

[194] So aber Richtlinien der Universität Augsburg (s. Fn. 24), Ziff. 3.3.; hierzu oben Rn. 23.

[195] So aber Richtlinien der Universität Augsburg (s. Fn. 24), Ziff. 3.1. und 3.2.; hierzu oben Rn. 23.

[196] Ausführlich bereits oben Rn. 23 f.

[197] VG Augsburg, Urt. v. 17.12.2020 – Au 2 K 20.1433, BeckRS 2020, 48789, Rn. 23 ff. – Lehrstuhlneuausrichtung (Buhl).

[198] Zum goldenen Mittelweg s. bereits oben Rn. 35.

Nichtausschöpfen der Dreijahresfrist durch den Professor oder das Einräumen einer Seniorprofessur, die dann eine Neubesetzung ermöglicht.[199] Die konkrete Abwägung erhöht zwar den Arbeitsaufwand, weil ein Vergleichen und ein Gewichten erforderlich ist. Die Komplexität der Entscheidung ist aber hinzunehmen, weil der vorgeschlagene Mittelweg attraktiver ist als der faktische Ausschluss der freiwilligen Längerarbeit zulasten des Professors oder umgekehrt der Rechtsanspruch des Professors, welcher dem Dienstherrn kaum Alternativen zur Längerbeschäftigung belässt. So lässt sich das obige starre Alles-oder-Nichts-Prinzip verhindern.

V. Ausblick – Wettbewerb, Transparenz und Rechtssicherheit

63 Die bisherige Regelung im Beamtenrecht ist schon deshalb unbefriedigend, weil Rechtsprechung und Rechtsliteratur wenig bemüht waren, die sich zum Teil ergebenden gegenläufigen Entwicklungen zu erkennen und vor allem die Vorschriften im Hinblick auf ihren Regelungszweck zu konkretisieren. Der Gesetzgeber wollte durch die Flexibilisierung und Verlängerung der Dienstzeiten den Staatshaushalt solider machen, weil künftig weniger Arbeitnehmer und Beamte die aus Steuergeldern zu zahlenden Pensionen und Renten aufbringen müssen. Eine juristische Diskussion muss deshalb nicht nur mit der Systematik des Gesetzes, dem Willen des Gesetzgebers und dem Regelungszweck argumentieren. Es müssen darüber hinaus *intradisziplinär* die Interessen der Hochschule und *interdisziplinär* ökonomische Überlegungen berücksichtigt werden.

64 Die Richtlinien einiger Universitäten sind ein erster wichtiger Schritt zur Konkretisierung der Dienstzeitverlängerung von Universitätsprofessoren. Wenn sie die Dienstzeitverlängerung nahezu ausschließen, unterlaufen sie allerdings den Regelungszweck. Sie sind überarbeitungsbedürftig, nämlich bei der Umschreibung des dienstlichen Interesses in positiver[200] wie negativer Sicht[201] sowie den Mitwirkungsrechten Dritter.[202]

65 Während der Tagung wurde die Frage diskutiert, ob unterschiedliche Regelungen nicht vorteilhaft für einen regen Wettbewerb der Universitäten unterei-

---

[199] Dieser Weg wurde aber nicht eingeschlagen in den Fällen VG München, Urt. v. 23.6. 2020 – M 5 K 19.2836, BeckRS 2020, 18810 – Professor und Altershöchstgrenze; VG Augsburg, Urt. v. 17.12.2020 – Au 2 K 20.1433, BeckRS 2020, 48789 – Lehrstuhlneuausrichtung (Buhl).

[200] S. im Einzelnen Rn. 23, Fn. 75.

[201] S. Rn. 23, Fn. 76.

[202] S. Rn. 54, Fn. 175 f. Die Notwendigkeit einer Überarbeitung hat auch die Präsidentin der Universität Augsburg eingeräumt; zur Podiumsdiskussion zwischen der Leibniz-Preisträgerin Prof. Dr. *André* und der Präsidentin Prof. Dr. *Doering-Manteuffel,* hierzu s. *Knab,* Werden ältere Professoren an der Uni Augsburg diskriminiert?, Augsburger Allgemeine Zeitung v. 18.5.2023, S. 34.

nander seien. Theoretisch ist Wettbewerb grundsätzlich auch zwischen staatlichen Universitäten zu begrüßen. Er findet im Rahmen der Besoldung inzwischen statt und auch Weg-Berufungen an andere Universitäten sind Teil des Alltags einer Fakultät. Allerdings verlangt der Wettbewerb Transparenz hinsichtlich der einschlägigen Vorschriften, der entsprechenden Verwaltungspraxis und der Option, sich auf die attraktivere Stelle zu bewerben. An allem fehlt es: So sind die Verfahren höchst intransparent;[203] nur in krassen Fällen kommt es zu verwaltungsgerichtlichen Verfahren; oft werden die Professoren schon im Vorfeld von einer Antragstellung abgeschreckt. Zudem werden Professoren nach dem 52. Lebensjahr regelmäßig nicht mehr berufen, sodass der Professor gerade nicht an die Universität mit den besseren Möglichkeiten einer freiwilligen Längerbeschäftigung wechseln kann.

Die hier unterbreiteten Vorschläge vermeiden die formalen Schwierigkeiten 66
und erhöhen damit Effizienz und Rechtssicherheit. Das gilt de lege lata: Die weite Auslegung des dienstlichen Interesses hilft dem Antragsteller, wenn er es positiv darlegen muss; bei einer negativen Feststellung sind jetzt schon alle Erwägungen zugunsten des Professors anzustellen. Allerdings ist der hier vertretene Mittelweg zum Teil strenger als die Rechtlage, die bei negativer Feststellung einen Anspruch auf Dienstzeitverlängerung gewährt: Den Antragsteller trifft eine Substantiierungspflicht und ermöglicht dem Dienstherrn auch, unterdurchschnittliche Professoren von einer Dienstzeitverlängerung auszuschließen.[204] Das starre Alles-oder-Nichts-Ergebnis bei einer negativen oder positiven Feststellungslast des dienstlichen Interesses kann Ungerechtigkeiten zulasten des Professors, aber auch des Dienstherrn erzeugen. Diese lassen sich durch ein Sammeln der sachlichen Interessen vermeiden. Das kumulative Zusammenstellen und Gewichten der sachlichen Interessen verhindert extreme Unbilligkeiten, führt zu einem angemessenen Mittelweg und dient so dem Rechtsfrieden. Schon aus Gründen der Rechtsklarheit, aber auch, um dem Gesetzlichkeitsprinzip Rechnung zu tragen,[205] sollte der Landesgesetzgeber in den jeweiligen Hochschulgesetzen die Antragsfristen und Beteiligungsrechte konkretisieren und inhaltlich den Seniorprofessor regeln.[206] Die Universitäten sollten dann entsprechend Universitätsrichtlinien zur Konkretisierung der Dienst-

[203] Zu den Schwierigkeiten, entsprechende Daten über die freiwillige Dienstzeitverlängerung zu erlangen, s. *Reuter/Berli*, Wissenschaft in (Un)Ruhestand, Die Hochschule: Journal für Wissenschaft und Bildung, 2018, 101, 102f.: „allenfalls Berichte mit anekdotischer Evidenz".

[204] Professoren, die wenig forschen, haben in diesen Bundesländern ggf. einen Vorteil, weil dieses Parameter nicht zu ihren Lasten geltend gemacht werden dürfen, s. oben Fn. 13.

[205] Das Gesetzlichkeitsprinzip für diese Fragen auszuleuchten, wäre einen eigenen Beitrag wert. Es zählt zu den hergebrachten Grundsätzen des Berufsbeamtentums gem. Art. 33 Abs. 5 GG. Zur Beendigung des Beamtenverhältnisses s. BVerfG, Beschl. v. 2.12.1958 – 1 BvL 27/55, BVerfGE 8, 332, 352.

[206] Zu positiven Vorgaben verschiedener Bundesländer s. oben Fn. 173 und Fn. 152.

zeitverlängerung schaffen. Die entsprechenden Richtlinien aus Würzburg und Augsburg waren ein erster Schritt, auf dem sich aufbauen lässt.

VI. Zusammenfassende Thesen

67 1. a) Der Bundesgesetzgeber führte 1989 für den Beamten einen Anspruch auf freiwillige Dienstzeitverlängerung ein, soweit nicht ausnahmsweise *negativ* „dienstliche Belange [...] entgegenstehen". Bereits zwei Jahre später schränkte er diesen Rechtsanspruch aber ein, weil der Beamte seitdem *positiv* darlegen muss, dass die Dienstzeitverlängerung „im dienstlichen Interesse liegt". Mit dieser Neuregelung wollte der Gesetzgeber den Dienstherrn im Interesse einer effektiven Personalwirtschaft von seiner Darlegungs- und Beweislast befreien, gleichzeitig aber die Möglichkeit der freiwillige Dienstzeitverlängerung nicht einschränken. Während die meisten Bundesländer diese positive Feststellung übernahmen, behielten Niedersachsen, Schleswig-Holstein und Thüringen den Rechtsanspruch des Beamten bei. Es gibt nur wenige Universitätsrichtlinien, die zum Teil extrem hohe Anforderungen an das dienstliche Interesse stellen.

68 b) Die Möglichkeit der Dienstzeitverlängerung wird von den Universitäten sehr unterschiedlich gehandhabt. Die *Rechtslage ist unbefriedigend* und beeinträchtigt die Voraussehbarkeit und letztlich die Rechtssicherheit.

69 2. Der Begriff des „dienstlichen Interesses" als unbestimmter Rechtsbegriff ist mit Hilfe der *Juristischen Methodenlehre* weiter zu konkretisieren. Neben dem klassischen Auslegungskanon können folgenorientierte Überlegungen eine rational kontrollierbare Anwendung des Rechts erhöhen.

70 a) Der *Regelungszweck*, dem Beamten die Option einer freiwilligen Dienstzeitverlängerung einzuräumen, ist eindeutig: Der Gesetzgeber wollte der *demografischen Entwicklung* Rechnung tragen. Mit der Erhöhung der Pensionierungsgrenze und einer freiwilligen Dienstzeitverlängerung wollte er eine *adäquate Kostensenkung der Versorgungshaushalte* der aus Steuermitteln finanzierten Alterssicherungssysteme erreichen. Der *historische Wille* von 1989, die finanzielle Absicherung der Altersversorgungssysteme auch durch eine freiwillige Dienstzeitverlängerung sicherzustellen, ist heute aktueller denn je. Ursprünglich wurde der Begriff des dienstlichen Interesses eng definiert, um dem Beamten einen *weiten* Rechtsanspruch auf Dienstzeitverlängerung zu geben. Die Änderung der Darlegungslast zulasten des Beamten führt nun zu der *paradoxen Situation*, dass eine enge Auslegung des dienstlichen Interesses vollständig *zu seinen Lasten* geht. Während früher der Rechtsanspruch auf Dienstzeitverlängerung grundsätzlich bejaht wurde, gerät er nun zur seltenen Ausnahme und konterkariert damit den Regelungszweck. Folglich ist es unzulässig, den Anwendungsbereich der Norm durch einen (faktischen) Ausschluss einer freiwilligen Dienstzeitverlängerung leerlaufen zu lassen.

b) Die Vorgaben des Beamtenrechts sind folgenorientiert mit anderen Rechtsgebieten und Fachdisziplinen abzustimmen. Sie sind *unzureichend*, weil sie den Bedürfnissen der Beteiligten der Universität nicht gerecht werden. Die bisherige herrschende Ansicht ignoriert die Sicherung der Altersversorgungssysteme als *ökonomischen* Aspekt der freiwilligen Dienstzeitverlängerung. 71

3. Um den Regelungszweck und den europäischen Vorgaben zu unzulässiger Altersdiskriminierung Rechnung zu tragen, ist die Darlegungslast des Beamten unzulässig. Folglich sind zur Bestimmung des dienstlichen Interesses an der Verlängerung *alle sachlichen Interessen* im Rahmen des dienstlichen Interesses zu berücksichtigen, um sie dann zu gewichten. Durch einen weiten Begriff des dienstlichen Interesses lässt sich auch das *Paradoxon auflösen*. Zu den sachlichen Interessen gehört vor allem das *fiskalische Interesse*, die dauerhafte Finanzierung der Altersversorgungssysteme sicherzustellen. 72

Weil der Hochschulleitung die Organisationshoheit zusteht, kann sie etwa eine *Neuausrichtung* von Fakultäten, Instituten und Lehrstühlen vornehmen. 73

Zur Organisationshoheit der Hochschulleitung gehört eine *kluge Personalpolitik*, welche die jeweiligen Vor- und Nachteile bestimmter Lebensalter auffängt. Diese umfasst die Betreuung des wissenschaftlichen Nachwuchses wie Doktoranden und Habilitanden sowie eine *leistungsstarke Professorenschaft*. 74

Nach der dreijährigen Verlängerungsmöglichkeit sollte die Universität den *Seniorprofessor* (Distinguished Professor, Emeritus of excellence, Senior Fellow) einführen, um so das Know-how der Kollegen besonders lange halten zu können. 75

4. Weil für die Universitäten die beamtenrechtlichen Fristen zu kurz sind, sind die *formalen Voraussetzungen* einer Dienstzeitverlängerung zu verbessern. Der Universitätsprofessor sollte bereits *zwei Jahre* vor der Regelpensionierung den Antrag auf Dienstzeitverlängerung stellen und diese sogleich für *alle drei Jahre* beantragen können. Die praktikable beamtenrechtliche Regel etwa von Baden-Württemberg sollten die anderen Bundesländer (de lege ferenda) übernehmen. Der Fakultätsrat sollte nur prüfen, ob dienstliche Interessen einer Längerbeschäftigung entgegenstehen. 76

5. Der vorgeschlagene Mittelweg *vermeidet* inhaltlich die *Unbilligkeiten* der bisherigen Ansichten, die im Zweifel den Antrag des Beamten zu einseitig bejahen oder verneinen. Solche starren Alles-oder-Nichts-Ergebnisse lassen sich durch das kumulative Sammeln und Gewichten aller sachlichen Interessen verhindern. Formal erhöhen die Vorschläge die Effizienz des Verfahrens und fördern somit Transparenz, Vertrauensschutz und Rechtssicherheit. 77

§ 8 Augsburger-Freiburger Thesen zur Wohlstandssicherung durch freiwillige Längerbeschäftigung von Universitätsprofessoren[1]

Lars P. Feld und Thomas M.J. Möllers

1. Die demografische Entwicklung hat zur Folge, dass zukünftig weniger Erwerbstätige einer wachsenden Anzahl an Personen im Rentenalter gegenüberstehen werden. Die Erwerbstätigen müssen dann relativ höhere Abgaben leisten, um die Renten der gesetzlichen Rentenversicherung (GRV) sowie die Pensionen der Beamtenschaft zu finanzieren.[2] 1

2. Der demografische Wandel ist so wirkmächtig, dass nicht von einer Umkehr auszugehen ist. Die Finanzierung der GRV und der Beamtenpensionen kann auch nicht durch eine höhere Zuwanderung, höhere Fertilitätsraten oder eine zunehmende Erwerbstätigkeit von Zweitverdienern sichergestellt werden.[3] Dies gilt zudem für den Produktivitätsfortschritt, denn eine höhere Produktivität geht mit höheren Löhnen und Gehältern einher. Da die Rentensteigerungen gemäß der Rentenformel der GRV lohnbasiert sind, steigen dadurch auch die Renten. Die Beamtenpensionen sind faktisch an dieser Entwicklung orientiert. Selbst Kombinationen dieser unterschiedlichen, demografische Effekte mildernden Maßnahmen werden die Wirkungen der demografischen Entwicklung nicht kompensieren können. 2

3. Für den Gesetzgeber führt kein Weg an einer Ausweitung der Lebensarbeitszeit vorbei, wenn er verhindern will, dass die Abgaben leistungs- und wachstumsfeindlich weiter ansteigen und die Wettbewerbsfähigkeit des Standorts Deutschland in Frage gestellt wird; wenn er zudem nicht bereit ist, Leistungseinschränkungen in der Altersvorsorge zu beschließen oder dieses aus einer Reihe von Gründen kaum möglich oder nicht wünschenswert erscheint; wenn er angesichts der Herausforderungen des Klimawandels, der Digitalisierung und der sich verändernden außenwirtschaftlichen Rahmenbedingungen 3

---

[1] Die Augsburger-Freiburger Thesen wurden von den Professoren *Lars P. Feld* und *Thomas M.J. Möllers* auf der Tagung zur „Wohlstandssicherung durch freiwillige Längerbeschäftigung" an der Juristischen Fakultät der Universität Augsburg am 16.5.2023 vorgestellt. Die Thesen verwenden das generische Maskulinum – es sind alle denkbaren Geschlechter gemeint.

[2] *Schmahl*, § 3 Rn. 42; *Möllers*, § 7 Rn. 13 ff. ausführlich *Krause*, § 6 Rn. 1 ff. Sämtliche Verweise in diesen Thesen beziehen sich auf die Beiträge in diesem Tagungsband.

[3] Zum Folgenden ausführlich *Krause*, § 6 Rn. 6 ff.

einen Rückgang von Ausgaben in anderen Bereichen zudem nicht hinnehmen will; dann führt kein Weg an einer Ausweitung der Lebensarbeitszeit vorbei. Dies ist mit einer Erhöhung des gesetzlichen Eintrittsalters in den Ruhestand verbunden. Es ist daher interessengerecht, Möglichkeiten zur freiwilligen Längerbeschäftigung zu verbessern. Dies gilt vor allem für Personengruppen, die eine relativ höhere Bereitschaft haben, in einem höheren Alter zu arbeiten. Zu diesen Personengruppen gehören wesentliche Teile der Beamtenschaft, nicht zuletzt Professoren.

4 4. Der Bundesgesetzgeber führte im Jahr 1989 für die Beamtenschaft einen Anspruch auf freiwillige Dienstzeitverlängerung ein, soweit nicht ausnahmsweise *negativ* „dienstliche Belange [...] entgegenstehen“. Bereits zwei Jahre später schränkte er diesen Rechtsanspruch aber ein, weil Beamte seitdem *positiv* darlegen müssen, dass die Dienstzeitverlängerung „im dienstlichen Interesse“ liegt.[4] Mit dieser Neuregelung wollte der Gesetzgeber den Dienstherrn im Interesse einer effektiven Personalwirtschaft von seiner Darlegungs- und Beweislast befreien, gleichzeitig aber die Möglichkeit der freiwilligen Dienstzeitverlängerung nicht einschränken.[5] Während die meisten Bundesländer diese positive Feststellung übernahmen, behielten die Bundesländer Schleswig-Holstein, Niedersachsen und Thüringen den Rechtsanspruch des Beamten bei.

5 5. Unabhängig von dieser Rechtlage wird in der Praxis die Möglichkeit der Dienstzeitverlängerung von den Universitäten ganz unterschiedlich gehandhabt, von einer unproblematisch dreimal gewährten Dienstzeitverlängerung bis hin zu einem vollständigen Ausschluss der Verlängerungsmöglichkeit. Diese *Rechtslage* ist unbefriedigend und *beeinträchtigt die Rechtssicherheit.*[6]

6 6. Der Begriff des „dienstlichen Interesses“ als unbestimmter Rechtsbegriff ist mit Hilfe der *Juristischen Methodenlehre* weiter zu konkretisieren.[7] Der *Regelungszweck*, den Beamten die Option einer freiwilligen Dienstzeitverlängerung einzuräumen, ist eindeutig: Der Gesetzgeber wollte der oben skizzierten demografischen Entwicklung Rechnung tragen. Mit der Erhöhung der Pensionierungsgrenze und einer freiwilligen Dienstzeitverlängerung wollte er eine adäquate Kostensenkung der Versorgungshaushalte der aus Steuermitteln finanzierten Alterssicherungssysteme erreichen. Folglich ist es unzulässig, diesen Regelungszweck zu unterlaufen, etwa dadurch, dass *konkretisierende Richtlinien der Universitäten* den Anwendungsbereich der Normen durch einen (faktischen) Ausschluss der Verlängerungsmöglichkeit leerlaufen lassen.[8]

7 7. Schon vor mehr als 10 Jahren hatte der EuGH festgestellt, dass der Mitgliedstaat begründen muss, warum eine nationale Vorschrift ausnahmsweise

[4] *Benecke*, § 1 Rn. 7; *Möllers*, § 7 Rn. 5.
[5] *Möllers*, § 7 Rn. 5, Fn. 9.
[6] *Benecke*, § 1 Rn. 15; *Möllers*, § 7 Rn. 6ff.
[7] *Geis*, § 2 Rn. 23ff.; *Möllers*, § 7 Rn. 11ff.
[8] *Geis*, § 2 Rn. 26; *Möllers*, § 7 Rn. 24.

nicht gegen das Verbot der Altersdiskriminierung verstößt, und hat diese Beweislast mit hohen Anforderungen verbunden (etwa EuGH – C 388/07 – Age Concern England und EuGH – C-159/10 – Fuchs und Köhler). Regelungen des Landesrechts, wie etwa Art. 63 BayBG, die dem Beamten die Darlegungslast auferlegen, verstoßen gegen diese Vorgaben des EuGH und sind *rechtswidrig*. Sie müssen unionsrechtskonform zugunsten des Beamten ausgelegt werden.[9]

8. Die Anwendung der beamtenrechtlichen Vorschriften durch einige Universitäten, eine freiwillige Dienstzeitverlängerung auszuschließen, läuft dem Regelungszweck der Normen und den unionsrechtlichen Vorgaben zuwider. Zudem werden sie den Bedürfnissen der Beteiligten der Universität nicht gerecht. Um den Regelungszweck und den europäischen Vorgaben zu unzulässiger Altersdiskriminierung Rechnung zu tragen, ist die Darlegungslast des Beamten unzulässig.[10] Um den rechtswidrigen Zustand zu verhindern, sind zur Bestimmung des dienstlichen Interesses an der Verlängerung *alle sachlichen Interessen* im Rahmen des dienstlichen Interesses zu berücksichtigen, um diese anschließend zu gewichten.[11] 8

9. Zu den sachlichen Interessen gehört vor allem das *fiskalische Interesse*, die dauerhafte Finanzierung der Altersversorgungssysteme sicherzustellen. Ältere Professoren erhalten in der Regel eine höhere Besoldung und müssen häufig damit rechnen, dass die Versorgung im Alter nicht ganz so hoch ausfällt. Der Weiterbezug der Besoldung bei freiwilliger Längerbeschäftigung belastet für sich genommen also den Landeshaushalt nur in Höhe der Differenz zur Pensionszahlung. Da bei gleicher Größe der Fakultät jedoch weniger jüngere Professoren eingestellt werden, liegt diese Differenz unter der Summe aus der Besoldung jüngerer Professoren und der Pensionszahlung für Professoren im Ruhestand, sodass insgesamt eine *Ersparnis* auftritt. Dabei nehmen die älteren Professoren den jüngeren nicht „die Stellen weg", da jüngere Akademiker jetzt schon angesichts der allgemeinen demografischen Entwicklung problemlos und mit hoher Produktivität bei anderen staatlichen Arbeitgebern, Forschungsinstituten und in der Privatwirtschaft tätig werden können.[12] 9

10. Eine freiwillige Längerbeschäftigung von Professoren zu ermöglichen, sollte die Wünsche für die Altersstruktur in Forschung und Lehre berücksichtigen. Den Personenbestand in den Universitäten und Hochschulen zu erhöhen, wird nicht finanzierbar sein. Für neue Impulse in Forschung und Lehre können junge Professoren bedeutsam sein, da sie oft neue Methoden und neue Herangehensweisen an Forschungsfragen haben. Der wissenschaftliche Fortschritt wird dadurch gefördert. 10

---

[9] *Schmahl*, § 3 Rn. 59 ff.; *Möllers*, § 7 Rn. 28.
[10] *Schmahl*, § 3 Rn. 59 ff.; *Möllers*, § 7 Rn. 28.
[11] *Geis*, § 2 Rn. 23 f.; *Möllers*, § 7 Rn. 33 f.
[12] Ausführlich zum „Lump of Labor Fallacy" *Krause*, § 6 Rn. 32 ff.

11 11. Zur Organisationshoheit der Hochschulleitung gehört eine *kluge Personalpolitik*, welche die jeweiligen Vor- und Nachteile bestimmter Lebensalter auffängt. Diese umfasst die Betreuung des wissenschaftlichen Nachwuchses wie Doktoranden und Habilitanden sowie eine *leistungsstarke Professorenschaft.*[13] Nach der dreijährigen Verlängerungsmöglichkeit sollte die Universität zudem den *Seniorprofessor* (Emeritus of Excellence, Distinguished Professor, Senior Fellow) einführen, um so das Know-how der Kollegen noch länger halten zu können.

12 12. Schließlich sind die *formalen Voraussetzungen* einer Dienstzeitverlängerung zu verbessern, weil die beamtenrechtlichen Fristen für die Bedürfnisse der Universitäten zu kurz sind. Der Universitätsprofessor sollte bereits zwei Jahre vor der Regelpensionierung den Antrag auf Dienstzeitverlängerung stellen und diese *sogleich für alle drei Jahre* beantragen können.[14]

13 Die hier vorgeschlagenen Augsburger-Freiburger-Thesen zur Wohlstandssicherung durch freiwillige Längerbeschäftigung von Universitätsprofessoren vermeiden den *rechtswidrigen* Zustand der jeweiligen beamtenrechtlichen Vorschrift in zahlreichen Bundesländern. Als vermittelnde Position *vermeiden* sie inhaltlich die *Unbilligkeiten* der bisherigen Ansichten, die im Zweifel den Antrag des Beamten zu einseitig bejahen oder verneinen. Solche starren Alles-oder-Nichts-Ergebnisse lassen sich verhindern, indem der Dienstherr alle sachlichen Interessen sammelt und gewichtet.[15] Die vorgeschlagenen formalen Kriterien sind deutlich effizienter als das bisherige Recht und fördern so Vertrauensschutz und Rechtssicherheit.

---

[13] *Möllers*, § 7 Rn. 40 ff.

[14] *Geis*, § 2 Rn. 27 f.; *Wolff*, § 5 Rn. 5 ff.; *Möllers*, § 7 Rn. 49 ff.

[15] *Möllers*, § 7 Rn. 62.

Anhang I: Rechtsquellen[1]

1. Beamtenrechtliche Vorschriften des Bundes

Norm	*Kurzüberblick zur Darlegungslast bzgl. des dienstlichen Interesses und zur Verlängerungsmöglichkeit*	*Fundstelle*
§ 53 Abs. 1 BBG	– Positive Feststellung – Direkt bis zu drei Jahre mögl.	Bundesbeamtengesetz (BBG) v. 5.2.2009, BGBl. I 2009, S. 160.

2. Beamtenrechtliche Vorschriften der Bundesländer

Bundesland	*Norm*	*Kurzüberblick zur Darlegungslast bzgl. des dienstlichen Interesses und zur Verlängerungsmöglichkeit*	*Fundstelle*
Baden-Württemberg	§ 39 BWLBG	– Positive Feststellung – Jeweils nur um ein Jahr, höchstens bis 70 Jahre	Landesbeamtengesetz Baden-Württemberg (BWLBG) v. 9.11.2010, GBl. 2010, S. 793, 794.
Bayern	Art. 63 Abs. 1 BayBG	– Positive Feststellung – Jeweils nur um ein Jahr, insg. höchstens drei Jahre	Bayerisches Beamtengesetz (BayBG) v. 29.7.2008, GVBl. 2008, S. 500.
Berlin	§ 38 Abs. 2 BlnLBG	– Positive Feststellung – Jeweils nur um ein Jahr, höchstens bis 68 Jahre	Landesbeamtengesetz Berlin (BlnLBG) v. 19.3.2009, GVBl. 2009, S. 70.
Brandenburg	§ 45 Abs. 3 BbgLBG	– Positive Feststellung – Direkt bis zu drei Jahre mögl.	Beamtengesetz für das Land Brandenburg (BbgLBG) v. 3.4.2009, GVBl. I 2009, S. 26.

[1] Diese Übersicht zeigt die wichtigsten beamten- und hochschulrechtlichen Vorschriften zur freiwilligen Dienstzeitverlängerung von Beamten bzw. speziell Hochschullehrern sowie zur Einrichtung von Seniorprofessuren. Außerdem enthält sie – ohne Anspruch auf Vollständigkeit, da nicht immer öffentlich zugänglich – eine Auswahl von den Herausgebern bekannten universitätsinternen Regelungen und Mitteilungen zu diesen Themen.

Bundesland	*Norm*	*Kurzüberblick zur Darlegungslast bzgl. des dienstlichen Interesses und zur Verlängerungsmöglichkeit*	*Fundstelle*
Bremen	§ 35 Abs. 4 BremBG	– Positive Feststellung – Direkt bis zu drei Jahre mögl.	Bremisches Beamtengesetz (BremBG) v. 22.12.2009, Brem.GBl. 2010, S. 17.
Hamburg	§ 35 Abs. 4 HmbBG	– Positive Feststellung – Direkt bis zu drei Jahre mögl.	Hamburgisches Beamtengesetz (HmbBG) v. 15.12.2009, HmbGVBl. 2009, S. 405.
Hessen	§ 34 Abs. 1 HBG	– Positive Feststellung – Jeweils nur um ein Jahr, höchstens bis 68 Jahre	Hessisches Beamtengesetz (HBG) v. 27.5.2013, GVBl. 2013, S. 218, 508.
Mecklenburg-Vorpommern	§ 35 Abs. 3 LBG M-V	– Positive Feststellung – Direkt bis zu drei Jahre mögl.	Beamtengesetz für das Land Mecklenburg-Vorpommern (LBG M-V) v. 17.12.2009, GVOBl. M-V 2009, S. 687.
Niedersachsen	§ 36 Abs. 1, 2 NBG	– Negative Feststellung für das erste Jahr – Ermessen für bis zu zwei weitere Jahre	Niedersächsisches Beamtengesetz (NBG) v. 25.3.2009, Nds. GVBl. 2009, S. 72.
Nordrhein-Westfalen	§ 32 Abs. 1, 2 LBG NRW	– Positive Feststellung – Direkt bis zu drei Jahre mögl., höchstens bis 70 Jahre	Gesetz über die Beamtinnen und Beamten des Landes Nordrhein-Westfalen (LBG NRW) v. 14.6.2016, GV. NRW 2016, S. 310.
Rheinland-Pfalz	§ 38 Abs. 1 RhPfLBG	– Positive Feststellung – Jeweils nur um ein Jahr, insg. höchstens drei Jahre	Landesbeamtengesetz Rheinland-Pfalz (RhPfLBG) v. 20.10.2010, GVBl. 2010, S. 319.
Saarland	§ 43 Abs. 3 SaarlBG	– Positive Feststellung – Jeweils nur um ein Jahr, insg. höchstens drei Jahre	Saarländisches Beamtengesetz (SaarlBG) v. 11.3.2009, Amtsbl. 2009, S. 514.
Sachsen	§ 47 SächsBG	– Positive Feststellung – Jeweils nur um ein Jahr, insg. höchstens drei Jahre	Sächsisches Beamtengesetz (SächsBG) v. 18.12.2013, SächsGVBl. 2013, S. 970.
Sachsen-Anhalt	§ 39 Abs. 4 LBG LSA	– Positive Feststellung – Jeweils nur um ein Jahr, insg. höchstens drei Jahre	Beamtengesetz des Landes Sachsen-Anhalt (LBG LSA) v. 15.12.2009, GVBl. LSA 2009, S. 648.

Bundesland	*Norm*	*Kurzüberblick zur Darlegungslast bzgl. des dienstlichen Interesses und zur Verlängerungsmöglichkeit*	*Fundstelle*
Schleswig-Holstein	§ 35 Abs. 4 SchlHLBG	– Negative Feststellung – Direkt bis zu drei Jahre mögl.	Landesbeamtengesetz Schleswig-Holstein (SchlHLBG) v. 26.3.2009, GVOBl. Schl.-H. 2009, S. 93.
Thüringen	§ 25 Abs. 7 ThürBG	– Negative Feststellung – Jeweils nur um ein Jahr, insg. höchstens drei Jahre	Thüringer Beamtengesetz (ThürBG) v. 12.8.2014, GVBl. 2014, S. 472.

3. Hochschulrechtliche Vorschriften der Bundesländer

Bundesland	*Norm*	*Kurzüberblick*	*Fundstelle*
Baden-Württemberg	§ 45 Abs. 2 BWLHG; § 55 Abs. 3 BWLHG	Antragsfrist ein Jahr; Hochschule darf zweijährige Frist bestimmen (§ 45 Abs. 2) Verlängerung direkt bis 70 Jahre mögl. (§ 45 Abs. 2) Hochschulen dürfen Seniorprofessur einführen (§ 55 Abs. 3)	Gesetz über die Hochschulen in Baden-Württemberg (BWLHG) v. 1.1.2005, GBl. 2005, S. 1.
Bayern	Art. 60 Abs. 4 BayHIG	Antragsfrist ein Jahr	Bayerisches Hochschulinnovationsgesetz (BayHIG) v. 5.8.2022, GVBl. 2022, S. 414.
Berlin	§ 93 Abs. 1 BerlHG		Berliner Hochschulgesetz (BerlHG) v. 26.7.2011, GVBl. 2011, S. 378.
Brandenburg	§ 44 Abs. 2, 6 BbgHG		Brandenburgisches Hochschulgesetz (BbgHG) v. 28.4.2014, GVBl. I 2014, Nr. 18.
Bremen	§ 16 Abs. 6 BremHG		Bremisches Hochschulgesetz (BremHG) v. 9.5.2007, Brem.GBl. 2007, S. 339.

Bundesland	*Norm*	*Kurzüberblick*	*Fundstelle*
Hamburg	§ 16 Abs. 7, 9 HmbHG	Weitere Voraussetzungen für eine Dienstzeitverlängerung (§ 16 Abs. 7 HmbHG) Nach Ruhestandseintritt Beschäftigung bis 75 Jahre auf Grundlage eines öffentlich-rechtlichen Vertrages mögl. (§ 16 Abs. 9 HmbHG)	Hamburgisches Hochschulgesetz (HmbHG) v. 18.7.2001, HmbGVBl. 2001, S. 171.
Hessen	§ 66 Abs. 3 HessHG § 67 Abs. 9 HessHG		Hessisches Hochschulgesetz (HessHG) v. 14.12.2021, GVBl. 2021, S. 931.
Mecklenburg-Vorpommern	§ 61 Abs. 7, 8 LHG M-V	Hochschulen dürfen Seniorprofessur einführen	Gesetz über die Hochschulen des Landes Mecklenburg-Vorpommern (LHG M-V) v. 25.1.2011, GVOBl. M-V, S. 18.
Niedersachsen	§ 27 Abs. 1 NHG		Niedersächsisches Hochschulgesetz (NHG) v. 26.2.2007, Nds. GVBl. 2007, S. 69.
Nordrhein-Westfalen	§ 33 Abs. 1 HG NRW		Gesetz über die Hochschulen des Landes Nordrhein-Westfalen (HG NRW) v. 16.9.2014, GV. NRW. 2014, S. 547.
Rheinland-Pfalz	§ 52 Abs. 1 RhPf-HochSchG		Hochschulgesetz (RhPf-HochSchG) v. 23.9.2020, GVBl. 2020, S. 461.
Saarland	§ 40 Abs. 6 SHSG § 49 Abs. 1, 2 SHSG		Saarländisches Hochschulgesetz (SHSG) v. 30.11.2016, Amtsbl. I 2016, S. 1080.
Sachsen	§ 46 Abs. 1 SächsHSFG § 49 Abs. 2 SächsHSFG § 59 Abs. 1 SächsHSFG § 69 Abs. 5, 6, 7 SächsHSFG	Konkretisierung des dienstlichen Interesses (§ 59 Abs. 1 S. 8) Hochschulen können Status eines „Angehörigen“ verleihen (§§ 49 Abs. 2, 46 Abs. 1)	Sächsisches Hochschulfreiheitsgesetz (SächsHSFG) v. 15.1.2013, SächsGVBl. 2013 Nr. 1, S. 3.

Bundesland	*Norm*	*Kurzüberblick*	*Fundstelle*
Sachsen-Anhalt	§ 38 Abs. 3, 4, 6, 7 HSG LSA § 46 Abs. 1, 2 HSG LSA	Hochschulen dürfen Seniorprofessur einführen (§ 38 Abs. 7)	Hochschulgesetz des Landes Sachsen-Anhalt (HSG LSA) v. 1.7.2021, GVBl. LSA 2021, S. 368.
Schleswig-Holstein	§ 60 Abs. 5 SchlHLHSG § 63 Abs. 3 SchlHLHSG § 65 Abs. 3 SchlHLHSG	Hochschulen dürfen Seniorprofessur einführen (§ 65 Abs. 3)	Gesetz über die Hochschulen und das Universitätsklinikum Schleswig-Holstein (SchlHLHSG) v. 5.2.2016, GVOBl. 2016, S. 39.
Thüringen	§ 86 Abs. 7 ThürHG § 94 Abs. 2 ThürHG § 97 Abs. 1 ThürHG	Konkretisierung des dienstlichen Interesses (§ 86 Abs. 7) Hochschulen dürfen Seniorprofessur einführen (§ 94 Abs. 2)	Thüringer Hochschulgesetz (ThürHG) v. 10.5.2018, GVBl. 2018, S. 149.

4. Vorschriften und Mitteilungen der Universitäten

Baden-Württemberg	
Freiburg	§ 28 Abs. 3 Grundordnung aF (aufgehoben) – Seniorprofessur.
Heidelberg	§ 27a Grundordnung – Seniorprofessur; Rundschreiben Dienstrechtsreform (DRG zum 1.1.2011) der stellvertr. Kanzlerin v. 31.3.2011 (adressiert an die Beamtinnen und Beamten der Universität Heidelberg) – Anhebung der Pensionsaltersgrenze und Möglichkeit der Weiterarbeit über Pensionsgrenze hinaus.
Mannheim	§ 18 Grundordnung – Seniorprofessur.
Ulm	§ 13 Grundordnung – Seniorprofessur; Satzung des Senats der Universität Ulm zur Bestellung von Seniorprofessor*innen v. 24.1.2023.
Bayern	
Augsburg	Richtlinien der Universität Augsburg zum Hinausschieben des Eintritts in den Ruhestand von Professorinnen und Professoren v. 26.10.2022.[2]
Erlangen-Nürnberg	Rundschreiben der Kanzlerin zu Neuregelungen bei Ruhestandsversetzung v. 21.7.2015 (adressiert an alle Einrichtungen Universität Erlangen-Nürnberg) – „FAU-Senior Fellow of …".

[2] Abgedruckt als Anhang III.

Regensburg	Rundschreiben des Leiters der Personalabteilung zur Weiterbeschäftigung nach Erreichen der Regelaltersgrenze v. 20.3.2018.
Würzburg	Richtlinien der Julius-Maximilians-Universität Würzburg (JMU) zum Hinausschieben des Ruhestands von Universitätsprofessorinnen und Professoren sowie zur Einrichtung von Seniorprofessuren v. 21.3.2022.
	Berlin
Humboldt	Rundschreiben des Präsidenten zur Einbeziehung von sich bereits im Ruhestand befindenden Professoren v. 9.9.2015 (adressiert an die Dekaninnen und Dekane der Fakultäten sowie Direktorinnen und Direktoren der Zentralinstitute) – Seniorprofessur/Senior Researcher/Senior Advisor.
	Hamburg
Universität Hamburg	Merkblatt zur Einrichtung von Seniorprofessuren v. 2.1.2019 (veröffentlicht durch die Stabsstelle Berufungen der Universität Hamburg).
	Hessen
Frankfurt	Rundschreiben zum ersten Gesetz zur Modernisierung des Dienstrechts in Hessen v. 2.3.2015 (adressiert an die Beamtinnen und Beamten der Johann Wolfgang Goethe-Universität Frankfurt am Main) – Ruhestandshinausschiebung; Richtlinie zur Verleihung der Goethe Research und Goethe Teaching Professorship an der Johann Wolfgang Goethe-Universität Frankfurt am Main v. 13.12.2022.
Marburg	Merkblatt zur Verlängerung der Dienstzeit von Professorinnen und Professoren sowie zur Verleihung des Titels „Senior-Professor/in“ v. 13.6.2012.
	Mecklenburg-Vorpommern
Rostock	Satzung über die Verleihung der Bezeichnung „Seniorprofessor“ v. 19.1.2022.
	Niedersachsen
TU Clausthal	Rundschreiben an die Beamtinnen und Beamten der TU Clausthal zum Niedersächsischen Beamtenversorgungsgesetz v. 24.1.2012 – Flexibilisierung des Ruhestandseintritts.
	Nordrhein-Westfalen
Düsseldorf	Richtlinie für Seniorprofessuren der Heinrich-Heine-Universität v. 22.4.2016.
	Rheinland-Pfalz
Mainz	§ 5 Abs. 1, Abs. 2 lit. c) Anlage 05 zu § 33 der Grundordnung – Senior-Fellowships.

Saarland	
Saarbrücken	Richtlinie des Präsidiums zur Bestellung von Universitätsprofessorinnen und Universitätsprofessoren der Universität des Saarlandes nach deren Eintritt in den Ruhestand zu Seniorprofessorinnen bzw. Seniorprofessoren v. 16.7.2020.
Sachsen	
Leipzig	Ordnung zur Vergabe einer Seniorprofessur an der Universität Leipzig v. 13.7.2016.
Sachsen-Anhalt	
Halle	Leitfaden Professor*in im Ruhestand (herausgegeben vom Kanzler der Martin-Luther-Universität Halle-Wittenberg am 28.4.2022).
Schleswig-Holstein	
Kiel	Richtlinie des Präsidiums zur Verleihung der Seniorprofessur gem. § 65 Abs. 3 HSG i. V. m. § 34a Verfassung der Christian-Albrechts-Universität zu Kiel v. 16.3.2021; § 34a Verfassung der Christian-Albrechts-Universität zu Kiel – Seniorprofessur.
Flensburg	§ 24 Verfassung der Europa-Universität Flensburg – Seniorprofessur Satzung der Europa-Universität Flensburg über die Seniorprofessur (SenProfS) v. 28.3.2018.
Lübeck	§ 31 Verfassung der Universität zu Lübeck – Seniorprofessur.

Anhang II: Rechtsprechung[1]

1. Nationale Gerichte

Bundesverfassungsgericht

BVerfG, Beschl. v 10.12.1985 – 2 BvL 18/83, BVerfGE 71, 255 = NVwZ 1986, 369–371 – Lehrer.

Bundesverwaltungsgericht

BVerwG, Urt. v. 30.10.2008 – 2 C 48/07, BVerwGE 132, 243–249 = NVwZ 2009, 468–470.

BVerwG, Beschl. v. 6.12.2011 – 2 B 85/11, NVwZ 2012, 1052–1053 – Fachhochschulprofessor.

Oberverwaltungsgerichte/Verwaltungsgerichtshöfe

OVG Greifswald, Beschl. v. 19.8.2008 – 2 M 91/08, NVwZ-RR 2009, 23–24 = NordÖR 2008, 499–501 – Förderung des wissenschaftlichen Nachwuchses als dienstliches Interesse.

OVG Hamburg, Beschl. v. 5.6.2012 – 1 Bs 98/12, ZBR 2013, 54–56 = BeckRS 2012, 53522 – Oberstaatsanwältin.

VGH Kassel, Beschl. v. 29.11.2016 – 1 B 2643/16, NZA-RR 2017, 279–280 = BeckRS 2016, 112611.

OVG Koblenz, Beschl. v. 23.11.2006 – 2 B 11281/06, IÖD 2007, 40–41 = Juris.

OVG Koblenz, Urt. v. 25.2.2011 – 2 A 11201/10, NJOZ 2012, 791–793 = BeckRS 2011, 48522 – Ingenieurprofessor und beabsichtigte Umstrukturierung.

OVG Lüneburg, Beschl. v. 26.9.2013 – 5 ME 198/13, BeckRS 2013, 204173.

OVG Lüneburg, Beschl. v. 29.10.2013 – 5 ME 220/13, NdsVBl. 2014, 104–106 = BeckRS 2013, 57526.

OVG Lüneburg, Beschl. v. 24.3.2017 – 5 ME 48/17, BeckRS 2017, 164222.

OVG Lüneburg, Beschl. v. 31.7.2019 – 5 ME 127/19, BeckRS 2019, 18588.

OVG Lüneburg, Beschl. v. 17.9.2019 – 5 ME 155/19, BeckRS 2019, 22391 – Zollbetriebsinspektor.

OVG Lüneburg, Beschl. v. 23.2.2021 – 5 ME 20/21, DVBl 2021, 1436–1440 = BeckRS 2021, 2442.

OVG Magdeburg, Beschl. v. 26.2.2015 – 1 M 42/15, NJOZ 2015, 1168–1170 = BeckRS 2015, 44919.

VGH Mannheim, Beschl. v. 15.1.2013 – 4 S 1519/12, Die Justiz 2013, 308–311 = BeckRS 2013, 46506 – Sonderschuldirektor.

---

[1] Diese Übersicht zeigt wichtige Gerichtsentscheidungen zur freiwilligen Dienstzeitverlängerung von Beamten bzw. speziell Hochschullehrern.

VGH Mannheim, Beschl. v. 31.3.2015 – 4 S 630/15, VBlBW 2015, 469–473 = BeckRS 2015, 54462 – Tenure Track Stellen.
VGH Mannheim, Beschl. v. 20.12.2017 – 4 S 2759/17, BeckRS 2017, 139487 – Polizeivollzugsbeamter.
VGH Mannheim, Beschl. v. 28.6.2018 – 4 S 1359/18, BeckRS 2018, 14359 – Badisches Staatstheater.
VGH Mannheim, Beschl. v. 27.4.2020 – 4 S 1042/20, BeckRS 2020, 8304 – Staatsanwalt.
VGH München, Beschl. v. 8.2.1993 – 3 CE 93.204, VGHE BY 46, 39–42 = BeckRS 1993, 120775 – Regierungsdirektor.
VGH München, Beschl. v. 9.8.2010 – 3 CE 10.927, BeckRS 2011, 45860 – Neuausrichtung medizinische Fakultät.
VGH München, Beschl. v. 9.8.2010 – 3 CE 10.928, BeckRS 2010, 31569.
VGH München, Beschl. v. 4.11.2016 – 3 ZB 15.543, BeckRS 2016, 54944 – Lehrer.
VGH München, Beschl. v. 6.12.2021 – 3 ZB 20.1902, BeckRS 2021, 41349.
OVG Münster, Beschl. v. 26.7.2005 – 6 B 1172/05, BeckRS 2005, 28750 – Neuausrichtung medizinische Fakultät.
OVG Münster, Beschl. v. 31.7.2012 – 6 B 872/12 (Juris) – Polizeihauptkommissar.
OVG Münster, Beschl. v. 12.9.2013 – 6 B 1065/13, BeckRS 2013, 56113.
OVG Münster, Beschl. v. 28.10.2013 – 6 B 1181/13 (Juris) – Steueramtsrätin.
OVG Münster, Beschl. v. 24.6.2016 – 1 B 471/16, BeckRS 2016, 48024.
OVG Münster, Beschl. v. 9.10.2019 – 1 B 1058/19, BeckRS 2019, 25476.

Verwaltungsgerichte

VG Ansbach, Urt. v. 12.7.2018 – AN 1 K 17.01359, BeckRS 2018, 22372 – Verwaltungshauptsekretär.
VG Augsburg, Urt. v. 17.12.2020 – Au 2 K 20.1433, BeckRS 2020, 48789 – Lehrstuhlneuausrichtung (Buhl).
VG Bayreuth, Urt. v. 26.7.2022 – B 5 K 21.1273, BeckRS 2022, 43476.
VG Frankfurt a.M., Beschl. v. 29.3.2010 – 9 K 3854/09 (Juris).
VG Frankfurt a.M., Beschl. v. 28.5.2015 – 9 L 930/15.F, BeckRS 2015, 48282.
VG Freiburg, Urt. v. 10.7.2012 – 5 K 751/12, BWGZ 2012, 834 = Juris – Sonderschuldirektor.
VG Gießen, Urt. v. 15.8.2012 – 5 K 127/12.GI, LKRZ 2012, 420–421 = Juris.
VG Hannover, Urt. v. 26.4.2017 – 2 A 4382/15, BeckRS 2017, 137302 – Strukturplan für Neuausrichtung.
VG Karlsruhe, Beschl. v. 23.9.2020 – 11 K 3767/20, BeckRS 2020, 31129 – Musikprofessor.
VG München, Beschl. v. 28.7.2011 – M 5 E 11.2506 (Juris) – Studiendirektor.
VG München, Urt. v. 23.6.2020 – M 5 K 19.2836, BeckRS 2020, 18810 – Professor und Altershöchstgrenze.
VG Schleswig, Beschl. v. 11.2.2020 – 12 B 82/19, BeckRS 2020, 2063.
VG Sigmaringen, Beschl. v. 29.12.2011 – 4 K 4371/11 (Juris) – Psychiatrieprofessor.
VG Würzburg, Beschl. v. 7.2.2014 – W 1 E 14.38 (Juris) – Oberstudienrat.

2. Europäische Gerichte

Europäischer Gerichtshof

EuGH, Urt. v. 16.10.2007 – C-411/05, EU:C:2007:604 – Palacios de la Villa.
EuGH, Urt. v. 5.3.2009 – C-388/07, EU:C:2009:128 – Age Concern England.
EuGH, Beschl. v. 6.5.2010 – C-159/10 u. a., EU:C:2010:261 – Fuchs und Köhler.
EuGH, Urt. v. 12.10.2010 – C-45/09, EU:C:2010:601 – Rosenbladt.
EuGH, Urt. v. 18.11.2010 – C-250, 268/09, EU:C:2010:699 – Georgiev.
EuGH, Urt. v. 21.7.2011 – C-159, 160/10, EU:C:2011:508 – Fuchs und Köhler.
EuGH, Urt. v. 5.7.2012 – C-141/11, EU:C:2012:421 – Hörnfeldt.
EuGH, Urt. v. 11.11.2014 – C-530/13, EU:C:2014:2359 – Schmitzer.
EuGH, Urt. v. 28.2.2018 – C-46/17, EU:C:2018:131 – John.
EuGH, Urt. v. 8.5.2019 – C-396/17, EU:C:2019:375 – Leitner.
EuGH, Urt. v. 2.4.2020 – C-670/18, EU:C:2020:272 – CO gegen Comune di Gesturi.
EuGH, Urt. v. 8.10.2020 – C-644/19, EU:C:2020:810 – Universitatea „Lucian Blaga“ Sibiu.
EuGH, Urt. v. 15.4.2021 – C-511/19, EU:C:2021:274 – AB gegen Olympiako Athlitiko Kentro Athinon.
EuGH, Urt. v. 3.6.2021 – C-914/19, EU:C:2021:430 – Ministero della Giustizia gegen GN.

Anhang III: Richtlinien der Universität Augsburg zum Hinausschieben des Eintritts in den Ruhestand von Professorinnen und Professoren[1]

(Beschlossen von der Universitätsleitung am 26.10.2022)

1. Zweck

Diese Richtlinien regeln das Verfahren zum Hinausschieben des Eintritts in den Ruhestand auf Antrag von Professorinnen und Professoren der Universität Augsburg nach Art. 63 Abs. 2 Satz 1 des Bayerischen Beamtengesetzes (BayBG).

2. Rechtliche Rahmenbedingungen

2.1. Nach Art. 62 Satz 1 BayBG in Verbindung mit Art. 53 Abs. 5 Satz 1 des Bayerischen Hochschulinnovationsgesetzes (BayHIG) treten die an den Hochschulen tätige Beamtinnen und Beamten des Freistaates Bayern zum Ende des Semesters in den Ruhestand, in dem sie das 67. Lebensjahr vollenden. Beamtinnen und Beamte der Geburtenjahrgänge 1963 und älter treten nach Maßgabe des Art. 143 Abs. 1 BayBG in Verbindung mit Art. 53 Abs. 5 Satz 1 BayHIG bereits zu einem etwas früheren Zeitpunkt in den Ruhestand.

2.2. Nach Art. 63 Abs. 2 Satz 1 BayBG kann der Eintritt in den Ruhestand auf Antrag ausnahmsweise über die gesetzlich festgesetzte Altersgrenze für eine bestimmte Frist, die jeweils ein Jahr nicht übersteigen darf, höchstens jedoch um drei Jahre, hinausgeschoben werden, wenn die Fortführung der Dienstgeschäfte im *dienstlichen Interesse* liegt.

2.3. Diese Vorschriften finden nach Maßgabe der jeweiligen Arbeitsverträge auch auf die nichtbeamteten Professorinnen und Professoren in einem privatrechtlichen Dienstverhältnis entsprechend Anwendung.

2.4. Es besteht grundsätzlich kein Rechtsanspruch auf Hinausschieben des Eintritts in den Ruhestand, sondern lediglich auf eine ermessensfehlerfreie Entscheidung. Der Antragsteller oder die Antragstellerin trägt zudem die

---

[1] Zur leichteren Auffindbarkeit und wegen möglicher bevorstehender Änderungen sind die Richtlinien als Anhang abgedruckt. Hinsichtlich des Layouts erfolgten kleine Anpassungen durch die Herausgeber.

Darlegungs- und Beweislast hinsichtlich aller Umstände, die das erforderliche dienstliche Interesse begründen.

3. Gründe für das Hinausschieben des Eintritts in den Ruhestand

3.1. Gründe für das Vorliegen eines dienstlichen Interesses sind insbesondere:

a) Der Antragsteller oder die Antragstellerin leitet ein bedeutendes Forschungsprojekt (z.B. Exzellenzcluster, SFB, ERC-Grant oder vergleichbar), für dessen Erfolg Kontinuität gewährleistet sein muss.

b) Die Nachbesetzung der Stelle kann aufgrund unzureichender Bewerberlage nicht unmittelbar im Anschluss an das Ausscheiden des bisherigen Stelleninhabers oder der bisherigen Stellinhaberin erfolgen; Voraussetzung hierfür ist, dass das Ausschreibungsverfahren fristgerecht zwei Jahre[2] vor Erreichen der gesetzlichen Altersgrenze des bisherigen Inhabers oder der bisherigen Inhaberin eingeleitet und die unzureichende Bewerberlage nach Bekanntwerden unverzüglich der Universitätsleitung mitgeteilt worden ist.

c) Die Nachbesetzung kann trotz vorliegenden Berufungsvorschlags aus anderen Gründen nicht direkt im Anschluss an das Ausscheiden des bisherigen Stelleninhaber oder der bisherigen Stelleninhaberin erfolgen.

d) Der Antragsteller oder die Antragstellerin hat eine herausragende Bedeutung für das Forschungs- und Lehrprofil der Fakultät.

e) Der Antragsteller oder die Antragstellerin hat eine bedeutende Funktion in der Selbstverwaltung inne und es besteht für die Universität ein Interesse, dass er oder sie diese Funktion über das Erreichen der gesetzlichen Altersgrenze hinaus ausübt.

3.2. Bei der Prüfung, ob die o.g. Voraussetzungen vorliegen, ist ein strenger Maßstab anzulegen, der dem Ausnahmecharakter von Art. 63 Abs. 2 Satz 1 BayBG entspricht. Bei einer mehrmaligen Antragstellung ist ein zunehmend engerer Maßstab anzulegen.

3.3. Grundsätzlich kein dienstliches Interesse ist insbesondere begründet,

a) wenn eine lückenlose Aufgabenerfüllung sichergestellt ist, da mit einer erfolgreichen Wiederbesetzung der Stelle zu rechnen ist;

b) soweit der Entwicklungsplan eine veränderte fachliche Ausrichtung der Professur vorsieht, insbesondere, wenn die Stelle schon ausgeschrieben ist;

---

[2] Vgl. Handreichung der Universität Augsburg für die Besetzung von Stellen für Professorinnen bzw. Professoren und Juniorprofessorinnen bzw. Juniorprofessoren vom 24.9.2014 (Stand: 12.6.2019).

c) bezüglich der Betreuung von Promotions- und Habilitationsvorhaben;
d) bezüglich Ämtern in Berufsverbänden, einem DFG-Fachkollegium o.ä.;
e) bezüglich einzelner Restaufgaben in Forschung und Lehre, die typischerweise bei Ruhestandseintritten auftreten und für die kein aktives Dienstverhältnis erforderlich ist, insbesondere im Rahmen der Lehrbefugnisse der Ruhestandsprofessoren und -professorinnen nach Art. 60 Abs. 6 BayHIG.

4. Verfahren

4.1. Der Antrag soll spätestens ein Jahr vor Erreichen der gesetzlich festgesetzten Altersgrenze gestellt werden; dies gilt für den Antrag, den Eintritt in den Ruhestand um ein weiteres Jahr hinauszuschieben, entsprechend (Art. 60 Abs. 4 BayHIG). Nach Ablauf dieser Frist gestellte Anträge werden grundsätzlich abschlägig beschieden.
Es wird darauf hingewiesen, dass das Verfahren zur Ausschreibung von Professuren in der Regel *zwei Jahre* vor Erreichen der gesetzlichen Altersgrenze des bisherigen Inhabers oder der bisherigen Inhaberin eingeleitet werden muss. Es wird daher empfohlen, den Antrag entsprechend früher zu stellen.
In den Fällen von Ziff. 3.1. b) bis e) ist eine Unterschreitung der o.g. Frist ausnahmsweise zulässig, soweit die Umstände, die ein dienstliches Interesse begründen, erst nachträglich aufgetreten sind. Der Antrag ist in diesen Fällen unverzüglich zu stellen.

4.2. Der Antrag ist beim jeweiligen Dekan oder der jeweiligen Dekanin einzureichen. Der Fakultätsrat nimmt zum Antrag Stellung. Die Stellungnahme ist ausführlich zu begründen. Aus ihr muss eindeutig hervorgehen, ob der Antrag befürwortet oder nicht befürwortet wird.

4.3. Der Dekan oder die Dekanin legt den Antrag zusammen mit der Stellungnahme über die Personalabteilung (Abt. II) der Universitätsleitung zur Entscheidung vor.

Verzeichnis der Autoren

Prof. Dr. Martina Benecke, Lehrstuhl für Bürgerliches Recht, Handels-, Arbeits- und Wirtschaftsrecht, Juristische Fakultät, Universität Augsburg (sekre tariat.benecke@jura.uni-augsburg.de).

Prof. Dr. Dr. h.c. Lars P. Feld, Lehrstuhl für Wirtschaftspolitik und Ordnungsökonomik, Wirtschafts- und Verhaltenswissenschaftliche Fakultät, Albert-Ludwigs-Universität Freiburg, Direktor des Walter Eucken Instituts Freiburg (sek.feld@vwl.uni-freiburg.de).

Prof. Dr. Max-Emanuel Geis, Lehrstuhl für Deutsches und Bayerisches Staats- und Verwaltungsrecht, Rechts- und Wirtschaftswissenschaftliche Fakultät, Friedrich-Alexander-Universität Erlangen-Nürnberg, Mitglied des Bayerischen Verfassungsgerichtshofs (max-emanuel.geis@fau.de).

Prof. Jeffrey M. Hirsch, Geneva Yeargan Rand Distinguished Professor of Law, School of Law, The University of North Carolina at Chapel Hill (jmhirsch@ email.unc.edu).

Prof. Michael Krause, Ph.D., Professor für Makroökonomik am Center for Macroeconomic Research (CMR), Wirtschafts- und Sozialwissenschaftliche Fakultät, Universität zu Köln, Direktor des Instituts für Wirtschaftspolitik (michael.krause@wiso.uni-koeln.de).

Prof. Dr. Thomas M.J. Möllers, Lehrstuhl für Bürgerliches Recht, Wirtschaftsrecht, Europarecht, Internationales Privatrecht und Rechtsvergleichung, Juristische Fakultät, Universität Augsburg, Geschäftsführender Direktor des Center for European Legal Studies (CELOS) an der Universität Augsburg (thomas. moellers@jura.uni-augsburg.de).

Marylen Reschop, M.A., Referentin der Rektorin, Bergische Universität Wuppertal (reschop@uni-wuppertal.de).

Prof. Dr. Stefanie Schmahl, LL.M. (E), Lehrstuhl für deutsches und ausländisches öffentliches Recht, Völkerrecht und Europarecht, Juristische Fakultät, Julius-Maximilians-Universität Würzburg, Stellvertretendes nichtberufsrichterliches Mitglied des Bayerischen Verfassungsgerichtshofs (schmahl@jura.uni-wuerzburg.de).

Prof. Dr. Birgitta Wolff, Rektorin der Bergischen Universität Wuppertal, Bergische Universität Wuppertal (birgitta.wolff@uni-wuppertal.de).

Stichwortverzeichnis

Untersuchungen zur Ordnungstheorie und Ordnungspolitik

Herausgegeben vom
Walter Eucken Institut

Die vom *Walter Eucken Institut Freiburg* herausgegebene Schriftenreihe *Untersuchungen zur Ordnungstheorie und Ordnungspolitik (UOrd)* wurde 1962 unter dem bis 1997 verwendeten Reihentitel *Wirtschaftswissenschaftliche und wirtschaftsrechtliche Untersuchungen* begründet. Seither sind mehr als 55 umfangreiche wissenschaftliche Untersuchungen erschienen, die sich aus wirtschaftswissenschaftlicher oder wirtschaftsrechtlicher Perspektive mit Fragen der Ordnungsökonomik auseinandersetzen. Das Spektrum reicht von grundlegenden Fragen einer freiheitlichen, marktwirtschaftlichen Gesellschaftsordnung über Fragen der Geld- und Währungsordnung, des Steuerwettbewerbs und des Wettbewerbsrechts bis zu konstitutionenökonomischen Analysen und den Grundtexten der Freiburger Ordnungsökonomik.

Alle veröffentlichten Bände wurden eingehend begutachtet.

Manuskriptangebote sind an den Verlag oder an das Walter Eucken Institut zu richten.

ISSN: 1434-338X
Zitiervorschlag: UOrd

Alle lieferbaren Bände finden Sie unter *www.mohrsiebeck.com/uord*

Mohr Siebeck
www.mohrsiebeck.com